KB272056

버지니아 울프의 대표 에세이 『자기만의 방』 초판 표지. 『자기만의 방』은 버지니아 울프가
케임브리지 대학에서 강연한 내용을 토대로 정리해 1929년에 발표했다.

1902년 사진가 조지 찰스 베레스퍼드가 촬영한 버지니아 울프

1902년 아버지 레슬리 스티븐과 함께한 버지니아 울프

1912년 버지니아 울프와 레너드 울프의 약혼 사진

1923년 레이디 오톨린 모렐의 옥스퍼드셔 저택 가싱턴 매너 앞에서

1939년 몽크스 하우스의 버지니아 울프

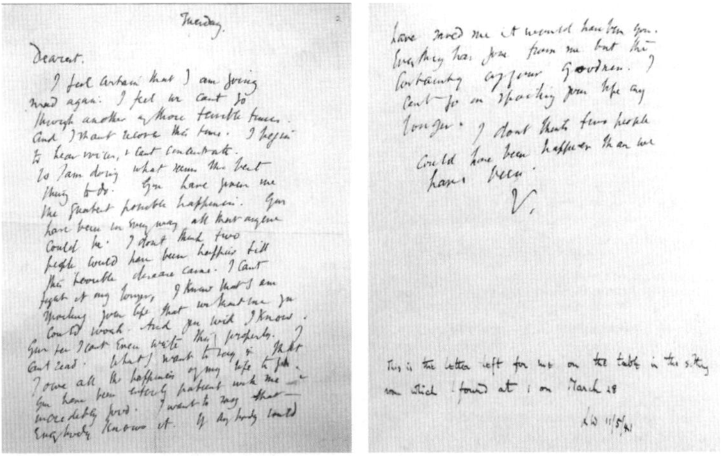

Tuesday.

Dearest.

I feel certain that I am going mad again: I feel we cant go through another of those terrible times. And I shant recover this time. I begin to hear voices, & cant concentrate. So I am doing what seems the best thing to do. You have given me the greatest possible happiness. You have been in every way all that anyone could be. I dont think two people could have been happier till this terrible disease came. I cant fight it any longer, I know that I am spoiling your life, that without me you could work. And you will I know. You see I cant even write this properly. I cant read. What I want to say is that I owe all the happiness of my life to you. You have been entirely patient with me & incredibly good. I want to say that — everybody knows it. If anybody could have saved me it would have been you. Everything has gone from me but the certainty of your goodness. I cant go on spoiling your life any longer. I dont think two people could have been happier than we have been.

V.

This is the letter left for me on the table in the sitting room which I found at 1 on March 28

LW 11/5/41

버지니아 울프가 남편에게 남긴 유서로 그 내용은 다음과 같다.

당신에게

저는 분명 다시 미쳐가고 있어요. 그 끔찍했던 시간들을 또다시 견뎌낼 수는 없을 것 같아요. 이번에는 회복하지 못할 거예요. 환청이 들리기 시작하고, 도무지 집중할 수가 없어요. 그래서 지금 제가 할 수 있는 최선의 선택을 하려고 해요.

당신은 제게 세상에서 가장 큰 행복을 주었어요. 아무도 당신보다 더 잘할 수는 없었을 거예요. 이 끔찍한 병이 찾아오기 전에는 우리 두 사람보다 더 행복한 사람은 없었을 거예요. 하지만 이제 더는 버틸 수가 없네요. 저 때문에 당신의 생활이 엉망이 되고 있다는 걸 알아요. 제가 없는 편이 당신에겐 더 좋을 거예요. 당신은 분명히 잘해 나갈 거예요. 보세요, 전 지금 이 편지조차 제대로 쓰지 못하고 있잖아요. 읽는 것도 힘들어요.

꼭 하고 싶은 말은, 당신 덕분에 제 인생이 행복했다는 거예요. 당신은 제게 끝없이 인내해 주었고 더할 나위 없이 잘해 주었어요. 이 말을 꼭 하고 싶었어요. 다들 알고 있지만요. 만약 누군가 저를 구할 수 있다면, 그건 바로 당신이었을 거예요. 이제 제겐 아무것도 남아 있지 않아요. 하지만 당신이 얼마나 잘해 주었는지는 결코 잊지 않을 거예요. 더 이상 당신 인생을 망치면서 살 수는 없어요. 우리 둘만큼 행복했던 사람은 없었을 거예요.

V.

이것은 3월 28일 오후 1시에 거실 탁자 위에서 발견한 편지로 나에게 남겨진 것이다. LW 11/5/41 (남편 레너트 울프가 쓴 것으로 보이는 메모)

버지니아 울프 서명

버지니아 울프의 안식처(이스트서식스 로드멜 몽크스 하우스 정원)

자기만의 방

자기만의 방

버지니아 울프·손현주 옮김

A Room of One's Own

Virginia Woolf

시간과공간사

일러두기

* 이 책의 원전은 *Project Gutenberg*(http://gutenberg.org)입니다.
* 본문의 각주 가운데 따로 표시가 없는 것은 옮긴이가 정리했습니다.

차례

자기만의 방

자기만의 방

"그런데요." 여러분은 이렇게 물을지도 모르지요. "우리는 여성과 픽션에 대해 이야기해 달라고 부탁했는데, 그게 '자기만의 방'과 무슨 관련이 있나요?" 제가 한번 설명해 볼게요. 여러분이 저에게 '여성과 픽션'에 대해 이야기해 달라고 요청했을 때 저는 강가에 앉아 그 말이 무슨 뜻일까 곰곰이 생각해 보았답니다. 그건 어쩌면 패니 버니**에 대해 몇 마디 하고, 제인 오스틴***에 대해 조금 더 이야기하고, 브론테 자매들****에게 찬사를 보낸 다음, 눈 덮인 하워스 목사관의 풍경을 간략히 스케치

---

* 이 에세이(자기만의 방)는 1928년 10월, 뉴넘 대학의 아츠 소사이어티(Arts Society)와 거턴 대학의 오드타(Odtaa)에서 발표했던 두 강연문에 기초하고 있다. 당시 강연문은 전체를 다 읽기에는 분량이 너무 길었는데, 이후 내용을 수정·확장하여 지금의 형태로 다듬었다.—원주 Odtaa는 거턴 대학 문학 토론 모임 'One Damn Thing After Another(빌어먹을 일들의 연속)'의 머리글자이다.

** Fanny Burney: 1752~1840. 본명은 프랜시스 버니(Frances Burney). 18세기 영국의 소설가이자 일기 작가. 첫 소설 『에블리나(Evelina)』(1778)로 문학적 명성을 얻었다.

*** Jane Austen: 1775~1817. 영국의 대표적 소설가. 『오만과 편견(Pride and Prejudice)』, 『엠마(Emma)』, 『센스 앤 센서빌리티(Sense and Sensibility)』 등으로 유명하다.

**** The Brontë Sisters: 19세기 영국 문학을 대표하는 세 자매 작가인 샬럿 브론테, 에밀리 브론테, 앤 브론테를 말한다.

하는 것일 수도 있었어요. 운이 좋다면 미트포드 양*에 대해 재치 있는 농담 하나쯤 보태고, 조지 엘리엇**에게 존경의 뜻을 전하고, 가스켈 부인***에 대해 한두 마디로 마무리할 수도 있었겠지요. 하지만 다시 생각해 보니 '여성과 픽션'이라는 말은 그렇게 단순한 것만은 아니었어요. 여러분이 그 표현으로 말하려 했던 것은 '여성과 그녀들의 본성'이나 '여성과 그들이 쓴 소설' 혹은 '여성과 여성을 다룬 소설'이었을 수도 있겠지요. 어쩌면 이 셋이 모두 서로 얽혀 있다는 의미였을지도 모르고요. 그래서 저는 이 세 가지를 함께 고려해 보려고 했어요. 그렇게 접근하려고 하자 곧 하나의 난관에 부딪혔어요. 제가 결코 결론에 도달할 수 없으리라는 걸 깨달은 거예요. 강연자의 첫 번째 의무는 한 시간 동안 강연이 끝난 뒤, 청중에게 순수한 진리 한 조각을 건네주는 것이라고 들었어요. 그 진리를 공책 사이에 끼워두고, 벽난로 선반 위에 오래도록 간직할 수 있게 말이에요. 하지만 제가 할 수 있었던 건 하나의 사소한 의견을 제안하는 것뿐이었죠. "여성이 소설을 쓰려면 돈과 자기만의 방이 있어야 한다"라는 것이지요. 그러나 여러분도 아시다시피, 이 말은 여성의 본질이나 소설의 본질이라는 거대한 문제를 해결해 주지 못해요. 저는 여성과 픽션이라는 이 두 질문에 결론을 내리지 않

---

*   Miss Mitford, Mary Russell Mitford: 1787~1855, 영국의 작가이자 극작가. 수필집 『우리 마을(Our Village)』(1824~1832)이 유명하다.

**   George Eliot: 1819~1880. 본명은 메리 앤 에반스(Mary Ann Evans). 빅토리아 시대 영국의 위대한 소설가 중 한 명. 여성 작가에 대한 편견을 피하려고 남성 필명을 사용했다.

*** Mrs Gaskell, Elizabeth Gaskell: 1810~1865. 영국의 소설가. 『크랜퍼드』, 『북과 남』 등으로 알려져 있다.

고 남겨두었어요. 저에게 그것은 여전히 미지의 영역으로 남아 있는 주제랍니다. 하지만 그 대신 제가 어떻게 해서 그런 의견에 도달하게 되었는지, 그 과정을 보여드리려고 해요. 제가 그 생각에 이르게 된 사고의 흐름을 여러분 앞에 가능한 한 자유롭고 솔직하게 펼쳐 보일까 해요. 그 과정에서 여러분도 그런 생각이 여성과 픽션이라는 주제와 어떻게 연결되어 있는지를 발견할 수도 있을 겁니다.

무엇보다도 성sex이라는 주제는 언제나 논란의 여지가 있는 만큼 우리가 완전한 진실을 말할 수 있으리라고 기대하는 건 무리겠죠. 그 대신 제가 할 수 있는 건 단지 제가 어떻게 그런 의견에 도달했는지를 보여주는 것뿐이에요. 강연자의 한계와 편견 그리고 고유한 관점을 살펴볼 수 있게 말이에요. 어쩌면 허구 속에 더 많은 진실이 담겨 있을 수도 있으니까요. 그래서 저는 소설가의 자유를 총동원해서 제가 이 자리에 오기 직전 이틀 동안 있었던 일을 이야기해 볼까 해요. 여러분이 제 어깨 위에 지워준 이 주제의 무게에 짓눌려 고개를 숙인 채 이 문제를 어떻게 생각했고, 제 일상 속에서 어떻게 되새겼는지를 말이죠. 제가 묘사하려는 것은 사실 모두 허구일지도 몰라요. '옥스브리지'도, '펀햄'도 실재하지 않아요. '저' 역시 실존 인물이

---

*   Oxbridge: 영국의 가장 오래되고 권위 있는 두 대학인 옥스퍼드와 케임브리지를 합쳐 부르는 말. 수 세기 동안 남성들에게만 허락되어 온 견고한 학문적 권력과 부(富) 그리고 배타적 전통을 통칭하는 상징적인 단어다.

**   Fernham: 화자가 저녁 식사를 하러 방문하는 가상의 여자 대학. 옥스브리지의 화려함과 대조적으로 초라하게 묘사된다. 이 가상의 공간은 당시 실제 존재했던 여자 대학인 뉴넘 칼리지와 거튼 칼리지를 모델로 한다.

아니라 그냥 하나의 편의적인 이름일 뿐이에요. 제 입에서는 거짓말이 술술 흘러나오겠지만, 그 속에 진실이 약간 섞여 있을지도 모릅니다. 그 진실이 무엇인지 또 그것이 보존할 가치가 있는지는 여러분이 판단할 몫이에요. 그렇지 않다면 이 모든 이야기는 그저 쓰레기통에 던져버려도 괜찮아요.

그러니 저를 메리 비턴이든 메리 시턴이든 메리 카마이클이든˚ 여러분 맘에 드는 이름으로 불러주세요. 그건 전혀 중요하지 않으니까요. 1, 2주 전 어느 화창한 10월에 강가에 앉아 깊은 생각에 잠겨 있었다고 해두죠. 앞서 언급한 그 멍에, 즉 '여성과 픽션' 그리고 온갖 편견과 열정을 불러일으키는 이 주제에 대해 어떤 식으로든 결론을 내려야 할 필요가 있다는 생각에 고개를 폭 숙이고 있었지요. 좌우로는 황금빛과 진홍빛으로 물든 이름 모를 덤불들이 불의 열기로 타오르는 듯한 색채를 뿜어내고 있었죠. 저 멀리 강둑에는 버드나무들이 머리카락을 어깨 위로 늘어뜨린 채 끊임없는 비탄에 잠겨 흐느끼고 있었고요. 강물에는 하늘과 다리, 불타는 나무들이 반사되어 있었는데, 한 대학생이 노를 저어 물에 비친 풍경을 헤치고 가자 마치 그가 지나간 적 없다는 듯이 수면은 다시 완벽하게 닫혀버렸어요. 그곳에서는 시계바늘이 한 바퀴를 돌도록 생각에 잠겨 앉아 있을 수도 있었을 거예요. 과분하게 거창한 이름을 붙이자면, 생각이라는 낚싯줄을 강물 속으로 드리우고 있었어요.

˚ 이 세 이름은 16세기 스코틀랜드의 메리 여왕을 모셨던 네 시녀 이야기를 다룬 발라드 「네 명의 메리(The Four Marys)」에서 가져왔다. 여기에서 언급하지 않은 네 번째 메리인 메리 해밀턴은 왕의 아이를 임신해 몰래 출산한 후 유기한 것이 들통나 교수형에 처해졌다.

그 줄은 물에 비친 풍경과 수초들 사이로 이리저리 흔들리며 일 분, 이 분, 물결에 떠올랐다 가라앉기를 반복했죠. 그러다 그 작은 당김, 아시죠? 낚싯줄 끝에 갑자기 묵직한 상념의 덩어리가 뭉쳐지는 느낌 그리고 조심스레 줄을 당겨 올려 잡은 것을 신중하게 펼쳐 놓는 그 과정 말이에요. 아, 하지만 풀밭 위에 놓으니 제 생각이라는 게 얼마나 작고 하찮아 보이던지요. 제가 본 것은 좋은 낚시꾼이 더 살찌워서 언젠가 요리해 먹을 만한 가치가 있도록 다시 물속에 놓아주는 그런 작은 물고기였어요. 지금 그런 생각으로 여러분을 괴롭히지 않을게요. 하지만 주의 깊게 본다면 제가 앞으로 이야기할 내용에서 스스로 그것을 발견할 수도 있을 거예요.

하지만 아무리 작더라도 그 물고기는 자기 종류 특유의 신비로운 속성을 가지고 있었답니다. 마음속에 다시 놓아주자마자 즉시 매우 흥미롭고 중요한 것이 되었지요. 그것이 이리저리 돌진하고 가라앉고 번쩍이면서 제 머릿속에 사상의 물결과 소동을 일으켜 가만히 앉아 있을 수 없었어요. 그렇게 해서 저는 어느새 잔디밭을 아주 빠른 걸음으로 가로지르고 있었답니다. 순간 한 남자가 저를 가로막아 섰어요. 처음에는 연미복 상의와 이브닝 셔츠를 입은 기묘한 차림의 그가 왜 그런 몸짓을 하는지 이해하지 못했죠. 그의 얼굴에는 공포와 분노가 서려 있었어요. 제게 도움을 준 것은 이성보다 본능이었어요. 그는 비들*이었고, 저는 여성이었어요. 여기는 잔디밭이었고, 길은 저쪽이었

---

 *   Beadle: 대학의 의식을 돕거나 질서를 유지하는 하급 관리(경비원).

죠. 펠로*와 스칼러만이 진디밭을 걸을 수 있어요. 자갈길이 제가 있어야 할 곳이었죠. 이런 생각들이 순간적으로 머리에 떠올랐답니다. 제가 길로 나오자 비들의 팔이 내려갔고, 그의 얼굴은 평상시의 차분함을 되찾았어요. 잔디밭이 자갈길보다 걷기 좋긴 하지만, 크게 문제될 것은 없었지요. 그 대학이 무엇이든 간에 제가 펠로와 스칼러들에게 할 수 있는 유일한 불평은 300년 동안 지속적으로 가꾸어온 그들의 잔디를 보호하는 과정에서 제 작은 물고기가 숨어버렸다는 것이었어요.

무엇이 저를 그렇게 대담하게 잔디밭을 무단 침입하도록 만들었는지 이제는 기억할 수 없어요. 평화의 정령이 하늘에서 구름처럼 내려왔답니다. 평화의 정령이 어딘가에 머문다면, 그것은 바로 화창한 10월 아침 옥스브리지의 정원과 네모진 안뜰이었을 거예요. 그 대학들을 지나 그 유서 깊은 건물들 사이를 거닐면서, 좀 전의 거친 감정은 매끄럽게 사라지는 듯했어요. 마치 몸이 신기한 유리 진열장 안에 들어가 있고 그곳으로는 어떤 소리도 침투할 수 없는 것 같았어요. 그리고 마음은 (다시 잔디를 침범하지 않는 한) 사실과의 어떤 접촉에서도 벗어나 그 순간과 조화를 이루는 어떤 사색에든 마음 편히 안주할 수 있었답니다. 우연히도 긴 방학 동안 옥스브리지를 다시 방문했던 일에 대해 쓴 오래된 수필이 기억나면서 찰스 램**이 떠올랐어요.

---

* Fellow: 영국 대학 제도에서 칼리지의 정회원 자격을 갖춘 학자나 연구원.
** Charles Lamb: 1775~1834. 19세기 영국의 낭만주의 수필가이자 시인. 위트 있고 인간미 넘치는 에세이 모음집 『엘리아 수필집(Essays of Elia)』(1823)으로 유명하다.

새커리*는 찰스 램의 편지를 이마에 대면서 성 찰스라고 불렀다지요. 정말로, 모든 죽은 이 중에서 (제 생각이 떠오르는 대로 말하는 거예요) 램은 저와 가장 마음이 통하는 사람이에요. "수필을 어떻게 썼는지 말해 주세요"라고 물어보고 싶은 사람이죠. 왜냐하면 그의 수필이 맥스 비어봄**의 수필보다 뛰어나다고 생각했거든요. 비어봄의 수필이 탁월하긴 하지만요. 램의 수필에는 상상력이 거칠게 번뜩이고, 천재성이 번개치듯 빛나서, 그 때문에 결함이 생기고 불완전하지만 시적인 아름다움이 있어요.

램은 아마도 백 년 전쯤 옥스브리지에 왔을 거예요. 분명히 그는 여기서 본 밀턴***의 시 한 편에 대한 수필을 썼어요. 제목이 기억나지 않네요. 아마 「리시더스」****였을 거예요. 그리고 램은 「리시더스」의 어떤 한 단어라도 지금 현재 존재하는 작품(「리시더스」)과 다를 수 있다는 생각에 얼마나 큰 충격을 받았는지 서술했답니다. 밀턴이 그 시의 단어들을 바꾼다고 생각하는 것이 그에게는 일종의 신성모독처럼 보였던 거예요. 이것은 제가 「리시더스」에 대해 기억할 수 있는 것을 떠올리게 했고, 밀턴이 바꾸었을 수도 있는 단어가 무엇이었는지 그리고 왜 그랬는지 추측하며 즐거워졌어요. 그때 저는 램이 보았던 바로 그 원

* William Makepeace Thackeray: 1811~1863. 빅토리아 시대 영국의 대표적 소설가. 『허영의 시장(Vanity Fair)』(1847~1848)이 대표작.

** Max Beerbohm: 1872~1956. 영국의 수필가, 패러디 작가, 캐리커처 화가. 세련되고 기지 넘치는 문체로 유명하며, 『줄리카 돕슨(Zuleika Dobson)』(1911) 등을 남겼다.

*** John Milton: 1608~1674. 17세기 영국의 시인. 영문학 최고의 서사시로 꼽히는 『실낙원(Paradise Lost)』(1667)의 작가다.

**** Lycidas: 존 밀턴이 케임브리지 대학 동문이자 친구였던 에드워드 킹(Edward King)의 익사를 추모하며 쓴 목가적 애가. 영문학사에서 형식미가 뛰어난 시로 꼽힌다.

고가 불과 몇백 미터 떨어진 곳에 있다는 것이 생각났어요. 그래서 네모진 안뜰을 가로질러 그 보물이 보관된 유명한 도서관까지 램의 발자취를 따라갈 수 있었죠. 게다가 이 계획을 실행에 옮기면서 기억난 것은 새커리의 『에스먼드』* 원고도 바로 이 유명한 도서관에 보존되어 있다는 거였어요. 비평가들은 종종 『에스먼드』가 새커리의 가장 완벽한 소설이라고 말하죠. 하지만 제가 기억하는 한 18세기를 모방한 그 문체의 기교는 좀 거슬렸어요. 물론 18세기 문체가 새커리에게 자연스러웠을 수도 있지요. 원고를 보고 수정 사항들이 문체를 위한 것인지 의미를 위한 것인지 확인하면 증명할 수 있는 사실이겠죠. 하지만 그러면 무엇이 문체이고 무엇이 의미인지 결정해야 할 텐데, 그 질문은……. 바로 여기서 저는 실제로 도서관으로 통하는 문 앞에 있었어요. 제가 문을 열었었나 봐요. 그러자 즉시 흰 날개 대신 검은 법복을 펄럭이며 길을 가로막는 수호천사 같은 이가 나타났으니까요. 그는 제게 뒤로 물러나라 손짓하더니 낮고 은은하며 친절한 목소리로 유감을 표했어요. 여성은 대학의 펠로와 동행하거나 소개장을 지참했을 때만 도서관 출입이 허용된다면서요.

어떤 여성이 유명한 도서관을 저주했다는 사실 따위는 그 도서관에는 전혀 상관없는 일일 테지요. 위엄 있고 고요하게, 온갖 보물을 가슴속에 안전하게 품은 채 도서관은 자기만족에 빠져 잠들어 있고, 제가 보기엔 영원히 그렇게 잠들어 있을 거예

* 『헨리 에스먼드의 역사(The History of Henry Esmond)』(1852): 새커리의 역사 소설. 18세기 앤 여왕 시대를 배경으로 주인공 헨리 에스먼드의 성장과 사랑을 그렸다.

요. 결코 제가 그 메아리를 깨우지 않을 거고, 다시는 환대해 달라 요청하지 않겠노라고, 계단을 내려오며 단단히 화가 나서 맹세했답니다. 점심시간까지는 아직 한 시간이 남아 있는데 뭘 해야 할까요? 초원을 산책할까요? 강가에 앉아 있을까요? 확실히 아름다운 가을 아침이었어요. 나뭇잎들이 붉게 물들어 땅으로 펄럭이며 떨어지고 있었고, 둘 중 어느 것을 해도 큰 문제는 없었어요. 그런데 음악이 제 귀에 들려왔어요. 예배나 기념식이 진행되고 있는 것 같았죠. 제가 교회당 문 앞을 지나갈 때 오르간이 웅장한 소리로 불평을 토해내고 있었어요. 그 고요한 공기 속에서는 기독교의 슬픔조차 슬픔 자체보다는 슬픔을 회상하는 것처럼 들렸어요. 심지어 오래된 오르간의 신음도 평화에 감싸여 있는 것 같았죠. 설령 제게 그럴 권리가 있었다 해도 들어가고 싶지 않았어요. 이번에는 교회 수위가 저를 막았을지도 모르죠. 아마도 세례증명서나 학장의 소개장을 요구하면서 말이에요. 하지만 이 웅장한 건물들의 외관은 종종 내부만큼이나 아름답답니다. 게다가 회중이 모이는 것을 구경하는 것도 꽤 재미있었어요. 사람들이 들어갔다 나왔다 하며 벌집 입구의 벌들처럼 교회당 문 안팎에서 분주히 움직이고 있었거든요. 많은 사람이 학사모에 가운을 입고 있었고, 어떤 이들은 어깨에 모피 장식을 달고 있었으며, 또 다른 이들은 휠체어에 앉아 있었어요. 중년이 채 되지 않았는데도 너무나 기이한 모습으로 구부러지고 비틀어진 사람들도 있어서 수족관의 모래 위를 힘겹게 기어가는 거대한 게나 가재를 연상케 했답니다. 제가 벽에 기대어 있을 때, 대학은 정말로 성소처럼 보였어요. 스트랜드 거리*

의 보도 위에서 생존을 위해 싸워야 한다면 곧 사라질 희귀한 종들이 보존되어 있는 성소 말이에요. 늙은 학장들과 교수들에 대한 오래된 이야기가 떠올랐지만, 제가 용기를 내어 휘파람을 불기도 전에 그 위엄 있는 회중은 이미 안으로 들어가 버렸답니다. 예전에는 휘파람 소리만 들려도 어떤 늙은 교수님이 즉시 전속력으로 뛰어나온다는 이야기가 있었어요. 교회당의 외관은 그대로 남아 있었어요. 여러분도 아시다시피 그 높은 돔과 첨탑들은 마치 항상 항해 중이지만 결코 도착하지 않는 범선처럼 보이죠. 밤에는 불이 켜져서 언덕 너머 멀리 몇 킬로미터 떨어진 곳에서도 보인답니다. 한때는 아마도 이 부드러운 잔디밭이 있는 네모난 안뜰과 거대한 건물들 그리고 교회당 자체도 습지였을 거예요. 잡초들이 물결치고 멧돼지들이 코를 박고 뿌리를 파헤치던 곳이었겠죠.

수많은 말과 황소가 먼 나라에서 돌을 실은 수레를 끌고 왔을 거예요. 그러고 나서 무한한 노동을 들여서 제가 지금 서 있는 곳에 그늘을 만들어 주는 회색 석조 건물들을 차곡차곡 쌓아 올렸겠죠. 그다음에는 화공들이 창문에 쓸 유리를 가져왔고, 석공들은 접착용 퍼티와 시멘트, 삽과 흙손을 가지고 그 지붕 위에서 수 세기 동안 바쁘게 일했을 거예요. 매주 토요일에 누군가는 가죽 지갑에서 금과 은을 꺼내 그들의 늙은 손아귀에 쏟아부었을 거예요. 아마 저녁에는 맥주와 놀이를 즐겼겠죠. 금과 은이 끊임없이 이 정원으로 흘러 들어와야만 돌이 계속

<hr>

18

운반되고 석공들이 계속 일할 수 있었을 테니까요. 평평하게 고르고, 도랑을 내고, 땅을 파고, 배수로를 만들기 위해서 말이죠. 하지만 당시는 신앙의 시대였고, 이 돌들을 깊은 기초 위에 놓으려고 돈을 아낌없이 쏟아부었어요. 돌들을 세운 후에도 여기서 찬송가가 울려 퍼지고 학생들이 학자들의 가르침을 받도록 하려고 왕과 왕비 그리고 위대한 귀족들의 금고로부터 더 많은 돈이 흘러 들어왔답니다. 땅을 하사하고 십일조를 냈죠. 그리고 신앙의 시대가 끝나고 이성의 시대가 왔을 때도 여전히 같은 금과 은의 흐름이 계속되었어요. 펠로십(연구직)을 설립하고, 강의직을 만들었죠. 다만 이제 금과 은은 왕의 금고가 아니라 상인과 제조업자의 금고에서, 산업으로 재산을 모은 사람들의 지갑에서 흘러나왔답니다. 그들은 자신들이 기술을 배운 대학에 더 많은 교수직과 강의직, 펠로십을 두려고 유언장에 그 재산에서 풍부한 몫을 남겼어요. 그리하여 도서관과 실험실을 짓고, 관측소를 세웠으며, 수 세기 전 잡초가 물결치고 멧돼지들이 코를 박고 뿌리를 파헤치던 곳에 이제는 유리 선반 위에 비싸고 정교한 기구들을 들여놓게 된 거예요. 확실히, 제가 정원을 거닐면서 보니, 금과 은의 기초는 충분히 깊어 보였어요. 물결치던 잡초가 있던 곳에 포장도로가 단단하게 깔려 있었죠. 머리에 쟁반을 인 사람들이 계단에서 계단으로 분주하게 움직였어요. 창가 화분에 화려한 꽃들이 가득히 피어 있었고, 안쪽 방들에서 축음기 소리가 요란하게 울려 퍼졌답니다. 무언가를 생각하지 않을 수 없었어요. 그런데 그 생각이 무엇이었든 갑자기 끊겼지만요. 시계가 종을 쳤거든요. 이제 오찬에 참석할 시간이었어요.

흥미롭게도 소설가들은 오찬 파티가 으레 재치 있는 말이나 현명한 행동으로 기억되는 자리라고 믿게끔 만드는 묘한 재주가 있어요. 하지만 그들은 정작 무엇을 먹었는지는 거의 한마디도 하지 않죠. 수프와 연어와 오리 요리를 언급하지 않는 것이 소설가들의 습관 가운데 하나거든요. 마치 수프와 연어와 오리 요리가 전혀 중요하지 않은 것처럼, 마치 아무도 시가를 피우거나 와인 한잔을 마시지 않은 것처럼 말이에요. 하지만 여기서 저는 그 관례를 깨고 여러분에게 말해 볼까 해요. 이날의 점심은 깊은 접시에 담긴 넙치 요리로 시작되었는데, 대학 요리사가 그 위에 침대보처럼 새하얀 크림을 덮어 놓았답니다. 다만 여기저기 암사슴 옆구리 점처럼 갈색 점이 찍혀 있었지만요. 그다음에는 자고새가 나왔어요. 하지만 접시 위에 덩그러니 놓인, 털 빠진 갈색 새 두 마리를 상상하신다면 오산이에요. 각양각색 많은 자고새가 소스와 샐러드라는 온갖 수행원을 거느리고 나왔답니다. 톡 쏘는 맛과 달콤한 맛 등 각각 순서에 맞게 나왔죠. 감자는 동전처럼 얇았지만 딱딱하지 않았고, 꼬마 양배추들은 장미 봉오리처럼 잎이 벌어졌지만 촉촉했어요. 구운 고기와 곁들인 채소들을 다 먹자마자 말없이 시중들던 비들이, 어쩌면 앞서 저를 잔디밭에서 내쫓았던 비들이 이번에는 좀 더 온화한 모습으로 나타난 것이었을지도 모르는데, 파도에서 막 건져온 것같이 온통 설탕을 두른 디저트를 꽃처럼 냅킨에 싸서 우리 앞에 내려놓았어요. 그것을 푸딩이라고 불렀지만, 쌀이나 타피오카와 연관 짓는 것은 모욕일 거예요. 그러는 동안 와인잔들은 노란빛으로, 또 진홍빛으로 물들었어요. 비워졌다가 다시 채워졌죠. 그렇게 점차 영혼의 자리인 척추 중간쯤에 불이 켜졌답니다. 우리 입술 위에서 들어왔다 나갔다 하는 그 작고 단단한 전기 불빛, 우리가 재치라고 부르는 그것이 아니라 이성적 교류가 뿜어내는 그 풍요로운 노란 불꽃, 더 깊고 미묘하며 은밀한 빛이었어요. 서두를 필요가 없었죠. 반짝일 필요도 없었고요. 자기 자신 외에 다른 누군가가 될 필요도 없었어요. 우린 모두 천국으로 갈 테고, 반 다이크[•]도 우리 일행이죠. 다시 말해, 삶이 얼마나 근사해 보였는지, 그 보상이 얼마나 달콤한지, 이 원한이나 저 불만이 얼마나 사소한지, 비슷한 이들과 어울린다는 게 얼마나 훌륭한지를 느끼며, 질 좋은 담배에 불을 붙이고 창가 자리의 쿠션들 사이에 깊숙이 앉았답니다.

다행히도 재떨이가 가까이 있었더라면, 어쩔 수 없이 창밖으로 재를 털지 않았더라면, 상황이 조금만 달랐더라면, 아마도 저는 꼬리 없는 고양이를 보지 못했을 거예요. 네모진 안뜰을 부드럽게 걸어가는 그 뭉뚝하고 꼬리가 잘린 동물을 보자 무의식 속에 있는 지능의 어떤 우연한 작용 때문인지 제 마음을 비추던 감정의 빛이 확 바뀌어 버렸답니다. 마치 누군가가 그늘을 드리운 것 같았죠. 아마도 그 훌륭한 백포도주의 기운이 떨어졌는지도 몰라요. 확실히, 맹크스 고양이^{••}가 잔디밭 한가운

• Anthony van Dyck: 1599~1641. 플랑드르 출신의 바로크 화가. 영국 찰스 1세의 궁정화가로 활동하며 영국 초상화의 전통을 확립했다.

•• Manx cat: 꼬리가 없는 것으로 유명한 고양이 품종. 맨섬이 원산지다. 제1차 세계대전 이후 무언가 중요하고 아름다운 것이 잘려 나간 전후(戰後) 세계의 결핍과 허전함을 암시한다.

데 멈춰 서서 마치 그것도 우주에 의문을 품는 것처럼 보였을 때 무언가 부족해 보였고, 무언가 달라 보였어요. 하지만 무엇이 부족하고, 무엇이 달랐을까요? 저는 대화를 들으며 스스로에게 물었답니다. 그 질문에 답하려고 저는 이 방에서 벗어나 과거로, 정말로 전쟁 이전으로 거슬러 올라가 생각해야 했어요. 그리고 여기서 그리 멀지 않은 방에서 열렸던 또 다른 점심 파티의 모델을 제 눈앞에 떠올려야 했죠. 하지만 달랐어요. 모든 것이 달랐답니다. 그러는 동안 손님들 사이에서 대화가 계속되었어요. 손님들은 많았고 젊었으며, 여성도 있었고 남성도 있었죠. 대화는 순조롭게, 기분 좋게, 자유롭게, 재미있게 진행되었어요. 그것이 계속되면서 저는 그것을 다른 대화의 배경과 대조해 보았고, 둘을 맞춰보니 이 대화가 저 대화의 후손이자 적법한 상속자라는 건 의심할 여지가 없었답니다. 아무것도 변하지 않았고, 아무것도 다르지 않았어요. 다만 여기서 저는 온 귀를 기울여 대화의 내용을 듣는 데 그치지 않고 그 뒤의 중얼거림이나 흐름을 들었답니다. 네, 바로 그거였어요. 변화가 거기에 있었죠. 전쟁 전에는 이런 점심 파티에서 사람들이 정확히 같은 말을 했더라도 다르게 들렸을 거예요. 왜냐하면 그 당시에는 일종의 콧노래 소리가 동반되었거든요. 분명하지는 않지만 음악적이고 흥미진진한, 단어 자체의 가치를 바꾸는 소리였죠. 그 콧노래 소리를 말로 표현할 수 있을까요? 아마도 시인들의 도움이 있다면 할 수 있을지도 몰라요. 책 한 권이 제 옆에 있었는데, 무심코 열어 보니 테니슨*의 시였어요. 그리고 여기서 테니슨은 이렇게 노래하더군요.

찬란한 눈물이 떨어졌네.

문가의 시계꽃에서

그녀가 오고 있어, 나의 비둘기, 나의 님이여.

그녀가 오고 있어, 나의 생명, 나의 운명이여.

붉은 장미는 외치네. '그녀가 가까이 왔어, 그녀가 가까이 왔어.'

그리고 흰 장미는 흐느끼네. '그녀가 늦는구나.'

제비꽃이 귀 기울이네. '듣고 있어, 듣고 있어.'

그리고 백합은 속삭이네. '기다리고 있어.'*

전쟁 전 점심 파티에서 남자들이 흥얼거렸던 것이 이런 거였을까요? 그럼 여자들은요?

내 마음은 노래하는 새 같아요

물오른 가지에 둥지를 튼.

내 마음은 사과나무 같아요

탐스러운 열매로 가지가 휜.

내 마음은 무지갯빛 조가비

고요한 바다를 노 저어 가는.

내 마음은 이 모든 것보다 더 기쁘다네.

내 님이 오셨기에.**

＊ Alfred, Lord Tennyson: 1809〜1892. 빅토리아 시대의 계관시인. 『인 메모리엄 A.H.H.(In Memoriam A.H.H.)』, 『율리시스(Ulysses)』, 『샬럿의 여인(The Lady of Shalott)』 등으로 유명하다.

＊ 『모드(Maud)』(1855): 앨프리드 테니슨의 연작시. 사랑, 광기, 전쟁을 다룬 극적 독백 형식의 시다.

＊＊ 「생일(A Birthday)」(1861): 크리스티나 로제티의 시. 사랑이 찾아온 기쁨을 풍부한 이미지로

전쟁 전 점심 파티에서 여자들이 흥얼거렸던 것이 이런 거였을까요?

전쟁 전에는 점심 파티에서 아무리 작은 소리라고 하지만 사람들이 그런 노래를 흥얼거렸다고 생각하니 너무나 우스워서 웃음이 터져 나왔어요. 그래서 잔디밭 한가운데 있는 꼬리가 없어 정말로 조금 우스꽝스러워 보이는 가엾은 맹크스 고양이를 가리키며 제 웃음을 변명해야 했죠. 정말로 그렇게 태어난 걸까요, 아니면 사고로 꼬리를 잃은 걸까요? 꼬리 없는 고양이가 맹섬*에 있다고는 하지만 생각보다 드물어요. 기이한 동물이죠. 아름답다기보다는 기묘해요. 꼬리 하나가 만드는 차이가 참 기묘하죠. 점심 파티가 끝나고 사람들이 코트와 모자를 챙길 때 으레 주고받는 상투적인 말처럼 말이에요.

이 파티는 주인의 환대 덕분에 오후 늦게까지 이어졌어요. 아름다운 10월의 하루가 저물어가고 있었고, 제가 걸어가는 가로수 길에서 낙엽이 구르고 있었답니다. 제 뒤로는 문이 하나씩 부드럽지만 단호하게 닫히는 것 같았어요. 수많은 비들이 잘 기름칠한 자물쇠에 수많은 열쇠를 끼워 넣고 있었죠. 또 하룻밤을 위해 보물창고를 안전하게 잠그고 있었어요. 가로수 길이 끝나고 도로가 이어집니다. 이름은 잊어버렸지만, 오른쪽으로 돌면 펀햄으로 가는 길이에요. 하지만 시간은 충분했어요. 저녁 식사는 7시 반에 했거든요. 그런 점심을 먹은 후라면 저녁쯤은 건너뛰어도 될 것 같았죠. 시의 한 구절이 마음속에서 떠올라 시의 리듬에 맞춰 길을 따라 다리를 움직이게 된다는 건 참 신기한 일이에요. 그 시구들…….

찬란한 눈물이 떨어졌네,
문가의 시계꽃에서.
그녀가 오고 있어, 나의 비둘기, 나의 님이여.

제가 헤딩리*를 향해 빠르게 걸어가는 동안 제 혈관 속에서 노래가 흘렀어요. 그러고 나서 물살이 둑에 부딪혀 소용돌이치는 곳에 서서 다른 운율로 바꿔서, 노래했죠.

내 마음은 노래하는 새 같아요
물오른 가지에 둥지를 튼.
내 마음은 사과나무 같아요…….

황혼 녘에 으레 그렇듯 저는 큰 소리로 외쳤어요. 얼마나 대단한 시인들인가, 그들은 얼마나 대단한 시인들이었는가 말이야!

우리 시대를 염두에 둔 일종의 질투심 때문이었겠죠. 이런 비교가 어리석고 터무니없긴 하지만, 전 계속 궁금했어요. 솔직히 말해서 지금 활동하는 시인 가운데 당시의 테니슨과 크리스

---

*　잉글랜드 웨스트요크셔주 리즈 북쪽에 있는 지역.

티나 로제티*만큼 위대하다고 꼽을 만한 시인 두 명이 있을까요? 포말이 이는 물결을 보면서 이런 비교는 분명 불가능하다고 생각했어요. 그 시가 우리를 그토록 열광하게 하고 황홀하게 만드는 바로 그 이유는 그것이 우리가 한때 가졌던 (아마도 전쟁 전 점심 파티에서) 어떤 감정을 기념하기 때문이에요. 그래서 우리는 그 감정을 확인하거나 지금 감정과 비교하는 수고 없이 쉽게, 친숙하게 반응하는 거죠. 하지만 현대의 시인들은 바로 이 순간 우리 안에서 생성되고 찢겨 나오는 감정을 표현해요. 처음에는 그것을 알아차리지 못하죠. 종종 어떤 이유로 그것을 두려워하기도 해요. 우리는 그것을 예리하게 관찰하고, 질투심과 의혹에 가득 차서 자신이 알던 오래된 감정과 비교하곤 해요. 그래서 현대 시가 어려운 거예요. 이 어려움 때문에 훌륭한 현대 시인의 시를 두 줄 이상 연이어 기억할 수 없는 거죠. 이런 이유로, 제 기억력이 신통치 않아서, 자료 부족으로 논의가 시들해졌어요. 하지만 저는 헤딩리를 향해 계속 걸으며 생각했어요. 왜 우리는 점심 파티에서 작은 소리로 흥얼거리기를 그만두었을까요? 왜 앨프리드 테니슨은 노래하기를 그만두었을까요?

그녀가 오고 있어. 나의 비둘기, 나의 님이여.

---

* Christina Rossetti: 1830~1894. 빅토리아 시대 영국의 여성 시인. 라파엘 전파 화가인 단테 가브리엘 로제티의 여동생이다.

왜 크리스티나는 답가를 하지 않을까요?

내 마음은 이 모든 것보다 더 기뻐요.
내 님이 나에게 오시기에.

우리는 전쟁을 탓해야 할까요? 1914년 8월에 포성이 울렸을 때, 남녀의 얼굴이 서로의 눈에 너무나도 적나라하게 비친 나머지 낭만이 죽어버렸을까요? 확실히 충격이었어요. (특히 교육에 대한 환상을 품고 있던 여성들에게는 더욱 그랬죠.) 포화의 불빛 속에서 우리 통치자들의 얼굴을 본다는 건 말이에요. 독일인이든, 영국인이든, 프랑스인이든 그들은 너무나 흉측해 보였고 너무나 어리석어 보였죠. 하지만 누구를 탓하든, 무엇을 탓하든 테니슨과 크리스티나 로제티가 사랑의 도래를 그토록 열정적으로 노래하도록 영감을 주었던 그 환상이 당시보다 훨씬 희귀해졌다는 건 사실이에요. 이제는 그저 읽고, 보고, 듣고, 기억할 수 있을 따름이지요. 하지만 굳이 누구 '탓'을 할 게 있나요? 만약 그것이 환상이었다면, 그 환상을 파괴하고 그 자리에 진실을 들어앉힌 그 재앙을, 그것이 무엇이었든 왜 찬양하지 않을까요? 진실을 위해서 ··· 이 점들은 제가 진실을 찾다가 편햄으로 가는 길을 놓친 지점을 표시하는 거예요. 정말로, 무엇이 진실이고 무엇이 환상이었을까요? 저는 스스로에게 물었어요. 예를 들어, 이 집들에 대한 진실은 무엇일까요? 석양에 붉게 물든 창문을 번득이며 지금 축제를 벌이는 것 같은 어두운 집들, 이 집들은 아침 9시에는 사탕과 구두끈을 파는 붉고 삭막하고 지

저분한 곳들이죠. 그리고 버드나무와 강, 강으로 내려가는 정원들은 지금 안개가 스며들어 흐릿하지만, 햇빛 아래서는 금빛과 붉은빛으로 빛나죠. 그것들에 대해 무엇이 진실이고 무엇이 환상일까요? 제 생각의 궤적이 어떤 우여곡절을 겪었는지는 생략할게요. 헤딩리로 가는 길에서 결론을 내리지 못했거든요. 제가 곧 길을 잘못 든 걸 깨닫고 펀햄으로 발걸음을 돌렸다고 상상해 주세요.

이미 10월의 어느 날이라고 말씀드렸기에 계절을 바꿔서 정원 담장에 걸린 라일락이나 크로커스, 튤립 그리고 봄의 다른 꽃들을 묘사해서 여러분이 소설을 존중하는 마음을 손상시키거나 소설이라는 멋진 이름에 먹칠하는 짓은 하지 않을게요. 소설은 사실에 충실해야 하고, 사실이 정확할수록 소설이 더 훌륭하다고 다들 말하니까요. 그러므로 여전히 가을이었고 나뭇잎은 여전히 노랗게 물들어 떨어지고 있었어요. 오히려 조금 더 빨리 떨어지고 있었는데, 이제 저녁(정확히 7시 23분)이었고 (정확히 남서쪽에서) 바람이 불어왔거든요. 하지만 그럼에도 뭔가 이상한 일이 일어나고 있었어요.

내 마음은 노래하는 새 같아요
물오른 가지에 둥지를 튼.
내 마음은 사과나무 같아요
탐스러운 열매로 가지가 휜.

아마도 이 어리석은 환상의 원인은, 물론 그저 환상일 뿐이었지만 부분적으로는 크리스티나 로제티의 시구 때문이었겠지만, 라일락이 정원 담장 너머로 꽃잎을 흩날리고, 노랑나비들이 이리저리 스치듯 날아다니고, 꽃가루 먼지가 공기 중에 있는 것 같은 환상 말이에요. 어디선가 바람이 불어왔는데, 반쯤 자란 나뭇잎들을 들어 올려 공기 중에 은회색 빛이 반짝였어요. 빛과 어둠이 교차하며 색채가 한층 강렬해지는 시간이었죠. 자줏빛과 금빛이 창유리에서 흥분한 심장의 박동처럼 타오르는 시간, 어떤 이유로 세계의 아름다움이 드러났다가 곧 사라질 시간이었어요. (여기서 저는 문을 밀고 정원으로 들어갔어요. 부주의하게도 문이 열려 있었고 비들도 보이지 않았거든요.) 곧 사라질 세계의 아름다움은 두 개의 날을 가지고 있어요. 한쪽은 웃음의 날, 다른 쪽은 고통의 날이 서 있어 마음을 조각내 버리죠. 펀햄의 정원이 봄날의 황혼 속에 제 앞에 펼쳐져 있었어요. 거칠지만 탁 트여 있었고, 길게 자란 풀숲에 수선화와 블루벨이 아무렇게나 흩뿌려져 있었답니다. 평상시에도 잘 정돈된 편은 아니었겠지만, 지금은 바람에 날려 뿌리가 뽑힐 듯 휘날리고 있었죠. 건물의 창문들이 붉은 벽돌의 넘쳐나는 파도 사이에 떠 있는 배의 창문처럼 굴곡을 이루며, 빠르게 흘러가는 봄 구름 아래 레몬빛에서 은빛으로 변했어요.

누군가 해먹에 누워 있었어요. 이렇게 어슴푸레한 빛 속에서 반쯤 보이다 말아 반쯤 추측해야 할 환영에 불과했지만, 누군가 잔디밭을 가로질러 뛰어갔어요. 누군가 그녀를 가로막지 않을까요? 그리고 테라스에 마치 공기를 마시고 정원을 바라보려고 튀어나오기라도 한 것처럼 구부정한 형체가 나타났어요. 위엄 있으면서도 겸손하며 넓은 이마에 초라한 드레스를 입은……. 그 유명한 학자일까요, J—— H——* 본인은 아니었을까요? 모든 것이 희미했지만 동시에 강렬했어요. 마치 황혼이 정원 위에 드리운 스카프가 별이나 칼에 찢겨 나간 것처럼, 어떤 끔찍한 현실의 상처가 제멋대로 봄의 심장에서 터져 나온 것처럼요. 왜냐하면 젊음은…….

자, 여기 제 수프가 나왔네요. 커다란 식당에서 저녁을 준비하고 있었답니다. 봄날은커녕 실은 10월의 저녁이었어요. 모두가 커다란 식당에 모여 있었죠. 저녁이 차려졌어요. 여기 수프가 나왔네요. 평범한 그레이비 수프예요. 상상력을 자극할 만한 것은 아무것도 없었죠. 멀건 국물 너머로 그릇 바닥에 무늬가 있다면 그대로 비쳐 보였을 거예요. 그릇에 무늬 따윈 없었어요. 그릇은 평범했죠. 다음으로 쇠고기가 나왔는데 채소와 감자가 곁들여졌어요. 참으로 소박한 삼위일체였죠. 그건 진흙투성이 시장의 소 엉덩이를 연상시키고, 가장자리가 말려 노랗게 변한 꼬마 양배추들 그리고 월요일 아침에 그물 가방을 멘 아낙들이 흥정하며 값을 깎는 광경을 떠올리게 했답니다. 음식의 양은 충분했고 광부들은 틀림없이 이보다 더 못한 것을 먹고 있을 테니 인간의 가장 기본적인 양식을 불평할 이유는 없었어요. 이어서 말린 자두와 커스터드가 나왔어요. 만약 누군가가 말린 자두가, 심지어 커스터드로 조금 부드러워졌을 때조차 무자비한 채소라고(과일이 아니에요), 구두쇠의 심장처럼 질기

<hr>

* Jane Harrison: 1850~1928. 본문에는 이니셜로만 등장하나 실존 인물인 고전학자 제인 해리슨이다. 케임브리지 대학 뉴넘 칼리지의 펠로로, 그리스 종교와 신화 연구의 선구자였다.

고, 80년 동안 와인과 온기를 거부하고도 가난한 사람들에게 아무것도 주지 않은 구두쇠들의 혈관에 흐를 법한 액체를 배출한다고 불평한다면, 그는 말린 자두까지도 기꺼이 환영할 만한 사람들이 있다는 것을 기억해야 해요. 비스킷과 치즈가 다음에 나왔고, 여기서 물 주전자가 후하게 건네졌어요. 비스킷은 본래 건조한 것이지만 이것들은 속까지 완전히 비스킷이었거든요. 그게 전부였어요. 식사가 끝났답니다. 모두가 의자를 뒤로 밀었고 회전문이 거칠게 여닫혔어요. 곧 음식의 모든 흔적이 사라지고 식당은 의심할 바 없이 다음 날 아침 식사를 위해 정리되었죠. 복도를 따라 그리고 계단을 올라가면서 영국의 젊은이들이 쿵쿵거리며 노래를 부르고 다녔어요. 그리고 손님이며 이방인인 제가 (펀햄이라고 해서 제게 트리니티*나 서머빌,** 거튼이나 뉴넘, 크라이스트처치***에서보다 더 많은 권리를 주는 것도 아니었어요) '저녁이 별로였어요'라고 말하거나 (이제 메리 시턴과 저는 그녀의 거실에 있었답니다) '우리끼리만 여기서 식사할 수 없었을까요?'라고 말하는 것이 옳을까요? 만약 제가 그런 식으로 말했다면 이방인에게는 겉으로는 쾌활하고 당당해 보이는 이 대학의 내밀한 경제 사정을 캐고 조사하는 셈이 되었을 거예요. 아니에요, 그런 말은 도저히 할 수 없었어요. 정말로, 대화가 잠시 시들해졌답니

---

* 케임브리지 대학 소속의 칼리지 중 하나로 1546년 헨리 8세가 설립했다. 찰스 램이 밀턴의 원고를 보러 방문한 도서관이 있는 곳으로 언급된다.

** 1879년 설립된 옥스퍼드 대학 소속 여자 칼리지. 거튼, 뉴넘과 함께 영국 초기 여성 고등교육 기관 중 하나다.

*** 옥스퍼드 대학 소속의 칼리지. 1546년 헨리 8세가 설립했으며 루이스 캐럴(『이상한 나라의 앨리스』 작가)이 수학 교수로 재직했던 곳이다.

다. 인간이라는 유기체는 실상 심장과 몸과 뇌가 모두 함께 결합되어 있고, 아마 백만 년 후에는 모를까 지금은 별개 구획에 나뉘어 있지 않기에 훌륭한 저녁 식사는 훌륭한 대화에 매우 중요한 요인이 되지요. 잘 먹지 못했다면 잘 생각할 수도, 잘 사랑할 수도, 잘 잠들 수도 없어요. 척추의 등불은 쇠고기와 말린 자두로는 켜지지 않아요. 우리는 모두 아마도 천국에 갈 거고, 우리의 희망 사항이지만 반 다이크가 다음 모퉁이에서 우리를 맞이할 거예요. 바로 이것이 하루 일을 마친 후 쇠고기와 자두가 만들어내는 의심스럽고 조건부인 마음 상태랍니다. 다행히 과학을 가르치는 제 친구는 찬장에 납작한 병과 작은 잔들을 가지고 있었어요. (물론 넙치와 자고새부터 있었어야 했지만.) 그래서 우리는 벽난로 가까이 끌어당겨 앉아 그날의 생활에서 입은 손상 중 일부를 복구할 수 있었답니다. 잠시 후 우리는 특정한 누군가의 부재중에 마음속에 형성되었다가 다시 만났을 때 자연스럽게 쏟아져 나오기 마련인 온갖 호기심과 관심사 사이를 자유롭게 넘나들기 시작했습니다. 누가 결혼했고 누구는 아직인지, 어떤 이는 이런저런 생각을 품고 사는지, 또 누구는 몰라보게 훌륭해졌는데 누구는 놀라울 정도로 망가져 버렸는지 하는 이야기들 말입니다. 그런 사소한 시작으로 자연스레 솟아나는 인간 본성에 대한 성찰과 우리가 사는 이 경이로운 세계의 면면에 대한 온갖 사유가 함께 피어올랐습니다. 그러나 이런 것들에 대해 이야기를 나누는 동안, 저는 부끄럽게도 스스로 물결을 일으키며 밀려 들어와 모든 것을 나름의 결말로 끌어가는 어떤 흐름을 의식하게 되었어요. 스페인이나 포르투갈, 책이나 경주마에 대해 이야기할 수도 있었지만, 이야기의 진짜 관심사는 그런 것들이 아니라 5세기 전 높은 지붕 위에서 일하는 석공들의 모습이었습니다. 왕들과 귀족들이 거대한 자루에 보물을 가져와 땅 아래에 쏟아부었어요. 이 장면은 계속 제 마음속에서 살아나며, 여윈 암소들과 진흙투성이 시장, 시들어 빠진 채소들과 늙은이들의 질긴 심장으로 구성된 또 다른 장면과 함께 나란히 놓였답니다. 이 두 그림은 사실 관련도 없고 별 의미없이 뒤섞여 있었지만, 자꾸 몰려와 서로 싸우며 저를 완전히 사로잡았습니다. 우리의 이 대화가 왜곡되지 않으려면, 최선의 방법은 제 마음속에 있는 것을 밖으로 드러내는 것이었어요. 만약 운이 좋으면 윈저에서 관을 열었을 때 죽은 왕의 머리가 그랬듯이 부스러져 가루가 되어 사라질 테니까요. 그래서 저는 시턴 양에게 예배당 지붕 위에서 그 오랜 세월을 견뎌온 석공들의 이야기를 그리고 금은보화가 가득 담긴 자루를 어깨에 메고 와 땅속에 쏟아 붓던 옛 왕과 왕비, 귀족들의 이야기를 짧게 들려주었습니다. 뒤이어 우리 시대의 거물급 금융가들이 나타나, 옛사람들이 금괴와 투박한 금덩이를 묻어두었을 바로 그 자리에, 아마도 그랬겠지요, 수표와 채권을 바치고 간 이야기까지 보탰습니다.

저기 있는 대학들 아래에 그 모든 것이 놓여 있다고 저는 말했어요. 하지만 우리가 지금 앉아 있는 이 대학은 어떤가요? 이 용감한 붉은 벽돌과 거칠고 다듬어지지 않은 정원의 풀밭 아래에는 무엇이 놓여 있을까요? 우리가 식사했던 저 투박한 그릇들 이면에는 그리고 (미처 막기도 전에 입 밖으로 튀어나와 버렸습니다만) 그 쇠고기와 커스터드 그리고 말린 자두 뒤에는 대체 어떤 힘이 숨어 있을까요? "글쎄요." 메리 시턴이 이야기를 꺼냈어요. "1860년경에, 아, 하지만 그 이야기는 아시잖아요." 그녀는 같은 이야기를 반복하는 것이 지루한 듯이 말했죠. 그러고는 다음과 같이 말했습니다. 사무실을 임대하고 위원회를 열었지요. 봉투에 주소를 적고 안내장을 작성했어요. 회의가 열렸고 돌아온 답장들을 낭독했어요. '누구는 얼마를 내겠다고 약속했고, 반대로 아무개 씨는 한 푼도 주지 않겠다고 했죠.' '〈새터데이 리뷰〉*는 매우 무례했어요.' '사무실 비용을 낼 기금을 어떻게 모을까요?' '바자회를 열어야 할까요?' '예쁜 아가씨를 찾아 맨 앞줄에 앉힐 수는 없을까요?' '존 스튜어트 밀**이 이 주제에 대해 뭐라고 했는지 찾아봅시다.' '누가——편집장에게 편지를 실어달라고 설득할 수 있을까요?' '——부인에게 서명을 받을 수 있을까요?' '——부인은 부재중이라더군요.' 추측건대 60년 전에는 그런 식으로 일이 진행되었을 거예요. 지난한 노력과 엄청난 시간이 들어갔죠. 그리고 오랜 투쟁 끝에 온갖 어려움을 겪으며 그들은 겨우 3만 파운드를 모을 수 있었어요.*** 그러니 당연하게도 우리에게는 포도주나 꿩 요리 그리고 주석 쟁반을 머리

<hr>

* 1855년부터 1930년까지 발행된 영국의 주간 신문/잡지. 문학, 정치, 과학, 예술 등을 나뤘으며 보수적 논조로 유명했다.

** John Stuart Mill: 1806~1873. 19세기 영국의 철학자, 경제학자, 정치 이론가. 공리주의와 자유주의 사상의 대표적 인물이다. 『여성의 종속(The Subjection of Women)』(1869)을 저술하여 여성의 권리를 옹호했다.

*** 우리는 최소한 3만 파운드를 모아야 한다고 들었다……. 이런 종류의 대학이 잉글랜드와 아일랜드, 그리고 식민지를 통틀어 하나밖에 없고, 또 남학생들을 위한 학교를 세우는 데는 막대한 기금을 무척 쉽게 모을 수 있었다는 점을 고려하면, 이 금액은 그리 큰 액수가 아니었다. 그러나 여성이 교육받기를 진정으로 원하는 사람이 거의 없다는 점을 생각하면 그것은 상당한 액수이다.(레이디 스티븐, 『에밀리 데이비스의 생애』)—원주

에 이고 나르는 하인들이 있을 수 없지요라고 그녀는 말했어요. 우리에게는 소파도, 독립된 방도 허락되지 않아요. 그녀는 어떤 책의 구절을 인용하듯 덧붙였어요. '쾌적한 편의 시설들은 나중으로 미뤄야만 할 거예요.'[*]

그 모든 여성이 일 년 내내 일해서 2천 파운드 모으기도 어렵다는 것을 알게 되고, 3만 파운드를 마련하려고 갖은 고생을 다 했다는 사실을 생각하자 우리는 여성의 지독한 가난을 경멸했어요. 우리 어머니들은 도대체 무엇을 하느라 우리에게 남길 재산이 없었을까요? 콧잔등에 분이나 바르고 있었나요? 상점 진열장이나 들여다보고 있었나요? 몬테카를로의 햇살 아래서 사치라도 부리고 있었나요? 벽난로 선반에 사진 몇 장이 있었어요. 그것이 메리 어머니의 사진이라면, 그녀는 흥청망청 낭비하며 여가를 보냈었는지도 모르지요. (그녀는 교회 목사와의 사이에 자녀를 열세 명 두었어요.) 하지만 그렇다고 하면 즐겁고 사치스러운 삶은 그녀의 얼굴에 즐거움의 흔적을 너무 안 남겨 놓았더군요. 그녀는 평범하게 생긴 노부인으로, 커다란 카메오 브로치로 격자무늬 숄을 고정해 두르고 있었어요. 그녀는 버들고리 의자에 앉아 스패니얼 강아지에게 카메라를 보도록 어르고 있었는데, 셔터를 누르자마자 개가 움직일 거란 걸 확신하는 사람 특유의 재미있어하면서도 긴장한 표정을 짓고 있었어요. 만약 그녀가 사업에 뛰어들어 인조견사 제조업자가 되거나 증권거래소의 거물이 되었다면, 그리고 펀햄에 20만~30만 파운

---

[*] 긁어모을 수 있는 돈은 마지막 한 푼까지도 건물을 짓는 데 충당했고, 쾌적한 시설들은 나중으로 미뤄야만 했다.(R. 스트레치, 『대의』)—원주

드를 남겼다면 어땠을까요? 우리는 오늘 밤 편안하게 앉아 고고학, 식물학, 인류학, 물리학, 원자의 본질, 수학, 천문학, 상대성 이론, 지리학 같은 것들을 주제로 대화했을지도 몰라요. 만약 시턴 부인과 그녀의 어머니 그리고 그 전의 어머니가 돈 버는 위대한 기술을 익혀 그들의 아버지와 할아버지들이 그랬듯이 자신들의 성별(여성)을 위한 펠로십과 강의직, 상과 장학금을 마련하라고 돈을 남겼다면, 우리는 여기 위층에서 따로 새고기 요리와 와인 한 병으로 꽤 괜찮은 식사를 했을 거예요. 우리는 대우가 좋은 전문직에 제공하는 안온한 자리에서 즐겁고 명예롭게 일생을 보내는 일이 지나친 소망이라 여기지 않고 당연한 듯 기대할 수 있었을 거예요. 우리는 탐험하거나, 글을 쓰거나, 지구의 유서 깊은 장소들을 배회하거나, 파르테논 신전의 계단에 명상하며 앉아 있거나, 10시에 사무실에 갔다가 4시 반에 편안하게 집에 와서 시를 좀 써볼 수도 있었을 거예요. 다만, 만약 시턴 부인과 그녀와 같은 부류의 사람들이 열다섯 살에 사업에 뛰어들었다면, 그랬다면 메리는 존재하지 않았을 거예요. 그것이 논의에서 마주한 뜻밖의 난점이었죠. 저는 메리에게 그에 대해 어떻게 생각하느냐고 물었어요. 커튼 사이로 10월의 밤이 보였어요. 고요하고 사랑스러웠고, 노랗게 물든 나무들 사이에 별 한두 개가 걸려 있었죠. 서명 한 번으로 편햄이 5만 파운드 정도를 기부받을 수 있게 하려고 그녀는 이 아름다운 정경에서 자신의 몫을 포기할 수 있었을까요? 늘 자랑해 온 스코틀랜드의 맑은 공기와 맛있는 케이크의 기억을, 어린 시절의 놀이와 말다툼의 추억을 말이에요. (그들은 대가족이었지만 행복한 가족이었거든요.) 대학에 기부하는 것은 그녀의 가족이 없어진다는 것을 의미할 테니까요. 맞는 말이에요. 재산을 모으면서 자녀를 열세 명 낳는 것, 그건 인간이 할 수 있는 일이 아니에요. 우린 현실을 생각해 보자고 말했어요. 먼저 아기가 태어나기 전 아홉 달이 있어요. 그다음 아기가 태어나죠. 그다음 아기에게 젖을 먹이는 데 서너 달이 걸려요. 아기가 젖을 뗀 후에는 적어도 5년을 아기와 놀아주는 데 보내야 해요. 아이들이 거리를 돌아다니게 둘 수는 없으니까요. 러시아에서 아이들이 방치되어 떼 지어 돌아다니는 것을 본 사람들은 그 광경이 그다지 보기 좋지 않다고들 하더군요. 사람들은 또한 인간 본성이 한 살에서 다섯 살 사이에 형성된다고 말하죠. 만약 시턴 부인이 돈을 벌고 있었다면, 그럼 당신은 형제들과의 놀이와 말다툼에 대해 어떤 종류의 추억이 있을까요? 스코틀랜드와 그곳의 맑은 공기와 케이크와 그 모든 것에 대해 아는 것이 무엇이 있었을까요? 하지만 이런 질문들을 하는 것은 의미 없지요. 왜냐하면 당신은 아예 존재하지도 않았을 테니까요. 게다가 만약 시턴 부인과 그녀의 어머니 그리고 그 할머니가 큰 재산을 모아서 대학과 도서관의 기초 아래에 놓았다면 무슨 일이 일어났을지 묻는 것도 마찬가지로 의미 없는 일이에요. 왜냐하면 첫째로, 그들은 돈을 버는 것이 불가능했고, 둘째로, 설령 가능했다 해도 자신들이 번 돈을 소유할 권리가 법적으로 인정되지 않았기 때문이에요. 시턴 부인이 자기 소유의 돈을 한 푼이라도 가진 것은 지난 48년 동안뿐이에요. 그 이전 수백 년 동안 그것은 남편의 재산이었을 거예요. 이 생각이 아마도 시턴 부인과 그녀의 어머니들이 증권거래소를 멀리하게 하는 데 한몫했을지도 모르지요. 그들은 이렇게 말했을 겁니다. '내가 버는 돈은 땡전 한 푼까지도 빼앗길 테고, 내 남편의 현명한 처사에 따라 처리될 거예요. 아마도 발리올이나 킹스칼리지에 장학기금을 설립하거나 펠로십을 기부하는 데 쓰일 테니, 설령 내가 돈을 벌 수 있다 해도, 돈을 버는 것은 나에게 그다지 흥미로운 문제가 아니에요. 남편에게 맡기는 것이 나아요.'

어쨌든 스패니얼을 보고 있던 그 늙은 부인에게 책임이 있든 없든, 어떤 이유에서든 우리 어머니들이 자신들의 상황을 매우 심각하게 잘못 관리했다는 것은 의심할 여지가 없었어요. '생활의 편의'를 위한 일에는 한 푼도 남길 수 없었으니까요. 자고새와 와인, 비들과 잔디, 책과 시가, 도서관과 여가를 위해서는 말이죠. 맨땅에 장식 하나 없는 맨 벽을 세우는 것이 그들이 할 수 있는 최선이었어요.

그래서 우리는 창가에 서서 수많은 사람이 매일 밤 그러하듯 우리 발 아래 펼쳐진 그 유명한 도시의 돔과 탑들을 바라보았어요. 가을 달빛 속에서 그 풍경은 매우 아름답고 신비로웠죠. 해묵은 석재들은 무척 희고 존엄해 보였어요. 저 아래 모여 있는 모든 책을 생각했어요. 패널로 장식된 방에 걸린 옛 고위 성직자들과 명사들의 초상화들, 포장된 도로 위로 이상한 구체와 초승달 모양의 그림자를 드리울 채색 유리창들, 명판과 기념물과 비문들, 분수와 잔디 그리고 조용한 네모진 안뜰을 가로질러 바라보는 조용한 방들을 생각했어요. 그리고 (이런 생각을 하는 걸 용서해 주세요) 저는 또한 훌륭한 담배와 술, 깊은 안락의

자와 쾌적한 카펫을 생각했어요. 사치와 개인적 자유와 공간이 합쳐 빚어낸 도시적 세련됨과 온화함, 품위를 생각했어요. 확실히 우리 어머니들은 이 모든 것에 비견할 만한 그 어떤 것도 우리에게 제공하지 못했어요. 3만 파운드를 긁어모으기도 힘들었던 우리 어머니들, 세인트 앤드루스의 목사에게 아이를 열세 명이나 낳아 준 우리 어머니들 말이에요.

이렇게 해서 저는 숙소로 돌아갔어요. 어두운 거리를 걸으며 하루 일을 마친 사람들이 으레 그렇듯이 이것저것을 곰곰이 생각했답니다. 왜 시턴 부인이 우리에게 남길 돈이 없었는지 생각했고, 가난이 마음에 미치는 영향은 무엇인지, 부유함이 마음에 미치는 영향은 무엇인지 생각했어요. 그날 아침에 보았던 어깨에 모피와 술 장식을 단 노신사들을 생각했고, 휘파람을 불면 그들 중 한 명이 달려온다는 사실을 기억했어요. 교회당에서 울리던 오르간 소리와 도서관의 닫힌 문들을 생각했고, 잠긴 문밖에 있는 것이 얼마나 불쾌한지 생각했으며, 어쩌면 잠긴 문 안에 갇혀 있는 것이 더 나쁠지도 모른다고 생각했어요. 한 성별의 안전과 번영, 다른 성별의 가난과 불안정 그리고 전통과 전통의 부재가 작가의 마음에 미치는 영향을 생각하며, 마침내 저는 그날의 구겨진 껍질을, 그 논쟁들과 인상들과 분노와 웃음과 함께 묶어서 울타리 너머로 던져버릴 시간이라고 생각했어요. 수천 개 별이 푸르고 광막한 하늘을 가로질러 반짝이고 있었어요. 마치 불가해하게 거대한 사회에 홀로 버려진 듯한 느낌이었어요. 모두가 잠들어 있었어요. 엎드려서, 반듯하게, 말없이. 옥스브리지 거리에는 움직이는 사람이 아무도 없었어요. 호

텔 문조차 보이지 않는 손이 닿기라도 한 듯 저절로 열렸답니
다. 너무 늦어서 저를 잠자리로 안내할 하인도 앉아 있지 않았
어요.

텔 문조차 보이지 않는 손이 닿기라도 한 듯 저절로 열렸답니
다. 너무 늦어서 저를 잠자리로 안내할 하인도 앉아 있지 않았

제 이야기를 따라오신다면 이제 장면이 바뀌었어요. 나뭇잎은 여전히 떨어지고 있었지만, 이젠 옥스브리지가 아닌 런던이랍니다. 그리고 여러분께 이런 방을 상상해 보라고 말씀드리고 싶어요. 수천 개의 보통 방들처럼, 창밖으로는 사람들의 모자와 짐차, 자동차들이 지나가고 건너편 건물의 창문들이 내다보이는 그런 방 말이에요. 방 안 책상 위에는 종이 한 장이 놓여 있는데, 거기엔 커다란 글씨로 '여성과 픽션'이라고만 적혀 있을 뿐 그 뒤로는 아무 내용도 채워져 있지 않은 상태이지요. 옥스브리지에서 호화로운 점심과 저녁 식사를 즐기고 나서 안타깝게도 그다음 순서로 대영박물관*을 방문하는 건 피할 수 없는 정해진 순서처럼 보였지요. 모름지기 이 모든 인상 속에서 개인적이고 우연적인 것들은 걸러내고 순수한 액체, 즉 진리의 진수를 찾아내야만 합니다. 옥스브리지 방문과 그 점심 파티, 저녁

---

* British Museum: 1753년 설립된 런던 블룸즈버리의 국립 박물관으로 본문에 언급되는 곳은 1997년까지 도서관 기능을 했던 원형 열람실이다.

식사로 수많은 질문이 벌떼처럼 일어났으니까요. '왜 남자들은 와인을 마시고 여자들은 물을 마시는가?' '왜 한쪽 성별은 그토록 부유하고 다른 쪽 성별은 그토록 가난한가?' '가난이 픽션에 미치는 영향은 무엇인가?' '예술 작품을 창조하는 데 필요한 조건은 무엇인가?' 이런 수천 개 질문이 한꺼번에 쏟아져 나왔어요. 하지만 필요한 것은 질문이 아니라 답이었죠. 그리고 그 답은 오직 학식 있고 편견 없는 이들, 즉 말의 다툼과 육체의 혼란을 초월하여 자신들의 추론과 연구 결과를 책으로 펴낸 박학하고 공평무사한 사람들의 견해를 참조함으로써 얻을 것이며, 그것은 바로 대영박물관에서 찾을 수 있을 것입니다. 만약 대영박물관 서가에서 진리를 찾을 수 없다면, 도대체 어디에 진리가 있겠어요? 저는 스스로에게 물으며 공책과 연필을 집어 들었어요.

그렇게 채비를 갖추고 자신감에 차서 탐구하는 마음으로 저는 진리를 추구하기 위해 길을 나섰답니다. 그날 비가 오지는 않았지만 날씨는 음산했어요. 박물관 근처 거리는 집집마다 석탄 저장고 입구를 열어 두었고, 그 구멍 안으로 석탄 자루들을 쏟아붓고 있었지요. 사륜마차들이 멈춰 서서 끈으로 묶인 상자들을 보도 위에 내려놓았는데, 그것은 아마도 겨울날 블룸즈버리의 하숙집에서 찾을 수 있는 행운이나 도피처, 혹은 그 밖의 탐나는 어떤 것을 찾아온 스위스나 이탈리아 가족의 옷가지 전부가 들어 있는 가방이었을 거예요. 늘 그렇듯이 목이 쉰 남자들이 손수레에 화분을 싣고 거리를 누볐어요. 어떤 이들은 소리를 질렀고 어떤 이들은 노래를 불렀죠. 런던은 마치 하나의 공장 같았어요. 마치 하나의 거대한 기계 같았죠. 우리 모두는 이 밋밋한 바탕에 어떤 무늬를 새겨 넣기 위해 앞뒤로 이리저리 섞여 직조되고 있었어요. 대영박물관은 그 공장의 또 다른 부서에 불과했지요. 회전문을 밀고 들어서자 거대한 돔 아래에 서 있었어요. 그곳의 거대한 돔 아래 서 있노라면, 마치 유명한 이름들이 띠를 이루어 찬란하게 에워싸고 있는 저 거대한데다 대머리인 이마 속 한 조각 '생각'이 된 듯한 기분이 들었죠. 카운터로 가서 종이 한 장을 집어 들고 도서 목록 한 권을 펼쳤어요. 그리고 ····· 여기 찍힌 점 다섯 개는 제가 겪은 5분간의 아찔함과 경이 그리고 혼란을 의미합니다. 일 년 동안 여성에 관해 쓰인 책이 몇 권이나 되는지 짐작이 가나요? 그중 얼마나 많은 책을 남성이 쓰는지 아시나요? 여러분이 아마도 이 우주에서 가장 많이 논의되는 동물일 거라는 사실을 알고 있나요? 저는 공책과 연필을 들고 이곳에 왔어요. 오전을 독서로 보낼 작정이었고 오전이 끝날 무렵이면 그 진리를 제 공책에 고스란히 옮겨 적을 수 있으리라 생각하면서요. 하지만 이 모든 것을 읽으려면, 코끼리 떼나 거미 떼 정도는 되어야 할 것 같았어요. 가장 오래 살고 눈이 가장 많다고 알려진 동물들을 필사적으로 떠올려 봤어요. 심지어 그 껍데기만 뚫으려 해도 강철 발톱과 놋쇠 부리가 필요할 것 같았습니다. 거대한 종이 더미 속에 파묻힌 진리의 알갱이를 대체 어떻게 찾아낼 수 있을까요? 저는 자문하며 의기소침한 채 제목들의 긴 목록을 위아래로 훑어보기 시작했어요. 책 제목들만 봐도 생각할 거리가 많았어요. 성性과 그 본질이라는 주제가 의사나 생물학자들의 관심을 끄는 것이야 그럴 만도 하죠. 하지만 놀랍고도 설명하기 어려운 사실은, 성, 즉 여성이 유쾌한 수필가들, 솜씨 좋은 소설가들, 그리고 이제 막 석사 학위를 마친 젊은이들, 학위가 없는 남자들 그리고 여성이 아니라는 것 외에는 별다른 자격도 없어 보이는 남자들의 관심까지도 끌어모으고 있다는 점이었어요. 이 책들 중 일부는 겉보기에 경박하고 익살스러웠지만, 반면에 진지하고 예언적이며, 도덕적이고 훈계하는 투의 책들도 많았어요. 제목만 읽어봐도 수많은 교장 선생님과 성직자가 연단과 설교단에 올라 이 단 하나의 주제에 대해 보통 주어진 시간을 훌쩍 넘기며 장황하게 연설하는 모습이 떠올랐습니다. 그것은 정말 이상한 현상이었어요. 그리고 보아하니 오직 남성에게만 국한된 현상이었죠. 여기서 저는 M^{Male}이라는 글자를 염두에 두고 찾아보았습니다. 여성은 남성에 관한 책을 쓰지 않아요. 이 사실에 저는 안도의 한숨을 내쉬지 않을 수 없었어요. 만약 남성이 여성에 대해 쓴 모든 책을 먼저 읽고, 그다음으로 여성이 남성에 대해 쓴 모든 책까지 읽어야 했다면, 제가 펜을 들기도 전에 100년에 한 번 피는 알로에가 두 번은 피고 졌을 테니까요. 그래서 저는 아무 책이나 십여 권 골라 대출카드를 철제 쟁반에 올려놓고, 진리의 진수를 찾는 다른 탐구자들 틈에 서서 기다렸어요.

그렇다면 이 기묘한 불균형의 이유는 대체 무엇일까? 저는 영국의 납세자가 다른 용도로 쓰라고 제공한 대출카드에 수레바퀴 모양 낙서를 끄적이며 궁금해했어요. 이 목록으로 판단컨대, 남성이 여성에게 유발하는 흥미보다 여성이 남성에게 불러일으키는 흥미가 훨씬 큰 것은 도대체 어찌된 일일까요? 그것은 무척 신기한 일이었어요. 제 마음은 여성에 관한 책을 쓰며 시간을 보내는 남자들의 삶을 상상하기에 이르렀지요. 그들이 늙었는지 젊었는지, 결혼했는지 안 했는지, 코가 빨간지 곱사등이인지, 어쨌든 자신이 그런 관심의 대상이 된다는 것은 막연하게나마 기분 좋은 일이었죠. 그 관심을 베푸는 사람들이 장애가 있거나 병자들만이 아니라면 말이지요. 그런 경박한 생각을 하고 있는데 제 앞 책상으로 책들이 눈사태처럼 쏟아져 내려왔어요. 이제부터 난관이 시작됐죠. 옥스브리지에서 연구 훈련을 받은 학생이라면 의심할 여지 없이 양을 우리 안으로 몰 듯 자신의 질문이 답을 찾아갈 때까지 모든 방해 요소를 헤치고 질문을 이끄는 요령을 알 거예요. 예를 들어, 제 옆자리에 앉은 학생은 과학 편람을 부지런히 베끼고 있었는데 10분마다 순수한 금괴를 캐내고 있다고 저는 확신했어요. 그가 만족스럽다는 듯 나지막이 끙끙거리는 소리가 그 증거였죠. 하지만 불행히도 대학에서 훈련을 받아본 적이 없다면, 질문을 우리 안으로 몰아가기는커녕 사냥개 한 무리에게 쫓기며 이리저리 허둥지둥 달아나는 놀란 양 떼처럼 흩어져 버리게 할 뿐이에요. 교수들, 교장들, 사회학자들, 성직자들, 소설가들, 수필가들, 언론인들 그리고 여성이 아니라는 것 외에는 아무런 자격도 없는 남자들이 "왜 어떤 여성들은 가난한가?"라는 제가 가진 단순하고 유일한 질문을 추격해 마침내 그것은 50개의 질문이 되었어요. 급기야 그 질문 50개는 미친 듯이 강 한복판으로 뛰어들어 휩쓸려가 버렸죠. 제 공책은 페이지마다 메모로 뒤덮여 있었어요. 제가 어떤 마음 상태였는지 보여드리려고 그중 몇 개를 읽어 볼게요. 페이지 위쪽에는 그냥 '여성과 가난'이라고 정자체로 간단히 적혀 있었지만, 그 뒤에 이어진 내용은 대략 다음과 같았어요.

중세 시대의 여성의 상태,

피지섬의 여성의 습관,

여신으로 숭배받는 여성,

도덕 감각이 더 약한 여성,

여성의 이상주의,

여성의 더 큰 성실성,

남태평양 섬 주민들, 그들의 초경 연령,

여성의 매력,

제물이 되는 여성,

뇌의 크기가 작은 여성,

여성의 더 심오한 잠재의식,

몸에 털이 더 적은 여성,

여성의 정신적, 도덕적, 신체적 열등함,

여성의 자녀에 대한 사랑,

여성의 더 긴 수명,

여성의 더 약한 근육,

여성의 강한 애정,

여성의 허영심,

여성의 고등 교육,

셰익스피어의 여성에 대한 견해,

버컨헤드 경*의 여성에 대한 견해,

잉 학장**의 여성에 대한 견해,

라 브뤼예르***의 여성에 대한 견해,

새뮤얼 존슨 박사****의 여성에 대한 견해,

오스카 브라우닝 씨*****의 여성에 대한 견해….

　여기서 저는 숨을 돌리고는 여백에 이렇게 덧붙였어요. "왜 새뮤얼 버틀러******는 '현명한 남자들은 여성에 대해 어떻게 생각하는지 결코 말하지 않는다'라고 했을까?" 현명한 남자들은 다른 무엇보다도 그 주제에 대해서는 분명하게 말하는데 말이에요. 하지만 저는 의자에 등을 기댄 채 거대한 돔을 올려다보며 계속 생각했어요. 처음에 저는 그 안에서 하나의 생각에 불과했지만 이제는 뒤죽박죽으로 뒤엉킨 생각이 되어버렸어요. 정말 불행한 사실은 현명한 남자들이 여성에 대해 결코 같은 생각을 하지 않는다는 점이에요. 포프*******는 이렇게 말했어요.

---

* Lord Birkenhead: 1872~1930. 영국의 보수당 정치인이자 법률가로 대법관을 지냈다. 여성의 지적 능력을 비하하는 발언으로 악명이 높았으며, 여성 참정권 운동에 반대했다.

** Dean Inge: 1860~1954. 영국 성공회 성직자로 세인트폴 대성당의 학장(Dean)을 지냈다. 여성에 대해 보수적인 견해를 보였다.

*** Jean de La Bruyre: 1645~1696. 프랑스의 도덕 철학자이자 작가. 대표작 『성격론(Les Caractres)』(1688)에서 당대 사회와 인간 본성을 날카롭게 풍자했다.

**** Dr. Samuel Johnson: 1709~1784. 18세기 영국의 대표적 문인, 비평가, 사전 편찬자. 보스웰의 전기로 유명해졌으며 여성 교육에 대해 당대로서는 진보적인 견해를 보였다.

***** Oscar Browning: 1837~1923. 영국의 교육자이자 역사가.

****** Samuel Butler: 1835~1902. 영국의 소설가이자 비평가. 대표작으로 풍자 유토피아 소설 『에레혼(Erewhon)』(1872)과 자전적 소설 『육체의 길(The Way of All Flesh)』(1903)이 있다.

******* Alexander Pope: 1688~1744. 풍자시의 대가로 『머리카락 도둑(The Rape of the Lock)』, 『우인열전(The Dunciad)』 등이 대표작이다.

"대부분의 여성은 전혀 인격이 없다."

그리고 라 브뤼예르는 이런 말을 했지요.

"여성들은 극단적이어서 남성보다 우월하거나 혹은 저열하다."

동시대를 살았던 두 예리한 관찰자가 내놓은 완전히 상반된 의견이에요. 여성은 교육받을 능력이 있는가, 없는가? 나폴레옹은 여성이 교육받을 수 없다고 했어요. 존슨 박사는 그 반대로 생각했죠.[*] 여성에게 영혼이 있는가, 없는가? 어떤 미개인들은 그들에게 영혼이 없다고 말해요. 반면에 다른 이들은 여성이 반쯤 신성한 존재라고 주장하며 바로 그 이유로 그들을 숭배하죠.[**] 어떤 박식한 사람들은 여성의 두뇌가 더 얄팍하다고 주장하고, 다른 현자들은 그들의 의식이 더 심오하다고 주장해요. 괴테는 여성을 존경했고 무솔리니는 그들을 경멸했어요. 어디를 보든 남성들은 여성에 대해 생각했고, 또 저마다 다르게 생각했어요. 도무지 종잡을 수 없다고, 저는 결론 내렸어요. 옆자리 독자가 깔끔하게 초록抄錄을 만들고 있는 것을 부러운 듯 곁눈질하면서요. 그의 초록에는 종종 A나 B 혹은 C 같은 머리글자가 붙어 있었지만, 제 공책은 가장 거친 낙서 같은 모순된 조각 글들로 마구 뒤엉켜 있었죠. 그것은 고통스럽고, 혼란스러우며, 굴욕적이었어요. 진리는 제 손가락 사이로 빠져나갔어요.

---

[*] "남성은 여성이 감당하기 어려운 존재라는 것을 알기 때문에 가장 나약하거나 가장 무지한 여성을 선택한다. 여성에 대해 그렇게 생각하지 않는다면, 그들은 여성이 교육받는 것을 두려워하지 않을 것이다." … 이후의 대화에서 존슨은 이 말이 진담이었다고 나에게 말했다. 여성을 공정하게 평가하려면 이 사실을 인정하는 것이 솔직한 태도라고 생각한다.(보스웰, 『헤브리디스 제도 여행기』)–원주

[**] "고대 게르만족은 여성에게 신성한 힘이 있다고 믿었고 신탁을 전하는 자인 여성에게 자문을 했다."(프레이저, 『황금 가지』)–원주

한 방울도 남김없이 달아나 버렸죠.

저는 도저히 집으로 돌아갈 수 없다고 생각했어요. '여성과 픽션' 연구에 진지한 기여랍시고 여성은 남성보다 몸에 털이 적다거나 "남태평양 섬 주민의 초경 연령은 아홉 살이다." 아니 90세였나? 같은 말을 덧붙일 수는 없는 노릇이었죠. 심지어 정신이 산만해서 글씨조차 알아볼 수 없게 되었어요. 오전 내내 일하고도 이렇게 무게감 있거나 존경받을 만한 결과물을 내놓지 못하다니 부끄러운 일이었어요. 그리고 만약 (편의상 W^{Woman}라고 부르기로 한) 그녀에 대한 과거의 진실조차 파악하지 못한다면, 미래의 W에 대해 고민한들 무슨 소용이 있겠어요? 여성과 여성이 정치나 자녀, 임금, 도덕성 등 그 무엇에든 미치는 영향을 전문으로 연구하는 그 모든 신사분(그들이 아무리 수적으로 많고 박식하다 할지라도)에게 물어보는 것은 순전히 시간 낭비일 뿐이었죠. 차라리 그들의 책을 펼쳐보지 않는 게 낫겠어요.

하지만 이런 고민에 빠져 있는 동안 저는 무기력하고 절박한 심정으로 옆자리 사람처럼 결론을 쓰는 대신 무의식적으로 그림을 그리고 있었어요. 저는 어떤 얼굴, 어떤 형상을 그리고 있었죠. 그것은 바로 폰 X 교수*가 그의 기념비적 저서 『여성성의 정신적, 도덕적, 신체적 열등함』을 집필하고 있는 얼굴과 모습이었어요. 제 그림 속의 그는 여자들에게 매력적인 남자가 아니었어요. 그는 육중한 체격에 턱살이 늘어져 있었고, 거기에 균형

---

* Professor von X: 울프가 창조한 가상의 인물. 여성의 열등함을 주장하는 남성 학자들을 풍자적으로 대표한다. 'von'이라는 독일식 귀족 칭호는 당대 독일 학계의 권위주의적 분위기를 암시한다.

을 맞추려는 듯 눈은 아주 작았으며, 얼굴은 매우 붉었어요. 그의 표정은 마치 글을 쓰면서 해로운 벌레를 죽이기라도 하듯 펜을 종이에 쿡쿡 찔러대는 듯했죠. 하지만 벌레를 죽인 후에도 만족하지 못했어요. 그는 계속 그것을 죽여야만 했어요. 그런데도 분노와 짜증의 원인은 여전히 남아 있었죠. 아내 때문일까요? 저는 제 그림을 보며 물었어요. 그녀가 기병 장교와 사랑에 빠졌을까? 그 기병 장교는 날씬하고 우아하며 새끼 양가죽 모피를 입었을까? 프로이트의* 이론을 빌리면, 그가 요람에 있을 때 예쁜 여자아이에게 비웃음이라도 당했을까요? 제가 생각하기에 교수는 요람에 있을 때조차 매력적인 아이는 아니었을 것 같거든요. 이유가 무엇이든, 여성의 정신적, 도덕적, 신체적 열등함에 대한 위대한 책을 쓰고 있는 그 교수는 제 스케치에서 매우 화가 나고 몹시 추한 모습으로 그려졌어요. 그림을 그리는 것은 성과 없는 오전 작업을 마무리하는 한가한 방식이었죠. 하지만 바로 그 한가로움 속에서, 우리의 꿈속에서 가라앉아 있던 진실이 때때로 수면 위로 떠오르곤 해요. 정신분석이라는 거창한 이름까지 붙일 것도 없는 아주 초보적인 심리학 연습으로 제 공책을 들여다보니 그 화난 교수의 스케치가 '분노' 속에서 그려졌다는 것을 알 수 있었어요. 제가 멍하니 있는 사이 분노가 제 연필을 가로챘던 거죠. 하지만 분노가 거기서 뭘 하고 있었을까요? 흥미, 혼란, 재미, 지루함. 이 모든 감정이 오전 내내 연이어 나타날 때 저는 그것들을 추적하고 이름 붙일

50

수 있었어요. 그렇다면 분노가, 그 검은 뱀이 그 감정들 사이에 숨어 있었을까요? 그래요. 분노가 도사리고 있었다고 스케치가 말해 주었어요. 그것은 그 악마를 불러일으켰던 단 하나의 책, 단 하나의 구절을 틀림없이 가리키고 있었어요. 바로 여성의 정신적, 도덕적, 신체적 열등함에 대한 그 교수의 진술이었죠. 가슴이 뛰고 뺨이 화끈거렸어요. 분노로 얼굴이 붉어졌어요. 그건 어리석은 일이었지만 그 자체로 특별히 주목할 만한 것은 아니었어요. 저는 옆자리 학생을 쳐다봤어요. 누구나 거친 숨을 몰아쉬고, 싸구려 넥타이를 매고, 2주 동안 면도도 하지 않은 저런 작은 남자보다 선천적으로 열등하다는 말을 듣고 싶어 하진 않으니까요. 사람에겐 어리석은 허영심이 좀 있죠. 그저 인간 본성일 뿐이라고 저는 생각했어요. 그리고 그 화난 교수의 얼굴 위에 수레바퀴와 동그라미를 마구 그리기 시작했어요. 그가 불타는 떨기나무나 타오르는 혜성처럼 보일 때까지, 어쨌든 인간의 형상이나 의미는 사라진 환영처럼 보일 때까지요. 교수는 이제 햄프스테드 히스* 꼭대기에서 불타는 장작개비에 불과했어요. 이내 저 자신의 분노의 정체가 분명해지면서 사그라들었어요. 하지만 호기심은 남았어요. 교수들의 분노는 어떻게 설명해야 할까요? 그들은 왜 화가 났을까요? 이 책들이 남긴 인상을 분석해 보면, 거기에는 항상 '열기'라는 요소가 있었기 때문이에요. 이 열기는 여러 형태를 띠었어요. 풍자, 감상, 호기심, 비난으로 나타났죠. 하지만 즉각적으로 그 정체를 알아볼 수 없는

----

* 런던 북부에 위치한 광활한 공원과 녹지로 언덕과 숲, 연못으로 이루어져 있다.

또 다른 요소가 있었어요. 저는 그것을 '분노'라고 했죠. 하지만 그것은 지하로 숨어들어 온갖 다른 감정과 뒤섞인 분노였어요. 그 기이한 결과로 판단하건대, 그것은 단순하고 공개적인 분노가 아니라 위장되고 복잡한 분노였어요.

저는 산더미처럼 쌓인 책상 위의 책들을 살펴보며 생각했어요. 이유가 무엇이든 이 책들은 제 목적에는 쓸모가 없다고요. 말하자면, 이 책들은 과학적으로는 가치가 없었어요. 비록 인간적 측면에서는 교훈과 흥미, 지루함 그리고 피지섬 주민들의 습관에 대한 아주 기묘한 사실들로 가득 차 있었지만요. 그 책들은 진리의 하얀빛 속에서 쓰인 것이 아니라 감정의 붉은빛 속에서 쓰였어요. 그러므로 그 책들을 중앙 데스크에 반납하고 저 거대한 벌집 속 각각의 방으로 돌려보내야 했어요. 그날 오전의 작업에서 제가 건진 것이라곤 '분노'라는 단 하나의 사실뿐이었죠. 교수들—저는 그들을 그런 식으로 한데 묶어 버렸는데—은 화가 나 있었어요. 하지만 왜일까요? 책을 반납하고 나와 늘어선 기둥들 아래 비둘기들과 선사시대 카누들 사이에 서서 스스로에게 되물었어요. 왜요? 저는 반복해서 물었죠. 그들은 왜 화가 났을까요? 저는 이 질문을 스스로에게 던지며, 점심 먹을 곳을 찾아 천천히 걸었어요. 제가 일단 분노라고 이름 붙인 그 감정의 진짜 본질은 무엇일까 자문해 보았습니다. 이것은 대영박물관 근처 어딘가의 작은 식당에서 음식이 나오기를 기다리는 동안 내내 머리를 싸매게 했던 난제였어요. 누군가 먼저 점심을 먹고 나가면서 석간신문 초판을 의자에 두었더군요. 저는 음식이 나오길 기다리며 무심코 헤드라인을 읽기 시작했죠. 아주 큼지막한 글자들이 길게 페이지를 가로지르고 있었어요. 누군가 남아프리카에서 큰 성공을 거두었다는군요. 그보다 작은 글자로 오스틴 체임벌린 경*이 제네바에 가 있다는 소식을 알렸어요. 지하실에서 사람 머리카락이 붙은 푸줏간용 도끼가 발견되었다는 기사도 있었죠. 판사는 이혼 법정에서 '여성들의 파렴치함'에 대해 논평했고요. 신문에는 다른 소식들도 드문드문 흩뿌려져 있었어요. 여배우가 캘리포니아의 어느 봉우리에서 줄에 매달려 내려오다가 공중에 그대로 멈춰 버렸다는군요. 날씨는 안개가 낄 예정이었고요. 이 행성을 아주 잠깐 방문한 누구라도 이 신문을 집어 든다면, 이렇게 흩어진 증거들만 보고도 영국이 가부장제의 지배하에 있다는 사실을 인식하지 않을 수 없을 거라는 생각이 들었어요. 제정신이라면 누구나 그 '교수'의 지배력을 감지하지 않을 수 없었죠. 권력도, 돈도, 영향력도 그의 것이었어요. 그는 신문의 소유주이고 편집장이자 부주필이죠. 그는 외무장관이고 판사이며 크리켓 선수예요. 경주마와 요트도 소유하고 있죠. 그는 주주들에게 배당금을 200퍼센트 지급하는 회사의 이사예요. 그는 자신이 운영하는 자선단체와 대학에 수백만 파운드를 기부했죠. 그는 여배우를 공중에 매달았고요. 푸줏간 도끼에 붙은 머리카락이 사람의 것인지도 그 사람이 결정하지요. 살인자를 무죄로 풀어주거나 유죄를 선고하고, 교수형에 처하는 것도 바로 그 사람입니다. 안개를 제외하고는 그가 모든 것을 통제하는 듯했어요. 그

---

* Sir Austen Chamberlain: 1863~1937. 영국의 보수당 정치인. 외무장관을 지냈으며, 로카르노 조약(1925) 체결에 기여한 공로로 노벨평화상(1925)을 수상했다.

런데도 그는 화가 나 있었어요. 저는 이걸 보고 그가 화가 났다는 것을 알았어요. 그가 여성에 관해 쓴 글을 읽을 때면, 저는 그의 글이 아니라 그 사람 자신에 대해 생각하게 되었어요. 논객이 냉정하게 논쟁할 때는 오직 논거만 생각하고, 독자 역시 논거만 생각할 수밖에 없어요. 만약 그가 여성에 대해 냉정하게 글을 썼다면, 자신의 주장을 입증하려고 반박 불가능한 증거들을 사용했다면 그리고 결과가 이랬으면 좋겠다거나 저랬으면 좋겠다는 바람을 조금도 내비치지 않았다면, 저 역시 화가 나지 않았을 거예요. 완두콩은 초록색이라거나 카나리아는 노란색이라는 사실을 받아들이듯 그 주장에 수긍했겠지요. 저도 "그렇지" 하고 말했을 거예요. 하지만 그가 화를 냈기 때문에 저도 화가 났던 거예요. 그런데 석간신문을 뒤적이며 생각해 보니, 이 모든 권력을 쥔 남자가 화를 낸다는 것은 터무니없는 일처럼 보였어요. 아니면 '분노'란 것이 어쩌면 권력에 늘 붙어 다니는 친밀한 귀신같은 것인지 궁금해졌죠. 예를 들어 부자들은 가난한 사람들이 자기들의 부를 빼앗고 싶어 한다고 의심하기 때문에 종종 화를 내잖아요. 교수들 혹은 더 정확히는 '가부장들'이라고 하는 편이 낫겠네요. 그들도 부분적으로는 그런 이유 때문에, 하지만 또 부분적으로는 겉으로는 뚜렷하게 드러나지 않는 다른 이유 때문에 화가 났는지도 몰라요. 어쩌면 그들은 전혀 '화가 난' 것이 아닐지도 몰라요. 사실 그들은 종종 사적인 관계에서는 상대를 존경하고 헌신적이며 모범적이었으니까요. 어쩌면 교수가 여성의 열등함을 그토록 힘주어 강조했을 때, 그는 여성의 열등함이 아니라 바로 자신의 우월성에 신경 쓰고 있었는지도 몰라요. 그것이 그에게는 가장 진귀한 보석이었기에 그는 다소 격렬하고 지나치게 강조하면서까지 그것을 보호하려 했던 거죠. 두 성별 모두에게 인생은 고되고, 어렵고, 끊임없는 투쟁이에요. 저는 길을 따라 어깨를 부딪치며 나아가는 그들을 바라봤어요. 인생은 엄청난 용기와 힘을 요구하죠. 어쩌면 무엇보다도, 환상을 먹고사는 존재인 우리에게는 자신에 대한 '자신감'이 있어야 하지요. 자신감이 없다면 우리는 요람 속의 아기와 다를 바 없어요. 그렇다면 측정할 수는 없지만 너무나도 귀중한 이 자질을 어떻게 가장 빨리 얻을 수 있을까요? 바로 다른 사람들이 자신보다 열등하다고 생각함으로로써 가능하지요. 그것이 부이든, 지위이든, 오뚝한 코든 아니면 롬니*가 그린 할아버지의 초상화든, 자신에게는 어떤 타고난 우월함이 있다고 느끼면 되는 것이죠. 인간의 상상력이 빚어낸 이 애처로운 책략들은 끝이 없거든요. 그러므로 정복해야 하고, 통치해야 하는 가부장에게는 인류의 절반이나 되는 수많은 사람이 본질적으로 자신보다 열등하다고 느끼는 것이 엄청나게 중요해요. 그것은 틀림없이 그에게 힘의 주요 원천 중 하나일 거예요. 자, 이제 이 관찰의 빛을 현실에 한번 비춰보자고 저는 생각했어요. 그것이 우리가 일상의 여백에서 발견하는 심리적인 수수께끼들을 설명하는 데 도움이 될까요? 그것이 며칠 전 저를 그토록 놀라게 했던 일을 설명해 줄까요? 남성인 Z씨는 가장 인간적이

George Romney: 1734~1802. 18세기 영국의 초상화가로 귀족과 상류층의 초상화를 많이 그렸다.

고 가장 겸손한 사람이었는데, 레베카 웨스트*의 책을 집어 들고 그중 한 구절을 읽더니 이렇게 외쳤어요. "이 지독한 페미니스트 같으니! 감히 남자가 속물이라고 말하다니!" 그 외침은 제게 너무나 놀라웠어요. 단지 다른 성별에 대해 그다지 유쾌하지는 않지만 어쩌면 사실일 수도 있는 진술을 했다고 해서 왜 웨스트가 '지독한 페미니스트'가 되는 걸까요? 그 외침은 단순히 상처받은 허영심의 부르짖음이 아니었어요. 그것은 자기 자신에 대한 믿음이 침해당한 데 대한 항의였죠. 여성은 지난 모든 세기 동안 남성의 모습을 실제 크기의 두 배로 비춰주는 멋진 마법의 힘을 지닌 '거울' 역할을 해왔어요. 만약 그 힘이 없었다면, 아마 지구는 여전히 늪과 정글일 거예요. 온갖 전쟁의 위업도 알려지지 않았겠죠. 우리는 여전히 양고기 뼈다귀에 사슴의 윤곽을 긁적거리거나, 부싯돌을 양가죽이나 우리의 미개한 취향에 맞는 조악한 장신구 따위와 맞바꾸고 있을 거예요. 초인 Supermen이나 '운명의 손' 같은 존재는 결코 없었을 테고요. 차르와 카이저**는 결코 왕관을 쓰지도 못했겠지만, 잃어버리지도 않았을 거예요. 문명화된 사회에서 거울의 용도가 무엇이든 간에 거울은 모든 폭력적이고 영웅적인 행동에 필수적이에요. 나폴레옹과 무솔리니가 여성의 열등함을 그토록 단호하게 주장하는 이유가 바로 여기에 있어요. 만약 여성들이 열등하지 않다

---

* Rebecca West: 1892~1983. 영국의 작가, 저널리스트, 문학 평론가, 페미니스트. 소설 『군인의 귀환(The Return of the Soldier)』(1918)과 르포르타주 문학의 걸작 『검은 양과 회색 매(Black Lamb and Grey Falcon)』(1941) 등이 대표작이다.
** The Czar and the Kaiser: 제1차 세계대전 당시 러시아 황제 니콜라이 2세와 독일 황제 빌헬름 2세를 암시한다.

면, 그들은 (남성을) 확대하는 일을 그만둘 테니까요. 이는 왜 여성이 종종 남성에게 그토록 필요한 존재인지 그 이유를 부분적으로 설명해 줘요. 그리고 왜 그들이 여성의 비판에 그토록 안절부절못하는지, 왜 그녀가 그들에게 "이 책은 형편없어요", "이 그림은 좀 부족하네요" 또는 그 외 무엇이든 간에 같은 비판을 하는 남성들이 주는 것보다 훨씬 더 큰 고통과 분노를 불러일으키는지를 설명해 주죠. 만약 그녀가 진실을 말하기 시작하면, 거울 속의 형상이 줄어들기 때문이에요. 삶에 대한 그의 적합성도 줄어들죠. 아침과 저녁 식사 자리에서 적어도 실제보다 두 배는 커진 자기 모습을 볼 수 없다면, 그가 어떻게 계속 판결을 내리고, 원주민을 문명화하고, 법을 만들고, 책을 쓰고, 차려입고 연회에서 연설할 수 있겠어요? 저는 빵을 뜯고 커피를 저으며, 이따금 거리의 사람들을 내다보면서 그렇게 생각했어요. 이 거울의 환영은 활력을 불어넣어 주고 신경계를 자극하기 때문에 아주 중요해요. 그것을 치워버리면, 마약 중독자가 코카인을 빼앗겼을 때처럼 남성들은 죽을지도 몰라요. 창밖을 내다보며 생각했죠. 길 위의 사람들 중 절반은 저 환상의 마법에 걸린 채 일터로 성큼성큼 걸어가고 있다고. 그들은 아침에 그 기분 좋은 광선 아래서 모자와 코트를 걸치죠. 그들은 스미스 양의 티파티에서 자신이 환영받는 존재라고 믿으며 자신감 넘치고 활기차게 하루를 시작해요. 그들은 방에 들어가면서 "나는 여기 있는 사람들의 절반보다 우월해"라고 중얼거려요. 그리하여 그들은 자신감과 자기 확신으로 이야기하고, 그 자신감으로 공적 생활에서 그토록 지대한 영향을 미치고, 사적인 마음의 여백에 그토록 기이한 주석을 달게 되는 거지요.

그런데 남성의 심리라는 이 위험하고도 매혹적인 주제에 대한 이런 단상들은 식사비를 지불하느라 잠시 중단되었어요. 여러분이 연 500파운드를 갖게 되거든 직접 탐구해 보세요. 총 5실링 9펜스가 나왔죠. 저는 웨이터에게 10실링 지폐를 건넸고, 그는 거스름돈을 가지러 갔어요. 지갑에는 10실링 지폐가 한 장 더 있었어요. 저는 그걸 똑똑히 봤죠. 왜냐하면 제 지갑이 자동으로 10실링 지폐를 낳는 능력은 여전히 제게는 숨이 멎을 만큼 놀라운 사실이거든요. 지갑을 열면 그 지폐들이 거기에 있어요. 세상은 제게 닭고기와 커피, 침대와 숙소를 제공해 줘요. 단지 이름이 같다는 이유만으로 고모가 제게 남겨준 서류 몇 장에 대한 보답으로 말이죠.

이 말씀은 꼭 드려야겠네요. 제 고모 메리 비턴*은 봄베이에서 바람을 쐬러 말을 타고 나갔다가 낙마사고로 돌아가셨어요. 제가 유산을 받게 되었다는 소식은 여성에게 투표권을 주는 법안이 통과된 시기와 거의 같은 어느 날 밤에 제게 전해졌어요. 변호사의 편지가 우편함에 들어 있었고, 편지를 열어보고는 고모가 제게 매년 500파운드가 지급되도록 유산을 남겨 주셨다는 것을 알게 되었어요. 그 두 가지, 즉 투표권과 돈 중에서 돈이 무한히 더 중요하게 느껴졌다는 사실을 저는 인정해요. 그전까지 저는 신문사에서 얻은 이런저런 잡일로 생계를 꾸렸어요. 여기 가서 당나귀 쇼를 취재하고 저기 가서 결혼식을 취재하는

---

*   Mary Beton: 울프가 창조한 가상의 인물로, 화자에게 연 500파운드의 유산을 남긴 고모이다. 1장에서 언급된 '메리 비턴, 메리 시턴, 메리 카마이클'과 연결되는 이름이다.

식이었죠. 편지 봉투에 주소를 쓰거나, 노부인들에게 책을 읽어 주거나, 조화를 만들거나, 유치원에서 어린아이들에게 알파벳을 가르치는 일로 몇 파운드를 벌었어요. 1918년 이전 여성들에게 열려 있던 일자리는 주로 그런 것들이었죠. 그 일이 얼마나 고되었는지 굳이 상세히 설명할 필요는 없을 것 같아요. 아마 그런 일을 해본 여성들이 여러분 주변에도 있을 테니까요. 또 그렇게 번 돈으로 생활하는 것이 얼마나 어려웠는지도요. 여러분이 아마 직접 겪어 보셨을 테니까요. 하지만 그 두 가지보다 더 심한 고통으로 여전히 남아 있는 것은 그 시절이 제 안에 심어놓은 '두려움과 비통함'이라는 독이었어요. 우선, 늘 원치 않는 일을 노예처럼 묵묵히 해내야만 했지요. 때로는 아부하고 비굴하게 굴기도 했답니다. 꼭 그래야만 했던 건 아닐지도 모르지만, 생계가 걸린 일이라 위험을 무릅쓰기엔 그 대가가 너무나 컸거든요. 그러다 보니 '숨기는 것이 곧 죽음'과도 같은 소중한 재능이 시들어가는 걸 느껴야 했지요. 주인에게는 그토록 귀한 그 작은 재능이 사라지면서, 제 자아와 영혼도 함께 스러져갔답니다. 이 모든 괴로움은 마치 봄꽃을 갉아먹는 녹처럼 번져나가, 결국 나무의 심장까지 파괴해 버리고 말았지요. 그런데 앞서 말씀드렸듯이, 제 고모가 돌아가셨어요. 그리고 저는 10실링 지폐를 바꿀 때마다 그 녹과 부식된 부분들이 닦여 나가고, 두려움과 비통함이 사라지는 것을 느껴요. 은화를 지갑에 챙겨 넣으며 생각했죠. 그 시절의 비통함을 기억해 볼 때, 고정 수입이 사람의 기질을 이토록 변화시킨다는 사실은 참으로 놀랍다고요. 세상의 어떤 힘도 제게서 연 500파운드를 빼앗아 갈 수 없어요. 음식과 집과 의복은 영원히 제 것이에요. 그러므로 노력과 노동만 끝난 것이 아니라 증오와 비통함도 막을 내렸어요. 저는 어떤 남자도 미워할 필요가 없어요. 아무도 저를 해칠 수 없으니까요. 저는 어떤 남자에게도 아첨할 필요가 없어요. 그가 제게 줄 것이 아무것도 없으니까요. 그래서 저는 아주 서서히 저도 모르게 인류의 나머지 절반을 향한 새로운 태도를 지니게 되었어요. 어떤 계급이나 어떤 성별 전체를 한꺼번에 싸잡아 비난하는 것은 불합리한 일이었어요. 거대한 집단은 결코 자신들이 한 일에 책임을 지지 않아요. 그들은 스스로 통제할 수 없는 본능에 이끌릴 뿐이죠. 그들 역시, 그 가부장들과 그 교수들 역시 끝없는 어려움과 끔찍한 장애물들을 극복해 나가야 했어요. 그들이 받은 교육도 어떤 면에서는 제가 받은 교육만큼이나 결함이 많았죠. 제가 받은 교육이 제게 그랬듯이 그들이 받은 교육은 그들에게도 커다란 결함을 만들어냈어요. 맞아요, 그들은 돈과 권력을 가졌지만 그것은 오직 그들 가슴속에 독수리나 대머리수리를 품고 사는 대가로 얻은 것이었어요. 영원히 간을 찢고 폐를 쪼아 대는 존재, 즉 '소유 본능', '획득하려는 격정' 말이에요. 그것은 그들로 하여금 다른 사람의 밭과 재물을 끊임없이 욕망하게 만들죠. 국경선과 깃발을 만들고, 군함과 독가스를 만들게 하고요. 그들 자신의 생명과 자식들의 생명까지 바치게 하죠. 애드미럴티 아치*(저는 그 기념물에 다다랐어요)나 전리품과 대포가 가득 전시된 거리를 걸으며, 그곳에서 칭송되는 영광이

---

* Admiralty Arch: 런던 트라팔가 광장과 버킹엄 궁전을 잇는 더 몰 입구에 위치한 기념문으로 1912년 완공되었다.

어떤 종류인지 생각해 보세요. 아니면 봄 햇살 속에서 주식중개인과 거물 변호사가 돈을 벌고서도 더 많은 돈을 벌려고, 더욱더 많은 돈을 벌려고 건물 안으로 들어가는 모습을 지켜보세요. 사실 따사로운 햇볕을 받으며 사람답게 사는 데는 연 500파운드면 충분한데도 말입니다. 이런 본능을 가슴속에 품어 두는 것은 불편한 일이라는 생각이 들었어요. 저는 케임브리지 공작*의 동상을 이전과는 전혀 다른 시선으로 뚫어져라 쳐다보며 생각했어요. 특히 그의 챙 달린 모자의 깃털을 보며 생각했어요. 이런 본능은 삶의 조건에서 문명이 결핍된 탓에 생겨난다는 것을요. 그리고 이러한 장애물들을 깨닫게 되자 두려움과 비통함은 차츰 연민과 관용으로 바뀌었어요. 그리고 1~2년이 지나자 연민과 관용마저 사라지고 마침내 가장 위대한 해방, 즉 사물 자체를 생각할 수 있는 자유가 찾아왔어요. 예를 들면, 나는 저 건물이 좋은가, 싫은가? 저 그림은 아름다운가, 아닌가? 내 생각에 저 책은 좋은 책인가, 나쁜 책인가? 진정으로 제 고모의 유산은 제게 하늘을 열어 보여주었고, 밀턴**이 저에게 영원히 숭배하라고 가르쳤던 크고 위압적인 신사의 모습 대신 탁 트인 하늘의 풍경을 선사했어요.

이런 생각을 하면서 저는 강가의 집으로 돌아가는 길에 들어섰어요. 가로등에 불이 들어오고 있었고, 런던은 아침 시간 이

----

*   Duke of Cambridge: 1819~1904. 빅토리아 여왕의 사촌으로 영국 육군 총사령관을 지냈으며 런던 화이트홀에 그의 기마상이 있다.

**   John Milton: 1608~1674. 17세기 영국의 대시인으로 서사시 『실낙원(Paradise Lost)』(1667)의 저자이다.

후로 커다란 변화를 겪고 있었죠. 온종일 고단하게 움직이던 거대한 기계가, 우리의 도움을 받아 마침내 아주 흥미롭고 아름다운 천 몇 야드를 짜낸 것만 같았지요. 그것은 마치 붉은 눈을 번뜩이며 뜨거운 숨결을 내뿜는 황갈색 괴물처럼, 불꽃 같은 빛을 내뿜는 옷감이었답니다. 심지어 바람조차 깃발처럼 휘날리며 집들을 내리치고 울타리를 덜컹거리게 만들었지요.

그렇지만 제가 사는 작은 거리는 일상의 평온함이 지배하고 있었어요. 칠을 하는 도색공은 사다리를 내려오고, 보모는 유모차를 조심스럽게 밀며 아이들의 오후 간식 시간에 맞춰 집으로 돌아가고 있었죠. 석탄 배달부는 텅 빈 자루를 차곡차곡 접고, 청과물 가게를 하는 여자는 빨간 털장갑을 낀 손으로 그날의 매상을 계산하고 있었어요. 하지만 저는 여러분이 제게 부담 지운 그 문제에 너무나 몰두한 나머지 이런 일상적인 광경조차 하나의 핵심 문제로 연결 짓지 않을 수 없었어요. 저는 이 직업들 중 어느 것이 더 고상한지, 더 필요한지 판가름하는 것이 백 년 전에도 어려웠겠지만 지금 얼마나 더 어려워졌는지 생각해 보았어요. 석탄 배달부가 되는 것이 더 나은가요, 보모가 되는 것이 더 나은가요? 아이를 여덟 명 키워낸 청소부는 10만 파운드를 번 변호사보다 세상에 가치가 더 미미한 존재일까요? 이런 질문을 하는 것은 소용없는 일이에요. 아무도 답할 수 없으니까요. 청소부와 변호사의 상대적 가치는 시대에 따라 오르내릴 뿐 아니라, 지금 이 순간에도 우리에게는 그 가치를 측정할 잣대가 없어요. 제가 교수에게 여성에 대한 그의 주장에서 이런저런 '반박 불가능한 증거'를 대라고 요구했던 것은 어리석은 일이었죠. 설령 이 순간 어떤 재능의 가치를 규정할 수 있다 해도 그 가치는 변할 거예요. 백 년 후에는 아마도 완전히 달라져 있겠죠. 게다가 집 앞 문턱에 들어서며 생각했지요. 백 년이 지난 후에는 여성들은 더 이상 '보호받는 성'이 아니게 될 거라고요. 논리적으로 따져보면, 예전에는 금지되었던 모든 활동과 힘든 일들에 여성들도 참여하게 될 테니까요. 아이를 돌보던 보모가 석탄을 나르고, 상점 여점원이 기관차를 운전하는 세상이 올 거랍니다. 여성이 '보호받는 성'이었던 시절에 관찰된 사실들을 바탕으로 만들어진 모든 가정假定은 아마 사라지게 될 거예요. 예를 들면, (그때 마침 군인 한 무리가 거리를 행진해 내려갔어요) 여성이나 성직자, 그리고 정원사가 다른 사람들보다 오래 산다는 그런 믿음 같은 것들 말이지요. 그 보호막을 걷어내고, 여성들을 남성들과 똑같은 고된 노동과 활동에 노출시켜 보세요. 그들을 군인이나 선원, 기관사나 부두 노동자로 만든다면 말이에요. 그렇게 되면 여성들은 남성들보다 훨씬 더 젊은 나이에, 훨씬 더 빨리 죽어가지 않을까요? 그래서 예전에 사람들이 "오늘 비행기를 봤어"라고 말하곤 했던 것처럼 "오늘 여자를 봤지 뭐야"라고 말하게 되는 건 아닐까요. 여성이 더는 보호받는 처지에 있지 않게 되면 어떻게 될까 생각하며 저는 문을 열었어요. 하지만 실내로 들어서며 스스로에게 물어보았어요. 이 모든 이야기가 제 강연 주제인 '여성과 픽션'과 도대체 무슨 상관이 있는 걸까요?

3장

저녁이 다 되도록 중요한 진술이나 확실한 사실 하나 건지지 못한 건 실망스러운 일이었어요. '여성은 남성보다 가난하다, 왜냐하면 이러저러해서 그렇다' 같은 사실 말이에요. 차라리 진실 찾기를 그만두는 게 낫겠어요. 용암처럼 뜨겁고 설거지물처럼 혼탁한 '의견'의 눈사태를 온몸으로 받아내는 일은 이제 포기하려고요. 커튼을 쳐서 산만한 생각을 내몬 뒤 램프에 불을 밝히고 탐구의 폭을 좁혀 의견이 아닌 '사실'을 기록하는 역사가에게 물어보기로 해요. 여성들이 어떤 조건 속에서 살았는지, 모든 시대를 통틀어서가 아니라 가령 엘리자베스 시대*의 영국에서는 어땠는지 말이에요.

정말이지 풀리지 않는 수수께끼 같아요. 당시 거의 모든 남자가 노래나 소네트 한 수쯤은 거뜬히 지어내던 그 놀라운 문학의 시대에, 왜 여성은 단 한 마디의 글도 남기지 못했을까요?

---

* 1558~1603. 엘리자베스 1세 통치 시기의 영국. 셰익스피어, 말로, 벤 존슨 등이 활동한 영국 문학의 황금기였다.

여성들은 어떤 조건 속에서 살았을까? 저는 자문해 보았어요. 픽션, 그러니까 상상력이 필요한 작업은 과학처럼 땅 위에 툭 떨어진 조약돌 같은 게 아니거든요. 소설은 마치 거미줄 같아서, 어쩌면 아주 가볍게 붙어 있는 듯 보일지라도 네 귀퉁이가 여전히 우리 삶의 구석구석에 단단히 매여 있답니다. 흔히 그 연결은 거의 눈에 띄지 않아요. 예를 들어 셰익스피어의 희곡들은 그 자체로 완벽하게 허공에 걸려 있는 것처럼 보이죠. 하지만 거미줄이 한쪽으로 치우치거나 가장자리가 어딘가에 걸리거나, 가운데가 찢어질 때면 우리는 문득 깨닫게 된답니다. 이 거미줄이 형체 없는 존재가 허공에서 지어낸 게 아니라, 고통을 겪는 인간의 손길로 만들어졌다는 사실을요. 그리고 건강이나 돈, 우리가 사는 집처럼 지극히 현실적이고 물질적인 것들에 단단히 매여 있다는 사실을요.

그리하여 저는 역사책들이 꽂혀 있는 서가로 가서 최신판 중 하나인 트레벨리언 교수*의 『영국사』를 꺼내 들었어요. 다시 한번 '여성'을 찾아보고, '여성의 지위' 항목을 발견하고는 지시된 페이지를 펼쳤죠. 저는 읽어 내려갔어요. "아내 구타는 남성의 공인된 권리였으며, 상류층이든 하류층이든 부끄럼 없이 자행되었다. …… 마찬가지로." 역사가는 계속 서술했어요. "부모가 선택한 신사와 결혼하기를 거부하는 딸을 방에 가두고, 매질하고, 방바닥에 내동댕이치더라도 여론의 질타를 받을 일이 전혀 없었다. 결혼은 개인의 애정 문제가 아니라, 특히 '기사도 정신'을 중시하는 상류층에서는 가족의 탐욕 문제였다. …… 약혼은 종종 한쪽 또는 양쪽 당사자가 아직 요람에 있을 때 이루어졌고, 결혼은 그들이 유모의 보살핌에서 막 벗어났을 때 치러졌다." 그때가 1470년경, 즉 초서* 시대 직후였어요. 여성의 지위에 대한 다음 언급은 약 200년 후인 스튜어트 왕조 시대**에 나와요. "상류층과 중산층 여성이 직접 남편을 선택하는 것은 여전히 예외적인 일이었고, 일단 남편이 정해지면 적어도 법과 관습이 지켜주는 한에서, 그는 그녀의 주인이자 지배자였다." 하지만 트레벨리언 교수는 이렇게 결론을 내리더군요. '그럼에도 불구하고, 셰익스피어가 그려낸 여성들이나 버니 가문이나 허친슨 가문***의 회고록처럼 17세기의 믿을 만한 기록에 등장하는 여성들 모두, 그 인격이나 개성이 결코 부족해 보이지 않는다'고 말이에요. 실제로 곰곰이 생각해 보면, 클레오파트라는 분명 남다른 매력이 있었을 테고, 맥베스 부인****도 나름의 강인한 의지를 갖췄을 거예요. 로절린드***** 역시 아주 매력적인 아가씨였다고 결론 내릴 수 있겠지요. 트레벨리언 교수가 셰익스피어의 여성들이 개성과 인격이 부족해 보이지 않는다고 한 것

---

* Geoffrey Chaucer: 1343경~1400. 『캔터베리 이야기(The Canterbury Tales)』의 저자로 '영시의 아버지'로 불린다.
** 1603~1714. 스튜어트 가문이 영국을 통치한 시기.
*** The Verneys/The Hutchinsons: 17세기 영국의 명문가들. 이들의 회고록과 서신은 당시 여성들의 삶을 보여주는 귀중한 1차 자료이다.
**** Lady Macbeth: 셰익스피어가 쓴 『맥베스』의 여주인공.
***** Rosalind: 셰익스피어의 『뜻대로 하세요(As You Like It)』의 여주인공.

은 진실을 말한 것이에요. 역사학자는 아니지만, 한 걸음 더 나아가 이렇게 말할 수도 있겠네요. 여성들은 유사 이래 모든 시인의 모든 작품에서 횃불처럼 타올랐다고요. 극작가들의 작품 중에서는 클리타임네스트라,[*] 안티고네,[**] 클레오파트라, 맥베스 부인, 페드르,[***] 크레시다,[****] 로절린드, 데스데모나,[*****] 말피 공작부인[******]이 있고요. 그다음 산문 작가의 작품 중에서는 밀라먼트,[*******] 클라리사,[********] 베키 샤프,[*********] 안나 카레니나,[**********] 엠마 보바리,[***********] 게르망트 부인,[************] 이런 이름들이 한꺼번에 마음속에 떠오르는데, 그 이름들 역시 '개성과 인격이 부족한' 여성을 떠올리게 하지는 않아요. 정말로 만약 여성이 남성들이 쓴 픽션 속에서만 존재했다면, 우리는 그녀를 매우 중요한 인물이라고 상상할 거예요. 아주 다채롭

---

[*] Clytemnestra: 그리스 비극에 등장하는 아가멤논의 아내. 남편을 살해한 복수의 화신으로, 아이스킬로스의 『오레스테이아』에 등장한다.

[**] Antigone: 소포클레스의 비극 『안티고네』의 여주인공.

[***] Phdre: 라신의 비극 『페드르』의 여주인공. 의붓아들을 향한 금지된 사랑으로 파멸한다.

[****] Cressida: 셰익스피어의 『트로일러스와 크레시다』의 여주인공.

[*****] Desdemona: 셰익스피어의 『오셀로』의 여주인공.

[******] Duchess of Malti: 손 웹스터의 비극 『말씨 공작부인』의 어주인공.

[*******] Millamant: 윌리엄 컨그리브의 희곡 『세상의 길(The Way of the World)』(1700)의 여주인공.

[********] Clarissa: 새뮤얼 리처드슨의 서간체 소설 『클라리사(Clarissa)』(1748)의 여주인공.

[*********] Becky Sharp: 윌리엄 메이크피스 새커리의 소설 『허영의 시장(Vanity Fair)』(1848)의 여주인공.

[**********] Anna Karenina: 레프 톨스토이의 소설 『안나 카레니나』(1877)의 여주인공.

[***********] Emma Bovary: 귀스타브 플로베르의 소설 『마담 보바리』(1857)의 여주인공.

[************] Madame de Guermantes: 마르셀 프루스트의 『잃어버린 시간을 찾아서』에 등장하는 귀족 여성.

고 영웅적이면서도 비열하며, 고귀하면서도 추잡하고, 무한히 아름다우면서도 극도로 흉측한 존재로요. 어떤 이들은 남성만큼 위대하고, 심지어 어떤 사람들 생각에는 더욱 위대한 인물이지요.* 하지만 이것은 어디까지나 픽션 속 여성이에요. 현실에서 그녀는 트레벨리언 교수가 지적했듯이, 방에 갇히고, 매질당하고, 내동댕이쳐졌으니까요.

이렇게 해서 아주 기묘하고도 복합적인 존재가 하나 탄생하게 돼요. 상상 속에서 그녀는 더할 나위 없이 중요한 존재지만, 현실에서는 완전히 보잘것없답니다. 시집의 첫 장부터 마지막 장까지 그녀의 존재가 가득하지만, 역사 속에서는 거의 자취를 감추고 말죠. 소설 속에서는 왕과 정복자들의 삶을 뒤흔드는 지배자이지만, 실제로는 부모님이 억지로 손가락에 반지를 끼워주기만 하면, 어느 남자의 노예나 다름없었어요. 문학 속에서는 가장 영감 넘치는 말들과 가장 심오한 사색들이 그녀의 입술에서 흘러나오지만, 현실의 그녀는 글을 거의 읽지 못했고, 철자법도 모르며, 남편의 소유물이었죠.

<hr>

* 실제로 아테네에서 여성은 노예로서 동양에서와 유사한 억압에 얽매여 있거나 고된 일로 시달린 반면, 무대에서는 클리타임네스트라와 카산드라, 아토사와 안티고네, 페드르와 메데이아 그리고 '여성혐오자'인 에우리피데스의 연극을 거의 모두 지배하는 여주인공들을 만들어 냈다는 것은 설명하기 힘든 기이한 사실이다. 실제 생활에서는 신분이 높은 여성이 혼자 거리에서 얼굴을 들고 다닐 수 없었지만 무대에서는 여성이 남성과 동등하거나 남성을 능가하는 이러한 세계의 모순은 아직 만족스럽게 해명되지 않았다. 근대의 비극에서도 여성이 우월한 현상은 지속된다. 어찌되었건 셰익스피어의 작품들(말로나 존슨의 작품과는 다르지만 웹스터의 작품과는 유사하게)을 대략적으로 살펴본다 하더라도 로절린드부터 맥베스 부인에 이르기까지 여성의 이러한 우월성과 주도권이 존속한다는 사실을 밝히기에 충분하다. 라신에게서도 마찬가지다. 그의 비극 가운데 6편의 제목이 여주인공의 이름이다. 에르미온과 앙드로마크, 베레니스와 록산, 페드르와 아탈리에 비견할 만한 남성 인물들이 과연 존재하는가? 입센도 그러하다. 솔베이그와 노라, 헤다와 힐다 방엘 그리고 레베카 웨스트에 필적할 만한 남성을 찾을 수 있을까?(F. L. 루카스, 「비극」, 114~115)—원주

68

역사가들의 기록을 먼저 읽고 나서 시인들의 작품을 읽다 보면, 정말이지 기이한 괴물 하나를 만들어내게 된답니다. 마치 독수리의 날개를 단 지렁이 같다고나 할까요. 생명과 아름다움의 정령 같은 존재가 정작 부엌에서 고기 비계를 다지고 있는 꼴이니까요. 하지만 이런 괴물들은 상상 속에서는 무척 흥미로울지 몰라도, 현실에는 존재하지 않죠. 그녀를 생생하게 되살리기 위해 해야 할 일은, 시적인 동시에 산문적으로 생각하는 것이고, 그리하여 사실과의 연결을 내려놓지 않는 거예요. 즉, 그녀가 서른여섯 살의 마틴 부인이고, 파란 옷을 입고 검은 모자에 갈색 구두를 신었다는 사실을요. 그러면서도 픽션 또한 놓치지 않는 거죠. 즉, 그녀라는 존재는 온갖 종류의 정신과 힘이 쉴 새 없이 소용돌이치고 번뜩이며 흐르는 하나의 커다란 그릇과도 같지요. 하지만 엘리자베스 시대의 여성에게 이 방법을 시도하려 드는 순간, 조명의 한쪽이 꺼져버려요. 사실이 너무 부족해서 멈칫하게 되죠. 우리는 그녀에 대한 세세한 사실, 더할 나위 없이 진실하고 실제적인 사실을 전혀 알지 못하니까요. 역사는 여성을 거의 언급하지 않고 있어요. 그래서 저는 트레벨리언 교수에게 역사가 무엇을 의미하는지 다시 한번 확인해 보기 위해 그의 책을 펼쳤어요. 그의 장 제목들을 보고 저는 역사가 다음과 같은 것들을 의미한다는 것을 알게 되었어요.

'장원 법정과 개방 경지 농업 방식 …… 시토 수도회와 양 목축 …… 십자군 전쟁* …… 대학 …… 하원 …… 백년전쟁** …장미 전쟁*** …… 르네상스 학자들 …… 수도원 해산**** ……

농업 및 종교 분쟁 …… 영국 해상력의 기원 …… 아르마다*
……' 등등. 엘리자베스나 메리 같은 여왕이나 위대한 귀부인
이 이따금 언급되기는 해요. 그러나 두뇌와 인격 말고는 내세
울 것 하나 없는 중산층 여성이 역사가가 바라보는 과거를 구
성하는 저 거대한 흐름들 중 어느 하나에라도 참여했을 가능성
은 전무했죠. 일화집에서도 그녀를 찾을 수는 없을 거예요. (존)
오브리**조차 여성을 거의 언급하지 않으니까요. 여성은 자신
의 삶을 기록한 적이 없고 일기도 거의 쓰지 않았어요. 현존하
는 여성의 편지는 고작 한 줌에 불과하죠. 우리가 그들을 판단
할 만한 어떤 희곡이나 시도 남기지 않았어요. 우리에게 필요한
것은 다량의 정보예요 (왜 뉴넘이나 거튼의 뛰어난 학생 중 누군가가
이걸 제공해 주지 않는 걸까요?) 여성은 몇 살에 결혼했는가, 보통
자녀를 몇 명 두었는가, 그녀의 집은 어떠했는가, 자기만의 방
을 가졌는가, 요리는 직접 했는가, 하인을 두었을 가능성은 있
는가? 이 모든 사실은 분명 어딘가에, 아마도 교구 등기부나 회
계기록부에 있을 거예요. 엘리자베스 시대 평범한 여성의 삶은
어딘가에 흩어져 있을 테니, 그것을 수집해서 책으로 만들 수

<hr>

* The Crusades: 1095~1291. 중세 유럽 기독교인들이 성지 예루살렘을 탈환하려고 벌인 일련의 전쟁.

** 1337~1453년까지 영국과 프랑스 사이에 벌어진 전쟁.

*** 1455~1487년까지 영국 왕위 계승권을 두고 랭커스터 가문과 요크 가문 사이에 벌어진 내전.

**** 1536~1541년까지 헨리 8세가 성공회를 국교회로 선언한 뒤 가톨릭 수도원들을 해산하고 재산을 몰수한 사건.

* 1588년 스페인이 영국을 침공하려고 파견한 대함대의 이름으로 이 함대가 영국에 의해 격파된 사건.

** John Aubrey: 1626~1697. 영국의 골동품 연구가이자 전기 작가. 『명사 소전(Brief Lives)』으로 유명하며, 동시대 저명인사들의 일화적 전기를 남겼다.

만 있다면요. 있어야 할 책들이 비어 있는 서가를 둘러보며 저
는 생각했어요. 저 유명한 대학의 학생들에게 역사를 새로 써보
라고 제안하는 건, 제 분수에 넘치는 너무나 대담한 일일지도
모르겠다고요. 물론 지금의 역사는 그대로도 좀 이상해 보이
긴 해요. 현실성도 없고, 한쪽으로 치우쳐 있죠. 하지만 그렇다
고 역사를 새로 쓸 것까지야 있나요? 그저 역사에 '부록' 하나
를 덧붙이면 어떨까요? 물론 제목은 그다지 눈에 띄지 않는 평
범한 것으로 붙여야겠죠. 그래야 여성들이 그 기록 속에 등장
하더라도 '주제넘다'는 소리를 듣지 않을 테니까요. 우리는 위대
한 인물들의 생애를 들여다보다가, 그들 뒤편에서 휙 하고 배경
속으로 사라져 버리는 여인들 모습을 문득 발견하곤 하니까요.
그럴 때면 저는 생각해요. 그녀들이 어쩌면 살짝 윙크를 던지거
나 작게 웃음을 터뜨리고, 어쩌면 눈물을 훔치면서 몸을 숨기
고 있는 건 아닐까 하고 말이죠. 게다가 따지고 보면, 제인 오스
틴의 생애에 대해서는 이미 차고 넘칠 만큼 알고 있잖아요. 조
안나 베일리*의 비극 작품들이 에드거 앨런 포의 시에 어떤 영
향을 주었는지까지 굳이 다시 파헤칠 필요가 있을까 싶고요.
저 개인적으로는요, 메리 러셀 미트퍼드**가 살았던 집이나 그
녀가 즐겨 찾던 장소들 같은 곳은 적어도 백 년쯤 일반인 출입
을 금지한다고 해도 전혀 아쉽지 않을 것 같아요. 하지만 책장

---

* Joanna Baillie: 1762~1851. 스코틀랜드 출신의 시인이자 극작가. 당대에는 높이 평가받았으
나 현재는 상대적으로 덜 알려져 있다.

** Mary Russell Mitford: 1787~1855. 영국의 작가이자 극작가로 『우리 마을(Our Village)』이 유
명하다.

을 다시 둘러보며 제가 개탄스럽게 생각하는 것은 18세기 이전 여성들에 대해 알려진 것이 하나도 없다는 사실이에요. 제 머릿속에는 이리저리 돌려보며 참고할 만한 모델이 없어요. 저는 지금 엘리자베스 시대에 왜 여성들이 시를 쓰지 않았는지 묻고 있는데, 정작 그들이 어떻게 교육받았는지, 글쓰기를 배웠는지, 자신만의 방을 가졌는지, 스물한 살이 되기 전에 아이를 낳은 여성이 얼마나 많았는지, 요컨대 아침 8시부터 저녁 8시까지 무엇을 했는지조차 확신할 수 없어요. 그들에게는 분명 돈이 없었죠. 트레벨리언 교수에 따르면, 그들은 좋든 싫든 유년기를 벗어나기도 전에, 아마도 열다섯이나 열여섯 살에 결혼해야 했어요. 이런 정황만 봐도 그들 중 한 명이 갑자기 셰익스피어의 희곡을 썼다면 그것은 매우 기이한 일이었을 거라고 저는 결론 내렸어요. 그러다 보니 그 노신사 생각이 나더라고요. 지금은 세상을 떠났지만 아마 주교였던 걸로 기억하는데, 그분이 아주 단호하게 선언했었거든요. 과거에도, 현재에도, 그리고 앞으로 다가올 미래에도 그 어떤 여성도 셰익스피어 같은 천재성을 가질 수는 없다고 말이죠. 그는 그 내용을 신문에 투고했죠. 그는 또한 자신에게 조언을 구한 한 부인에게 "고양이는 사실상 천국에 가지 못합니다. 비록 그들에게도 일종의 영혼은 있지만요"라고 덧붙여 말해주기도 했어요. 생각해보면, 그 노신사들이 우리 고민을 얼마나 많이 덜어줬나 몰라요! 그분들이 한 걸음 다가올 때마다, 무지의 경계선이 썰물처럼 쓱 물러나곤 했으니까요. 고양이는 천국에 갈 수 없다. 여성은 셰익스피어의 희곡을 쓸 수 없다. 이런 식으로 딱딱 정리해

주니 말이에요.

어쨌든 서가에 꽂힌 셰익스피어의 작품들을 바라보며, 저는 이런 생각을 지울 수 없었어요. 적어도 이 점에서만큼은 그 주교의 말이 맞았다고요. 셰익스피어가 살았던 그 시대에, 어떤 여성이 그의 희곡들을 쓴다는 건 정말이지 전적으로, 완전히 불가능한 일이었을 테니까요. 정확한 사실을 알아내기가 참으로 어려우니, 대신 우리 한번 상상을 해보기로 해요. 만약 셰익스피어에게 아주 놀라운 재능을 지닌 누이가 있었다면 어땠을까요? 그녀의 이름은, 음, '주디스'라고 불러보기로 하죠.

셰익스피어 본인은 아마도 문법 학교에 다녔을 거예요. 그의 어머니가 상속녀였으니 형편이 되었겠지요. 거기서 그는 오비디우스,[*] 베르길리우스,[**] 호라티우스[***] 같은 라틴어를 배웠을 테고, 문법과 논리학의 기초도 익혔을 겁니다. 그는 꽤나 말썽꾸러기 소년이었다고들 하죠. 남의 집 토끼를 몰래 잡기도 하고, 어쩌면 사슴을 사냥했을지도 몰라요. 그러다 좀 서둘러서 이웃 여인과 결혼을 해야 했고, 남들 눈에 '적당하다' 싶은 시기보다 훨씬 빠르게 아이를 갖기도 했고요. 그런 소동 끝에 그는 결국 런던으로 가서 운명을 시험해 보기로 했죠. 듣기로 그는 연극에 꽤 소질이 있었나 봐요. 처음에는 극장 무대 입구에서 말고삐를 잡아주는 시종일로 시작했죠. 오래지 않아 그는 극장에서

자기만의 방

일자리를 얻었고, 성공적인 배우가 되었으며, 세상의 한가운데에서 살면서 온갖 사람을 만나고, 온갖 사람을 알게 되고, 무대 위에서 기예를 닦고, 거리에서 재치를 뽐내며, 심지어 여왕의 궁전에까지 출입하게 되었어요. 그러는 동안, 아주 뛰어난 재능을 지녔을 그의 누이는 집에만 머물러 있었다고 가정해 봅시다. 그녀 또한 오빠만큼이나 모험심이 강했고, 상상력이 풍부했으며, 넓은 세상을 보고 싶어 견딜 수 없었을 거예요. 하지만 그녀는 학교에 가지 못했습니다. 호라티우스와 베르길리우스를 읽는 건 고사하고, 문법이나 논리학을 배울 기회조차 전혀 없었죠. 그녀는 가끔 책을 집어 들곤 했어요. 아마도 오빠의 책이었겠죠. 그리고 몇 페이지를 읽어 내려갔을 겁니다. 하지만 그때 부모님이 들어와서 말합니다. 양말이나 꿰매라든가, 스튜를 저으라고요. 책이나 종이 나부랭이를 들여다보며 멍하니 시간 보내지 말고 말이죠. 부모님은 아마 엄격하면서도 다정하게 말씀하셨을 거예요. 그분들은 여성이 살아가야 하는 삶의 현실을 잘 아는 견실한 사람들이었고, 딸을 무척 사랑했으니까요. 사실 그녀는 십중팔구 아버지가 세상에서 가장 아끼는, 눈에 넣어도 아프지 않을 딸이었을 거예요. 어쩌면 그녀는 사과 저장고에 몰래 올라가 몇 페이지 정도 무언가를 끄적였을지도 몰라요. 하지만 누구에게 들킬까 무서워 조심스럽게 숨기거나, 아니면 아예 불태워버렸겠지요. 그러다 곧, 그녀가 채 스무 살이 되기도 전에 이웃집 양모 상인의 아들과 약혼해야 할 처지가 되었습니다. 그녀는 결혼이 끔찍하게 싫다고 외쳤고, 그 일로 아버지에게 심하게 매를 맞았죠. 그러고 나서 아버지는 그녀를 더는 꾸짖지 않았어요. 그 대신 그는 그녀에게 이 결혼 문제로 자기 가슴에 못을 박지 말아 달라고, 망신시키지 말아 달라고 애원했죠. 그는 구슬 목걸이나 고운 속치마를 사주겠다고 말했어요. 그의 눈에는 눈물이 고여 있었죠. 그녀가 어떻게 아버지를 거역할 수 있었을까요? 어떻게 그의 가슴을 찢어놓을 수 있었을까요? 오직 자신의 재능에서 비롯한 힘 때문에 어쩔 수 없이 감행한 일이었죠. 그녀는 자기 소지품으로 작은 꾸러미를 하나 꾸려 어느 여름밤 밧줄을 타고 내려와 런던으로 향했어요. 그녀는 열일곱 살이 채 되지 않았죠. 울타리에서 노래하는 새들도 그녀보다 더 아름다운 노래를 부르지는 못했을 거예요. 그녀는 오빠처럼 언어의 운율을 타는 재능과 기민한 상상력을 지니고 있었죠. 오빠처럼 그녀도 연극에 뜻이 있었어요. 그녀는 무대 출입구에 섰어요. 그녀는 연기를 하고 싶다고 말했죠. 남자들은 그녀의 면전에 대고 비웃었어요. 극단의 책임자라는 사람은 입술이 축 늘어진 뚱뚱한 남자였는데, 주디스를 보더니 크게 웃음을 터뜨렸어요. 그러고는 춤추는 푸들이나 연기하는 여자나 매한가지라며 소리를 질러댔죠. 여자 따위가 배우가 되는 건 가당치도 않다면서요. 그는 아주 기분 나쁜 암시를 던지기도 했습니다. 그게 무엇이었을지는 아마 상상이 가실 거예요. 그녀는 자신의 재능을 훈련받을 기회가 전혀 없었어요. 그녀가 선술집에서 저녁 한 끼를 편하게 사 먹거나, 한밤중에 거리를 마음 놓고 돌아다닐 수나 있었을까요? 하지만 그녀 안에 깃든 천재성은 오직 픽션을 향해 있었고, 사람들의 삶과 그들이 살아가는 방식을 속속들이 관찰하며 그 지식의 자양분을 마음껏 섭취하기를 갈망했어요. 마침내 닉 그린* 이라는 배우 겸 지배인이 그녀를 불쌍히 여겼어요. 그녀는 아주 젊었고, 회색 눈동자와 둥근 눈썹이 시인 셰익스피어의 얼굴과 묘하게 닮아 있었지요. 그녀는 그 남자의 아이를 갖게 되었고, 어느 겨울 밤 스스로 목숨을 끊었어요. 여성의 몸이라는 감옥에 갇혀버린 천재 시인의 그 뜨겁고 격정적인 마음을 그 누가 헤아릴 수 있을까요? 그리고 지금은 '엘리펀트 앤 캐슬***'역 바깥, 버스가 멈추는 어느 교차로 아래에 잠들어 있죠.

만약 셰익스피어 시대의 한 여성이 셰익스피어의 천재성을 지녔다면 대략 이런 이야기가 될 거라고 저는 생각해요. 사실 저 역시 그 돌아가신 주교님—정말로 주교였는지는 모르겠지만요—의 의견에 동의합니다. 셰익스피어 시대에 그와 같은 천재성을 지닌 여성이 존재한다는 건, 그 시절엔 도저히 상상조차 할 수 없는 일이라고요. 셰익스피어와 같은 천재는 하루 벌어 하루 먹는, 교육받지 못하고, 비루한 삶을 사는 사람들 사이에서 태어나지 않아요. 그런 천재는 색슨족과 브리튼족 시절의 잉글랜드에서 태어나지 않아요. 그런 천재는 오늘날 노동 계급 사이에서 태어나지 않아요. 그런데 트레벨리언 교수에 따르면 유년기를 벗어나기 전부터 가사 노동을 했고, 부모에게 그렇게 살도록 강요당했으며, 법과 관습의 모든 힘에 그렇게 억눌려 있던 여성들 틈에서 어떻게 그런 천재가 태어날 수 있었을까요? 하지

---

*   Nick Greene: 울프가 창조한 가상의 인물. 16세기 런던의 배우 겸 극장 지배인.

**   런던 남부 사우스워크 지역의 교차로이자 지역명으로 17세기부터 존재했다. 당시 자살자는 교차로에 묻히는 관습이 있었다.

만 노동 계급 사이에서 천재가 존재했듯, 여성들 사이에서도 일종의 천재성은 분명 존재했을 거예요. 때때로 에밀리 브론테*나 로버트 번스** 같은 인물이 밝게 타올라 그 존재를 증명하곤 하니까요. 하지만 그 천재성은 결코 종이 위에 기록되지 못했죠. 그러나 물고문을 당하는 마녀나 악마가 들렸다는 여자, 약초를 파는 현명한 여자 혹은 매우 비범한 남자의 어머니에 대한 이야기를 읽을 때면, 저는 우리가 잃어버린 소설가, 억눌린 시인, 침묵하고 영광 없는 제인 오스틴 혹은 자신의 재능이 안겨준 고문에 미쳐 황야에서 머리를 찧어 자살하거나 길거리를 미친 듯이 헤매고 다녔을 어떤 에밀리 브론테의 자취를 쫓고 있다는 생각이 들어요. 정말로, 소리 내어 부르지 않은 수많은 시를 남긴 그 수많은 '이름 없는 작가Anon'는 대부분 여자였을 거라고 저는 감히 추측해요. 발라드와 민요를 지어 아이들에게 흥얼거려 주고, 물레질의 지루함을 달래거나 긴 겨울밤을 보내려고 노래했던 사람은 에드워드 피츠제럴드***의 말처럼, 여자가 맞을 거예요.

이것이 사실일 수도 있고 아닐 수도 있지만 누가 알겠어요? 제가 만든 셰익스피어의 누이 이야기를 되짚어볼 때 진실인 점은 16세기에 위대한 재능을 가지고 태어난 여성이라면 누구든 틀림없이 미쳐버렸거나, 총으로 자살했거나, 마을 외곽의 외딴 오두막에서 반쯤은 마녀, 반쯤은 마법사로 두려움과 조롱의 대

---

* Emily Brontë: 1818~1848. 영국의 소설가이자 시인으로 『폭풍의 언덕』의 저자.

** Robert Burns: 1759~1796. 스코틀랜드의 국민 시인. 농부 출신으로 『올드 랭 사인』 등을 썼다.

*** Edward FitzGerald: 1809~1883. 영국의 시인이자 번역가. 오마르 하이얌의 『루바이야트(Rubiyt)』 번역으로 유명하다.

상으로 생을 마감했을 거라는 사실이에요. 시적 재능을 발휘하려 했던 천부적 재능을 지닌 소녀가 다른 사람들 때문에 얼마나 좌절하고 방해받았을지 그리고 자기 내면에서 상충하는 충동들로 고통받고 갈가리 찢겨 결국 건강과 온전한 정신을 잃는 지경에 이르게 되었을 거라는 것은 대단한 심리학적 지식이 없더라도 확신할 수 있을 테니까요. 어떤 소녀도 런던까지 걸어가 극장 문 앞에 서고, 극단장들을 찾아가 제 길을 스스로 개척할 수는 없었을 거예요. 자기 자신에게 폭력을 가하는 듯한 고통과 형언할 수 없는 괴로움을 겪지 않고서는 말이죠. 물론 그 괴로움은 비합리적인 것일지도 모릅니다. '순결'이라는 관념 자체가 어떠한 이유에서인지 특정 사회가 만들어낸 미신일 수도 있으니까요. 하지만 그렇다 하더라도, 그 고통만은 결코 피할 수 없는 것이었습니다. 순결이라는 관념은 그때나 지금이나 여성의 삶에서 종교적일 만큼 절대적인 중요성이 있습니다. 그것은 여성의 신경과 본능 속에 너무나 촘촘히 얽혀 있어서, 그것을 끊어내 백일하에 드러내는 데는 매우 드문 용기가 필요해요. 그러니 16세기 런던에서 시인이자 극작가로 자유로운 삶을 산다는 것은, 한 여성에게는 아마 그녀를 죽음으로 몰아넣고도 남을 만큼 극심한 정신적 스트레스와 딜레마를 의미했을 겁니다. 설령 살아남았다 해도 그녀가 쓴 글은 무엇이든 비틀리고 기형적이었을 테고, 긴장되고 병적인 상상력의 소산이었을 거예요. 설령 그녀가 살아남았다 하더라도, 그녀가 쓴 글은 무엇이든 뒤틀리고 일그러져 있었을 거예요. 잔뜩 긴장된 상태에서 병적인 상상력을 짜내어 만든 결과물이었을 테니까요. 그리고 서가에 여성들의 희곡이 한 권도 없는 것을 보며 저는 생각했어요. 그녀의 작품에는 분명 이름이 적혀 있지 않았을 거라고요. 그녀는 틀림없이 '익명'이라는 도피처를 찾았을 겁니다. 사실 19세기라는 꽤 늦은 시기까지도 여성들이 이름을 숨기고 글을 썼던 건, 바로 그 '순결의식'의 유령이 여전히 그녀들을 지배하고 있었기 때문이었죠. 커러 벨,* 조지 엘리엇, 조르주 상드** 등의 작품이 입증하듯이 내적 갈등의 희생자였던 그들은 모두 남자의 이름을 빌려 자신을 숨기려는 헛된 시도를 했죠. 그렇게 그들은 '여성의 가장 큰 영광은 입에 오르내리지 않는 것'이라고 말한 페리클레스***(그 자신은 엄청나게 입에 오르내린 남자였지만)가 부추겼던 혹은 남성들이 장려했던 관습, 즉 여성이 세간의 주목을 받는 것은 혐오스러운 일이라는 관습에 경의를 표했던 거예요. 익명성은 그들의 피 속에 흐르고 있어요. 자신을 숨기고자 하는 욕망이 여전히 그들을 사로잡고 있죠. 그들은 지금도 남성들만큼 자신의 명성에 신경 쓰지 않으며, 보통 묘비나 표지판을 지나칠 때 알프, 버트, 채스처럼 자신의 이름을 새겨 넣고 싶은 참을 수 없는 욕망을 느끼지 않아요. 남성들은 멋진 여성이나 심지어 개 한 마리가 지나가는 것만 봐도 "이 개는 내 거야Ce chien est moi"라고 중얼거리는 본능에 따라 그렇게 해야만 하는데

<hr>

* 샬럿 브론테의 필명.

** George Sand: 1804~1876. 본명은 아망틴 뤼실 오로르 뒤팽이다. 프랑스의 소설가로 남성 필명을 사용하고 남장을 즐긴 것으로도 유명하다.

*** Pericles: 기원전 495년경~기원전 429. 고대 아테네의 정치가이자 장군. 아테네 민주주의의 황금기를 이끌었다.

도 말이죠. 물론, 의회 광장이나 지게스알레° 같은 곳을 떠올려 보면, 그 대상이 꼭 개가 아닐 수도 있겠죠. 땅 한 덩어리일 수도 있고, 검은 머리가 곱슬곱슬한 남자일 수도 있어요. 아주 멋진 흑인 여성을 보고도 그녀를 영국 여성으로 만들려고(소유하거나 동화하려고) 하지 않고 그냥 지나칠 수 있다는 것, 이것이 바로 여성의 큰 장점 중 하나랍니다.

그러니 16세기에 시적 재능을 타고난 여성이 있었다면, 그녀는 필연적으로 불행한 여자였을 겁니다. 자기 자신과 끊임없이 투쟁하며 살아야 하는 여자 말이에요. 그녀를 둘러싼 삶의 모든 조건은 물론이고, 그녀 내면의 본능들마저도 머릿속에 든 것들을 자유롭게 펼쳐내는 데 필요한 마음 상태를 가로막고 적대시했을 테니까요. 그럼 창조 행위에 가장 적합한 마음 상태는 무엇일까요? 그 기묘한 활동을 촉진하고 가능하게 하는 상태에 대해 어떤 단서라도 얻을 수 있을까요? 여기서 저는 셰익스피어의 비극이 담긴 책을 펼쳤어요. 예를 들어, 셰익스피어는 『리어왕』과 『안토니와 클레오파트라』를 쓸 때 어떤 마음 상태였을까요? 그것은 분명 시詩를 쓰기에 가장 유리한, 이제껏 존재했던 마음 상태 중 최고였을 거예요. 하지만 셰익스피어 자신은 그것에 대해 아무런 언급도 하지 않았어요. 우리는 그가 '한 줄도 고쳐 쓰지 않았다never blotted a line'는 것을 그저 우연히 알게 되었을 뿐이에요. 정말로, 18세기가 되기 전까지 예술가 자신은 자신의 마음 상태를 거의 언급하지 않았어요. 아마도 루소가

° Siegesallee: '승리의 거리'라는 뜻이며 베를린에 있었던 대로로 빌헬름 2세가 프로이센 통치자들의 대리석 조각상 32개를 세웠으나 제2차 세계대전 후 대부분 철거되었다.

처음 시작했을 겁니다. 어쨌든 19세기에 이르러서는 자의식이 너무나 발달하여 문인들이 고백록과 자서전에서 자기 마음을 묘사하는 것이 관행이 되었지요. 그들의 삶 또한 글로 기록되었고, 사후에는 편지도 출판되었어요. 그리하여 비록 우리는 셰익스피어가 『리어왕』을 쓸 때 어떤 감정 상태였는지 모르지만, 칼라일*이 『프랑스 혁명』을 쓸 때 무엇을 경험했으며, 플로베르**가 『마담 보바리』를 쓸 때 어떤 심정이었는지, 키츠***가 다가오는 죽음과 세상의 무관심에 맞서 시를 쓰려고 애쓸 때 어떤 생각을 했는지도 알고 있어요.

오늘날 쏟아져 나오는 방대한 고백록과 자기 분석의 글들을 읽다 보면, 천재적인 작품을 쓴다는 건 정말이지 언제나 엄청난 난제라는 걸 알게 됩니다. 작가의 머릿속에 든 것들이 티 하나 없이 온전한 모습으로 세상에 나오기란 거의 불가능에 가깝죠. 모든 상황이 작가를 도와주지 않으니까요. 대개는 물질적인 형편이 발목을 잡습니다. 개는 짖어대고, 사람들은 끊임없이 방해하며, 돈은 벌어야 하고, 건강은 무너지기 마련이죠. 게다가 이 모든 난관을 더 견디기 힘들게 만드는 건, 바로 세상의 그 악명 높은 무관심입니다. 세상은 사람들에게 시와 소설과 역사를 써 달라고 부탁하지 않아요. 그런 것이 필요하지도 않죠. 플로베르가 딱 맞는 단어를 찾는지, 칼라일이 이 사실 또는 저 사실을

---

*   Thomas Carlyle: 1795~1881. 스코틀랜드 출신의 역사가, 수필가, 철학자. 『프랑스 혁명사(The French Revolution)』가 대표작이다.

**   Gustave Flaubert: 1821~1880. 프랑스의 소설가. 완벽한 문체를 추구한 것으로 유명하다.

***   John Keats: 1795~1821. 영국 낭만주의 시대의 대표적인 시인. 젊은 나이에 결핵으로 사망했다.

꼼꼼하게 검증하는지 신경 쓰지 않아요. 당연히, 세상은 원하지 않는 것에 돈을 지불하지 않아요. 그래서 키츠, 플로베르, 칼라일 같은 작가는, 특히 창의력이 왕성한 젊은 시절에 온갖 형태의 분열과 낙담을 겪었어요. 자기 분석과 고백을 담은 책들에서는 저주와 고뇌의 절규가 터져 나옵니다. "고통 속에 죽어간 위대한 시인들"—이것이 그들이 부르는 노래의 슬픈 후렴구입니다. 이 모든 난관을 뚫고 무언가 세상에 나왔다면, 그건 기적이라고 할 수밖에 없어요. 그리고 아마 그 어떤 책도, 처음에 구상했던 그 온전하고 완벽한 모습 그대로 상처 하나 없이 태어나지는 못할 겁니다.

하지만 비어 있는 서가들을 바라보며 저는 생각했어요. 여성들에게는 이 어려움이 비할 바 없이 더 커진다는 것을요. 우선, 자기만의 방을 갖는다는 것 자체가 불가능한 일이었어요. 조용하거나 방음이 되는 방은 고사하고요. 19세기 초반까지도 부모님이 이례적으로 부유하거나 아주 지체 높은 귀족이 아닌 이상은 말이죠. 게다가 아버지의 선의에 따라 받는 용돈(품위 유지비)은 겨우 옷이나 사 입을 정도였기에, 그녀들은 키츠나 테니슨, 칼라일 같은 가난한 남성 작가들도 누릴 수 있었던 최소한의 위안조차 꿈꿀 수 없었습니다. 그들은 가난했을지언정 도보 여행을 떠나거나 프랑스로 짧은 여행을 갈 수 있었고, 아무리 초라하더라도 가족의 요구와 간섭으로부터 자신을 보호해 줄 독립된 숙소를 가질 수 있었으니까요. 그런 물질적 어려움도 엄청났지만, 비물질적 어려움은 훨씬 더 가혹했죠. 키츠와 플로베르 그리고 다른 천재 남성들이 견디기 그토록 힘들어했던 세상의

무관심은 여성의 경우 무관심이 아니라 '적대감'이었어요. 세상
은 그 남자들에게 말했던 것처럼 그녀에게 "쓰고 싶으면 쓰세
요. 나한테는 아무 상관없는 일이니까"라고 말하지 않았어요.
세상은 박장대소하며 이렇게 말했죠. "글을 써? 네가 글을 써서
뭐 할 건데?" 여기서 뉴넘과 거튼의 심리학자들이 우리를 도와
줄 수 있을 거라고, 저는 책장의 빈 공간을 다시 바라보며 생각
했어요. 왜냐하면 제가 어떤 우유 회사가 일반 우유와 1등급
우유가 쥐에게 미치는 영향을 측정하는 것을 본 적이 있는데,
이제 낙담이 예술가의 마음에 미치는 영향을 측정해야 할 때
가 분명히 왔기 때문이에요. 그들은 쥐 두 마리를 나란히 놓인
우리에 넣었어요. 두 마리 중 한 마리는 남의 눈치를 살피고,
소심하고, 왜소했고, 다른 한 마리는 윤기가 흐르고, 대담하고,
컸죠. 자, 우리는 예술가로서 여성에게 어떤 음식을 먹이고 있
나요?

말린 자두와 커스터드로 때웠던 그 초라한 저녁 식사를 떠올
리며 저는 자문해 보았어요. 그 질문에 답하는 건 너무나 쉬운
일이었죠. 그저 석간신문을 펼치기만 하면 됐거든요. 거기엔 버
컨헤드 경*의 견해가 실려 있었는데—아니, 사실 여성의 글쓰기
에 대한 버컨헤드 경의 의견 따위를 정성껏 옮겨 적으며 수고를
들일 생각은 전혀 없어요. 잉 학장이 뭐라고 떠들든 그건 그냥
내버려 두기로 하죠. 할리 스트리트**의 전문의가 고래고래 소

---

* Lord Birkenhead: 1872~1930. 영국의 보수당 정치인이자 법률가.
** 런던 웨스트엔드에 위치한 거리로, 18세기 이래 의사와 전문의들의 값비싼 진료실들이 밀집
한 병원거리로 유명하다.

리를 질러대며 자기 목소리에 취해 있든 말든, 제 머리카락 한 올도 까딱하지 않을 테니까요.

하지만 저는 오스카 브라우닝 씨를 인용할게요. 왜냐하면 브라우닝 씨는 한때 케임브리지의 위대한 인물이었고, 거튼과 뉴넘의 학생들에게 시험을 치르게 하곤 했거든요. 브라우닝 씨는 '어떤 시험지를 쭉 훑어보고 나서, 점수와 상관없이 그의 마음에 남은 인상은 아무리 뛰어난 여성이라도 지적으로 가장 형편없는 남성보다 열등하다는 것이었다'고 선언하곤 했어요. 그렇게 말한 뒤 브라우닝 씨는 자기 방으로 돌아갔어요. 그리고 바로 이어지는 이야기 때문에 우리는 그에게 친밀감을 느끼고 그를 어느 정도 위엄 있는 인간적인 인물로 보게 되죠. 그가 자기 방으로 돌아갔을 때 마구간지기 소년이 소파에 누워 있는 모습을 보게 되었어요. '그저 뼈만 남은 앙상한 모습에, 뺨은 움푹 패고 안색은 황달기가 돌았으며, 이는 시커멓고 사지는 제대로 발육된 것 같지도 않아 보였어요……' 그러자 브라우닝 선생은 이렇게 말했어요. '이 아이는 아더예요. 정말 착한 아이고, 성품이 아주 고결하답니다.' 저는 이 두 가지 모습이 서로를 보완하며 한 인물을 완성한다고 생각해요. 다행히 전기가 활발히 쓰이는 요즘 같은 시대에는 이런 대조적인 모습들이 자주 함께 소개되곤 하죠. 그 덕분에 우리는 위대한 인물들의 견해를 그들이 내뱉은 말뿐만 아니라, 그들이 실제로 행한 삶의 모습들을 보며 입체적으로 이해할 수 있게 되었습니다.

하지만 오늘날에는 이런 해석이 가능하다 할지라도 불과 50년 전만 해도 중요한 인물들의 입에서 나오는 그런 의견들은 충분히 위협적이었음이 틀림없어요. 어떤 아버지가 지극히 숭고한 동기에서 자기 딸이 집을 떠나 작가나 화가, 학자가 되는 것을 원하지 않았다고 가정해 봐요. 그는 "오스카 브라우닝 씨가 뭐라고 하는지 보렴"이라고 말했겠죠. 그리고 거기에는 오스카 브라우닝 씨만 있었던 게 아니에요. 〈새터데이 리뷰〉가 있었죠. 미스터 그레그도 있었어요. '여성 존재의 본질은' 미스터 그레그는 강조하며 말했죠, '그들이 남성에게 부양받고, 남성을 섬기는 것이다'라고요. 여성에게서는 지적으로 아무것도 기대할 수 없다는 취지로 의견을 말하는 남성들이 압도적으로 많았어요. 그녀의 아버지가 이런 의견들을 큰 소리로 읽어주지 않았다 해도 어떤 소녀든 스스로 그것을 읽을 수 있었죠. 그리고 그 글을 읽는 것은 19세기에서조차 그녀의 활력을 떨어뜨리고, 그녀의 작업에 심각한 영향을 미쳤음이 틀림없어요. "너는 이걸 할 수 없어. 너는 저걸 할 능력이 없어"라고 사방에서 단정적으로 말했고, 여성들은 그에 대해 항의하고 극복해야 했어요. 아마도 소설가에게는 이 병균이 더 이상 큰 영향을 미치지 않을지도 몰라요. 훌륭한 여성 소설가들이 존재해 왔으니까요. 하지만 화가들에게는 그것이 여전히 어느 정도 따끔한 아픔을 줄 거예요. 그리고 음악가들에게는, 제가 상상하건대, 지금 이 순간에도 매우 활발하게 독을 퍼뜨리고 있을 거예요. 여성 작곡가는 셰익스피어 시대의 여배우와 같은 처지에 놓여 있어요. 셰익스피어의 누이에 대해 제가 지어낸 이야기를 떠올리며 생각했죠. 닉

William Rathbone Greg: 1809~1881. 영국의 수필가이자 경제학자. 특히 '여성의 역할'에 대해 아주 강경하고 보수적인 태도를 취한 것으로 유명했다.

그린은 여자가 연기하는 것을 보면 개가 춤추는 것이 생각난다고 말했어요. 200년 후 존슨은 여성이 설교하는 것에 대해 그 말을 반복했죠. 그런데 여기, 음악에 관한 책을 한 권 펼쳐보니 이 은혜로운 1928년에도 그 똑같은 말이 다시금 쓰이고 있더군요. 음악을 작곡하려는 여성들을 향해서 말이죠. "제르멘 타예페르 양*에 대해서는, 존슨 박사가 여성 설교자에게 던졌던 명언을 음악 버전으로 바꾸어 들려줄 수밖에 없습니다. 선생, 여자가 작곡을 한다는 건 개가 뒷다리로 걷는 것과 같소. 제대로 하지는 못하지만, 그걸 하고 있다는 사실 자체가 놀라울 뿐이지."** 역사는 이토록 정확하게 반복돼요.

결국 저는 오스카 브라우닝의 전기를 덮고 나머지 책들도 밀쳐두며 결론을 내렸습니다. 19세기에조차 여성이 예술가가 되는 것을 북돋워 주는 분위기는 전혀 아니었다는 게 아주 분명해졌으니까요. 오히려 그 반대였죠. 여성이 예술을 하겠다고 나서면 세상은 그녀를 무시하고, 윽박지르고, 훈계하고, 여자답게 살라고 설득하려 들었습니다. 그녀의 마음은 이것에 항의하고 저것을 논박해야 할 필요성 때문에 극도로 긴장되고 활력이 저하되었음이 틀림없어요. 여기서 우리는 다시 한번 여성 운동에 지대한 영향을 미쳐 온 아주 흥미롭고도 불분명한 남성의 복잡한 심리 영역으로 들어서게 됩니다. 즉, '여성이 열등해야 한다'

---

* Germaine Tailleferre: 1892~1983. 프랑스 근현대 작곡가로, 20세기 음악단체 '레 제육(Les Six)'의 유일한 여성 멤버. 실내악·피아노곡·발레음악 등에서 섬세하고 명료한 스타일로 알려져 있다.

** 세실 그레이, 『현대 음악 개관(A Survey of Contemporary Music)』, 246쪽.—원주

는 것보다는 '남성이 우월해야 한다'는 뿌리 깊은 욕망 말이에요. 이 욕망은 도처에 남성을 세워 놓죠. 예술의 앞에서뿐 아니라 정치로 가는 길목까지 가로막으면서요. 심지어 남성 자신에게 닥칠 위험이 극히 미미하고, 탄원자가 겸손하고 헌신적일 때조차 말이에요.

생각해 보니, 그토록 정치에 열정적이었던 레이디 베스버러*조차 그랜빌 레브슨-고어 경**에게 보내는 편지에서는 겸허히 몸을 낮춰야만 했더군요. 그녀는 이렇게 썼어요. "제가 비록 정치에 열을 올리고 그 주제로 말을 많이 하긴 하지만, 여성은 정치나 그 어떤 진지한 일에도 관여할 권리가 없다는 당신의 의견에 전적으로 동의해요. 그저 (누군가 묻는다면) 의견 정도나 내놓는 것 이상으로는 말이죠." 그러고 나서 그녀는 자신의 그 뜨거운 열정을, 아무런 장애물도 마주할 일 없는 아주 '중요한' 일에 쏟아붓습니다. 바로 그랜빌 경의 하원 첫 연설을 뒷바라지하는 일 말이에요. 그 광경은 확실히 기묘하다고 저는 생각했어요. 여성 해방에 대한 남성들의 반대 역사가 어쩌면 그 해방 자체의 이야기보다 더 흥미로울지도 몰라요. 만약 거튼이나 뉴넘의 어떤 젊은 학생이 사례들을 수집하고 이론을 추론해 낸다면 재미있는 책 한 권이 나올 수 있겠죠. 하지만 그 여학생은 자신의 황금 같은 보물을 지키려면 손에 두꺼운 장갑을 끼고 창살

---

* Lady Bessborough: 1761~1821. 영국의 귀족 여성. 정치에 열정적이었으나 여성이 '심각한 문제에 관여할 일이 없다'는 관습에 순응해야 했다.
** Lord Granville Leveson-Gower: 1773~1846. 영국의 정치인이자 외교관. 레이디 베스버러와 친밀한 관계였으며 그녀의 편지 수신인으로 언급된다.

로 막아야 할 거예요.

저는 레이디 베스버러의 책을 덮으며 생각했어요. 지금은 우스꽝스럽게 보이는 일들이 한때는 처절하게 진지하게 받아들여져야만 했어요. 지금은 '헛소리 보관함'이라고 이름 붙인 공책에나 스크랩해 두었다가 여름밤 소수의 지인에게 읽어주며 낄낄거릴 법한 그런 의견들이 한때는 눈물을 쏙 빼놓을 만큼 아픈 상처였다고 저는 장담할 수 있어요. 여러분의 할머니들과 증조할머니들 중에는 눈이 퉁퉁 붓도록 우신 분들이 많았어요. 플로렌스 나이팅게일*도 고통 속에서 날카롭게 절규했어요.** 더욱이 대학에 입학해서 자기만의 방—아니면 그저 침실 겸용 거실인가요?—을 가지고 있는 여러분이 "천재는 그런 의견을 무시해야 한다"거나 "천재는 남이 자신에 대해 뭐라고 하든 신경 쓰지 말고 초월해야 한다"라고 하는 것은 아주 속 편한 말이지요. 불행히도, 자신에 대해 뭐라고 하든 가장 신경 쓰는 사람들이 바로 천재성을 지닌 남자나 여자들이에요. 키츠를 기억해 보세요. 그가 자기 묘비에 새겨달라고 했던 문구들을 생각해 보세요. 테니슨을 생각해 보세요. 또 …… 하지만 예술가의 본성이 자신에 대한 평판에 과도하게 신경 쓴다는 아주 부인할 수 없는, 어쩌면 다행스러운 사실의 사례를 굳이 더 들 필요는 없

<hr>

* Florence Nightingale: 1820~1910. 영국의 간호사, 사회 개혁가, 통계학자. 근대 간호학의 창시자로 크림 전쟁 중 활약해 '램프를 든 여인'으로 불렸다.

** 레이 스트레이치가 쓴 『대의(The Cause)』에 인쇄된 플로렌스 나이팅게일의 『카산드라』를 보라.—원주
『대의: 영국 여성 운동의 짧은 역사(The Cause: A Short History of the Women's Movement in Great Britain)』(1928): 레이 스트레이치(Ray Strachey)의 저작. 영국 여성 참정권 운동의 역사를 다뤘으며 나이팅게일의 『카산드라』를 수록했다.

겠죠. 문학계는 타인의 견해에 분별없이 신경 썼던 남자들의 잔해로 가득 차 있어요.

그리고 저는 창조적인 작업에 가장 적합한 마음 상태가 어떤 것인지에 대한 원래 물음으로 다시 돌아가서 생각해 볼 때, 그들의 이러한 감수성은 이중으로 불행한 일이라고 생각했어요. 왜냐하면 예술가의 마음은 제 앞에 펼쳐져 있는 『안토니와 클레오파트라』를 보면서 추측해 보건대 그 안에 있는 작품을 온전하고 완전하게 해방시키는 그 엄청난 노력을 해내려면 셰익스피어의 마음처럼 '백열incandescent 상태여야' 하기 때문이에요. 그 마음속에는 어떤 장애물도, 타버리지 않고 남은 이물질도 없어야 해요.

비록 우리가 셰익스피어의 마음 상태에 대해 아는 것이 없다고 말하지만, 바로 그렇게 말하는 순간에도 우리는 셰익스피어의 마음 상태에 대해 무언가를 말하고 있는 셈이니까요. 아마도 우리가 던이나 벤 존슨, 밀턴에 비해 셰익스피어에 대해 그토록 아는 것이 거의 없는 이유는 그의 원한과 악의, 반감이 우리에게서 감춰져 있기 때문일 거예요. 우리는 작가의 존재를 상기시키는 그 어떤 '폭로' 앞에서도 머뭇거리지 않게 됩니다. 항변하고 싶고, 설교하고 싶고, 입은 상처를 만천하에 알리고 싶고, 원수를 갚고 싶고, 자신이 겪은 고난이나 억울함의 증인이 되어달라고 세상을 붙잡고 싶어 하는 그 모든 욕망이 그(셰익스피어)의 안에서는 이미 불타 사라지고 소멸해 버렸기 때문입니다. 그리하여 그의 시는 자유롭고 거침없이 흘러나와요. 만약 어떤 인간이 자신의 작품을 완벽하게 표현해냈다면, 그것은 셰

익스피어였어요. 저는 책장을 다시 돌아보며 생각했어요. 만약
어떤 마음이 하얗게 불타오르고 거침없었다면, 그것은 셰익스
피어의 마음이었을 거예요.

4장

16세기에 그런 마음 상태(백열 상태의 예술혼)를 지닌 여성을 찾는다는 것은 분명 불가능한 일이었어요. 엘리자베스 시대의 묘비들을 한번 떠올려 보세요. 자식들이 두 손을 모으고 무릎 꿇은 채 모여 있는 엘리자베스 시대의 묘비들을 한번 떠올려 보면 그리고 여성들이 그토록 젊은 나이에 죽었다는 사실과 그들이 살았던 어둡고 비좁은 방들이 있는 집을 본다면, 그 당시 어떤 여성도 시를 쓸 수 없었으리라는 걸 깨닫게 되죠. 우리가 발견하리라 예상할 수 있는 것은, 아마도 그보다 조금 더 훗날, 어느 위대한 귀부인이 자신의 비교적 자유롭고 안락한 환경을 이용해 자기 이름을 걸고 무언가를 출판하고, 사람들이 '괴물'이라 손가락질할 위험을 감수하는 경우일 거예요. 물론 남자들은 속물이 아니에요. 저는 레베카 웨스트 양에게 던져진 '지독한 페미니즘'이라는 비난을 조심스럽게 피하며 말을 이었어요. 하지만 그들은 백작 부인이 시를 쓰려는 노력은 대체로 동정심을 가지고 인정해 주죠. 작위가 있는 귀부인이라면, 그 당시 무명의 오스틴이나 브론테가 받았을 대우보다는 훨씬 더 큰 격려를 받았을 거라고 예상할 수 있어요. 하지만 동시에 그녀의 마음이 두려움이나 증오 같은 낯선 감정들로 교란되었을 테고, 그녀의 시에 그런 혼란의 흔적이 남아 있을 거라고 예상할 수 있죠. 하지만 한편으로는 그녀의 마음 또한 두려움이나 증오 같은 이질적인 감정들로 어지러웠을 테고, 그녀의 시에도 그런 혼란의 흔적이 남아 있을 거라고 짐작하게 되지요. 일례로, 여기 레이디 윈칠시˚가 있습니다. 그녀의 시집을 한 번 꺼내 볼까요? 그녀는 1661년에 태어났고, 혈통으로나 결혼으로나 의심할 나위 없이 귀족이었으며 자녀는 없었지요. 그녀는 시를 썼는데, 시집을 펼치기만 해도 여성의 처지에 분노를 터뜨리는 대목을 바로 발견할 수 있어요.

우리는 얼마나 영락한 것인가! 잘못된 규칙에 무너지고,
본성보다는 교육 때문에 바보가 되었구나.
정신을 고양할 모든 기회로부터 차단된 채
그저 따분하게 살아가도록 강요받고 설계되었으니.

만약 누군가 더 뜨거운 상상력과 열망에 이끌려
남들보다 높이 솟아오르려 해도,
반대 세력이 여전히 너무나 강경하기에
성공의 희망은 두려움을 결코 이기지 못하리라.

˚ Lady Winchilsea: 1661~1720. 본명은 앤 킹스밀로 영국 최초의 중요한 여성 시인으로 평가된다.

분명 그녀의 마음은 '모든 장애물을 불태우고 백열 상태(순수한 예술적 상태)에 이른' 것은 아니었어요. 오히려 미움과 원망으로 괴로워하고 분열된 상태였지요. 그녀에게 인류는 두 집단으로 나뉘어 있었어요. 남성들은 '반대 세력'이었고, 그녀가 진정으로 하고자 하는 것, 즉, 글쓰기를 가로막는 권력을 가졌기에 미움과 두려움의 대상이 되었던 거예요.

슬프도다! 펜을 잡으려는 여자는
그토록 오만한 존재로 여겨지니,
그 잘못은 어떤 미덕으로도 씻을 수 없구나.
그들은 우리가 성별과 가야 할 길을 착각하고 있다고 말하지.
고상한 예절, 유행, 춤, 옷치장, 놀이만이
우리가 바라야 할 소양이라고 하네.
글을 쓰거나 읽고, 생각하거나 탐구하는 일은
우리의 미모를 흐리고 시간을 앗아가며,
한창때의 정복 사업(연애)을 방해할 뿐이라고 말이네.
반면 따분하게 살림을 꾸리는 일만이
우리의 최고 기술이자 소임으로 여겨지는구나.

실제로 그녀는 자신이 쓴 글이 절대 출판되지 않을 거라 가정하며 스스로를 다독여야만 했습니다. 이런 슬픈 노래로 마음을 달래면서 말이죠.

몇몇 친구에게 그리고 너의 슬픔에 노래하라.

월계수 관(명예)은 애초에 네 것이 아니었으니.
그대의 그늘을 어둡게 드리우고, 그곳에서 스스로 만족하거라.

하지만 만약 그녀가 마음속의 증오와 두려움에서 벗어날 수 있었다면 그리고 쓰라림과 원망을 쌓아두지 않았다면, 그녀 안의 불꽃이 얼마나 뜨겁게 타올랐을지 분명히 알 수 있어요. 때때로 순수한 시적 언어들이 흘러나오는 걸 보면 말이에요.

빛바랜 비단실로 어찌 표현할 수 있겠는가,
비할 바 없는 장미의 자태를 희미하게나마.

이 구절에 대해 머리 씨*는 타당하게 찬사를 보냈고, 포프는 다음 구절들을 기억해 두었다가 가져다 썼다고들 하죠.

이제 노란 수선화가 연약한 뇌를 압도하네.
우리는 그 향기로운 고통 아래 정신이 아득해진다네.

그렇게 글을 쓸 수 있었던 여성, 자연과 사색에 마음이 조율되어 있던 여성이 분노와 비통함에 강제로 떠밀려야 했다는 것은 천 번을 생각해도 안타까운 일이에요. 하지만 그녀가 달리 어쩔 도리가 있었을까요? 저는 비웃음과 조롱, 아첨꾼들의 아부, 전문 시인들의 회의적인 시선들을 상상하며 자문했어요. 그

---

* John Middleton Murry: 1889~1957. 영국의 문학 비평가이자 작가.

녀는 틀림없이 글을 쓰려고 시골에 있는 방 안에 틀어박혀 있었을 테고, 아마도 비통함과 망설임으로 갈가리 찢겼을 거예요. 비록 그녀의 남편이 아주 친절한 사람이었고 그들의 결혼 생활이 완벽했을지라도 말이죠. 제가 '틀림없이 그랬을 것'이라고 말하는 이유는 레이디 윈칠시에 대한 사실을 찾아 나서면, 늘 그렇듯이 그녀에 대해 알려진 것이 거의 아무것도 없다는 것을 알게 되기 때문이에요. 그녀는 심한 우울증으로 고통받았는데, 우리는 그녀가 그 우울증에 사로잡혔을 때 어떤 상상을 했는지 말해 주는 대목을 보면, 적어도 어느 정도는 그 이유를 설명할 수 있어요.

나의 시는 비웃음을 사고, 내가 하는 일은
쓸모없는 어리석음이나 주제넘은 결함이라 여겨지네.

이렇게 비난받았던 그 '일'은 우리가 찾아볼 수 있는 바로는 들판을 거닐며 몽상에 잠기는 무해한 일이었어요.

내 손은 비범한 것들을 그려 내길 좋아하고,
알려지고 평범한 길에서 벗어나네,
빛바랜 비단실로 어찌 표현할 수 있겠는가,
비할 바 없는 장미의 자태를 희미하게나마.

만일 이런 것이 그녀의 습관이었고 그녀가 이런 일에서 기쁨을 느꼈다면, 당연히 그녀는 비웃음을 받을 수밖에 없었겠죠. 그래서 포프나 게이[*]가 그녀를 '글을 끄적거리고 싶어 안달이 난 블루스타킹(지적인 여성)'이라고 풍자했다고 해요. 또한 그녀가 게이를 비웃어 그의 기분을 상하게 했다고 합니다. 그녀는 게이의 시 『트리비아Trivia』를 보고 '그가 가마를 타기보다는 가마 앞에서 길을 안내하는 편이 더 어울린다'는 것을 드러낸다고 말했다지요. 하지만 이 모든 것은 '의심스러운 가십'일 뿐이며, '흥미 없는 일화'에 지나지 않는다고 머리 씨는 일축하지요. 하지만 그 점에서 저는 그에게 동의하지 않습니다. 차라리 그런 의심스러운 가십이라도 더 많았으면 좋았겠다고 생각하거든요. 그래야 들판을 배회하며 비범한 것들을 생각하기를 사랑했고, 그토록 성급하고 어리석게도 '하찮고 따분한 집안 살림'을 경멸했던 이 우울한 귀부인의 모습을 찾아내거나 형상화할 수 있었을 테니까요. 하지만 머리 씨는 그녀가 산만해졌다고 말합니다. 그녀의 재능이 온통 잡초로 뒤덮이고 가시덤불에 묶여 버렸다는 거죠. 그 재능은 본래의 섬세하고 고귀한 모습을 드러낼 기회가 없었어요. 그리하여 저는 그녀의 책을 서가에 다시 꽂아 두고 찰스 램이 사랑했던 또 다른 위대한 귀부인, 그녀보다 연상이지만 동시대인이었던 무모하고 환상적인 뉴캐슬의 마거릿 공작부인Margaret of Newcastle[**]에게로 눈을 돌렸어요. 그들은 전혀 달랐지만, 둘 다 귀족이었고 자식이 없었으며, 둘 다 최고의 남

---

[*] John Gay: 1685~1732. 영국의 시인이자 극작가. 『거지 오페라(The Beggar's Opera)』로 유명하다.

[**] 마거릿 캐번디시(1623~1673)로 영국의 귀족 여성 작가, 철학자, 과학 저술가다. 웰벡에 은둔했으며 궁정에서는 조롱의 대상이 되어 '미친 공작부인'으로 불렸다.

편과 결혼했다는 점에서는 같았어요. 두 사람 모두 내면에 시에 대해 똑같이 불타는 열정이 있었고, 둘 다 같은 이유로 상처받고 뒤틀려 있었죠. 공작부인의 책을 펼치면 똑같은 분노가 폭발하는 것을 발견하게 되지요. "여성은 박쥐나 올빼미처럼 살고, 짐승처럼 노동하며, 벌레처럼 죽는다. ……" 마거릿 역시 시인이 될 수 있었을 거예요. 우리 시대였다면 그 모든 행위가 어떤 운명의 수레바퀴를 돌렸겠죠. 하지만 그 시대에 그 거칠고, 풍요로우며, 길들여지지 않은 지성을 어떻게 묶어두고, 길들이고, 인류에게 도움이 되도록 문명화할 수 있었을까요? 그 재능은 마구 뒤죽박죽이 되어 운문과 산문, 시와 철학의 급류 속으로 쏟아져 나왔고, 지금은 아무도 읽지 않는 4절판, 2절판 책들 속에 굳은 채 남아 있어요. 그녀의 손에는 현미경이 쥐어져야 했어요. 그녀는 별을 관찰하고 과학적으로 추론하는 법을 배웠어야 했죠. 고독과 자유가 그녀의 재능을 뒤틀어 놓았습니다. 아무도 그녀를 제지하지 않았고, 아무도 그녀를 가르치지 않았죠. 교수들은 그녀에게 아첨했고, 궁정 사람들은 그녀를 조롱했습니다. 에저턴 브리지즈 경*은 그녀의 투박함을 두고 '궁정에서 자란 고귀한 신분의 여성에게서 흘러나온 것치고는 저속하다'며 불평했지요. 결국 그녀는 웰벡의 저택 안에 스스로를 가두고 혼자가 되었습니다.

마거릿 캐번디시라는 이름을 떠올리면 고독과 무질서가 뒤엉킨 기이한 환상이 눈앞에 펼쳐져요. 그것은 마치 어떤 거대

---

* Sir Egerton Brydges: 1762~1837. 영국의 서지학자, 계보학자, 시인. 울프는 그를 여성 작가에게 '세련되라고(to be refined)' 훈계하는 남성 비평가의 전형으로 언급한다.

한 오이 줄기가 정원의 장미와 카네이션 위로 제멋대로 뻗어 나가, 꽃들을 전부 질식시켜 죽여버린 것만 같은 모습입니다. '가장 교양 있는 여성은 마음이 가장 문명화된 여성'이라고 썼던 그 여성이 말도 안 되는 글을 휘갈기고 어둠과 어리석음 속으로 더욱더 깊이 빠져들어 마침내 그녀가 외출할 때면 사람들이 마차 주위로 몰려들게 될 정도로 그렇게 시간을 낭비했다니 이 얼마나 안타까운 일인가요. 분명 그 '미친 공작부인'은 똑똑한 소녀들을 겁주어 주저앉히려는 무서운 본보기, 즉 일종의 도깨비 같은 존재가 되어버린 모양이에요. 이제 저는 공작부인의 책을 치우고 도로시 오즈번*의 서한집을 펼치다가 도로시가 템플Temple에게 공작부인의 새 책에 대해 쓴 편지글이 생각났어요. "분명히 그 불쌍한 여자는 좀 정신이 나갔나 봐요. 그렇지 않고야 감히 책을 쓰겠다고, 그것도 운문으로 쓰겠다고 덤비는 그런 우스꽝스러운 짓은 하지 못했을 거예요. 저라면 만일 2주 동안 잠을 못 잤다 하더라도 그런 짓까지 하지는 않을 거예요."

분별 있고 정숙한 여성이라면 아무도 책을 쓸 수 없었기 때문에 감수성이 예민하고 우울했고, 기질적으로 공작부인과 정반대였던 도로시는 아무것도 쓰지 않았어요. 편지는 작품으로 간주되지 않았죠. 여성은 아버지가 병상에 누워 계시면 그 곁에 앉아서 편지를 쓸 수 있었어요. 남자들이 이야기하는 동안 방해되지 않게 난롯가에서 편지를 쓸 수도 있었죠. 도로시의 편지들을 한 장씩 넘겨보며 저는 생각했어요. 정말이지 이상한

---

* Dorothy Osborne: 1627~1695. 결혼 후 레이디 템플. 서간집 작가. 훗날 남편이 된 윌리엄 템플(William Temple)에게 보낸 편지들로 유명하다.

일이라고요. 제대로 교육받지도 못했고 홀로 지냈던 이 소녀가, 문장을 엮어내고 장면을 빚어내는 데 이토록 탁월한 재능을 지녔다니 말이에요. 그녀가 거침없이 쏟아내는 말들에 한번 귀를 기울여 보세요.

"저녁 식사 후에 우리는 앉아서 이야기를 나눠요. 그러다 문제의 B씨가 오면 저는 자리를 뜨지요. 한낮의 더위는 독서나 일로 보내고, 저녁 6~7시쯤 되면 저는 집 근처에 있는 공유지로 산책을 나가요. 젊은 처녀애들 여럿이 양과 소를 치면서 그늘에 앉아 민요를 부르고 있죠. 저는 그들에게 다가가 그들의 목소리와 아름다움을 제가 읽은 이야기 속 고대의 양치기 소녀들과 비교해 보는데, 물론 상당히 차이가 많아요. 하지만 정말이지 저는 이 처녀애들이 그 옛날의 양치기 소녀들만큼이나 순수하다고 생각해요. 저는 그들에게 말을 걸고, 그들이 세상에서 가장 행복한 사람이 되는 데 부족한 것이 아무것도 없다는 걸 알게 되지요. 자신들이 가장 행복한 사람들이라는 사실을 깨닫지 못하고 있다는 점만 빼고 말이지요. 보통 우리가 한창 이야기에 빠져 있을 때면, 그중 하나가 주위를 둘러보다 자기 소가 옥수수밭에 들어가는 것을 알아채죠. 그러면 그 애들은 모두 발에 날개라도 달린 듯이 뛰어가요. 그렇게 민첩하지 못한 저는 뒤에 남아 있다가 그 애들이 가축을 몰고 돌아가는 것을 보고 저도 돌아갈 시간이라고 생각하게 돼요. 저녁을 먹고 나면 저는 정원으로 들어가 그 옆을 흐르는 작은 개울로 가요. 거기에 앉아서 당신도 함께 있었으면 하고 바란답니다.……"

그녀에게 작가적 소질이 있었다고 맹세라도 할 수 있을 정도예요. 하지만 "만일 2주 동안 잠을 못 잤다 하더라도, 그런 짓(책 쓰기)까지 하지는 않을 거예요." 글쓰기에 대단한 재능이 있는 여성조차 책을 쓴다는 것이 우스꽝스러운 일, 심지어 정신이 나간 일이라고 믿었다는 것을 보면, 당대에 여성이 글을 쓰는 것에 대해 깔려 있던 적대감이 어느 정도였는지 짐작할 수 있어요. 저는 도로시 오즈번의 단 한 권짜리 얇은 서한집을 책장에 다시 꽂으며 이제 벤 부인*을 살펴봐야겠다고 생각했어요.

그리고 아프라 벤에 이르러, 우리는 길 위에서 아주 중요한 모퉁이를 돌게 됩니다. 우리는 청중도 비평도 없이, 오직 자신들의 즐거움만을 위해 글을 썼던, 자신들의 영지 장원에서 2절판 책들과 함께 갇혀 있던 그 고독한 귀부인들을 뒤로하고 떠나요. 우리는 도시로 와서 거리에서 평범한 사람들과 어깨를 부딪치죠. 아프라 벤은 유머, 활력, 용기 같은 모든 서민적 미덕을 지닌 중산층 여성이었어요. 그녀는 남편의 죽음과 자신의 불행한 몇몇 모험 때문에 어쩔 수 없이 자신의 재주로 생계를 꾸려가야 했던 여성이죠. 그녀는 남성들과 같은 조건에서 일해야 했어요. 그녀는 아주 열심히 일해서 먹고살기에 충분한 돈을 벌었죠. 그 사실이 그녀가 실제로 쓴 그 어떤 글보다 더 중요해요. 심지어 "나는 순교자를 천 명 만들었네"나 "사랑은 환상적인 승리 속에 앉았네" 같은 그 멋진 구절보다도 더 크답니다. 왜냐하면 여기서 '마음의 자유', 아니, 시간이 지나면 마음 내키는 대로 자유롭게 쓰고 싶은 것을 쓸 수 있게 될 '가능성'이 시작되기

*   Aphra Behn: 1640~1689. 영국 최초로 글쓰기로 생계를 유지한 전문 여성 작가. 극작가, 시인, 소설가로 활동했다.

때문이에요. 이제 아프라 벤이 그 일을 해냈기 때문에 여자아이들은 부모님께 이렇게 말할 수 있게 되었어요. "저에게 용돈을 주실 필요 없어요. 저는 제 펜으로 돈을 벌 수 있으니까요." 물론, 그 뒤로도 여러 해 동안 돌아오는 대답은 이랬겠죠. "그래, 아프라 벤처럼 살아서 말이냐! 차라리 죽는 게 더 낫겠다!" 그리고 방문은 전보다 더 쾅 소리 나게 닫혔겠죠. 남성들이 여성의 순결에 부여하는 가치 그리고 그것이 여성의 교육에 미친 영향이라는, 저 지극히 흥미로운 주제가 여기서 논의 대상으로 등장하는데, 만약 거튼이나 뉴넘의 어느 학생이 이 문제를 깊이 파고든다면 흥미로운 책이 한 권 나올지도 몰라요. 스코틀랜드 황무지의 각다귀 떼 속에서 다이아몬드로 치장하고 앉아 있는 레이디 더들리*가 책의 속표지 그림으로 어울리겠네요. 얼마 전 레이디 더들리가 사망했을 때 〈타임스〉는 더들리 경에 대해 이렇게 썼어요. "'교양 있는 취향과 많은 재능을 지닌 인물로 자비롭고 너그러웠지만, 변덕스럽고 독재적이었다. 그는 하일랜드의 가장 외진 사냥 막사에서조차 아내에게 완전한 정장을 차려입으라고 강요했으며, 그녀에게 화려한 보석을 잔뜩 안겨주었다' 등등, '그는 그녀에게 모든 것을 주었다. 언제나 다소간의 '책임감'만은 제외하고서.'" 그러다 더들리 경이 뇌졸중으로 쓰러졌고, 그녀는 그를 간호하며 그 후로 계속 탁월한 능력으로 그의 영지를 경영했다고 해요. 그렇게 변덕스러운 독재자는 19세기에도 여전히 존재했던 거예요.

<hr>

* Georgina Elizabeth Ward, Countess of Dudley: 1846~1929. 영국의 귀족 여성. 더들리 경(Lord Dudley)의 아내로 〈타임스〉에 사망 기사가 실렸다.

다시 본론으로 돌아가 볼까요. 아프라 벤은 비록 여성 특유의 품위나 나긋나긋한 미덕들을 어느 정도 희생해야 했을지언정, 글을 써서 돈을 벌 수 있다는 사실을 증명해 냈습니다. 그렇게 조금씩, 글쓰기는 단순히 어리석음의 증거나 산만한 정신의 소치로 치부되는 단계를 넘어 실질적인 중요성을 갖는 일이 되었습니다. 남편이 죽을 수도 있고 가족에게 어떤 재난이 닥칠 수도 있었으니까요. 18세기가 저물어가면서 여성 수백 명이 번역을 하거나 지금은 교과서에조차 기록되지 않지만 채링 크로스 로드*의 4페니짜리 상자들에서나 주워 올 수 있는 그 무수한 졸작 소설을 쓰면서 용돈을 벌거나 가족을 돕기 시작했어요. 18세기 후반 여성들 사이에서 나타난 극도의 정신적 활동, 즉 담론과 모임, 셰익스피어에 대한 에세이 쓰기, 고전 번역은 여성이 글쓰기로 돈을 벌 수 있다는 견고한 사실에 기반을 두었어요. 보수가 없을 때는 경박해 보이던 것도 돈이 되면 무게가 생기지요. '글쓰기에 안달이 난 블루스타킹'들을 여전히 비웃는 편이 나을지는 몰라도 그들이 자기 지갑에 돈을 채워 넣을 수 있다는 사실은 부정할 수 없게 되었어요. 그리하여 18세기 말에 이르러 어떤 변화가 일어났습니다. 만약 제가 역사를 다시 쓴다면, 저는 이 변화를 십자군 전쟁이나 장미 전쟁보다 훨씬 더 비중 있게 다루고 중요하게 평가했을 것입니다.

바로 중산층 여성이 글을 쓰기 시작한 거예요. 만약 『오만과 편견』이 중요하고, 『미들마치』와 『빌레트』, 『폭풍의 언덕』이 중

---

* 런던의 거리로 고서점과 중고 서점이 밀집해 있는 것으로 유명하다.

요하다면, 단지 2절판 책들과 아첨꾼들 사이에 파묻혀 시골집에 간혀 있던 외로운 귀족 여성뿐 아니라 여성들 '일반'이 글쓰기를 시작했다는 사실은 제가 한 시간의 강연으로 증명할 수 있는 것보다 훨씬 더 중대한 일이기 때문이에요. 그런 선구자들이 없었다면, 제인 오스틴과 브론테 자매, 조지 엘리엇은 글을 쓸 수 없었을 거예요. 마치 셰익스피어가 말로_{Marlowe} 없이 글을 쓸 수 없었을 테고, 말로가 초서_{Chaucer} 없이, 그리고 초서는 앞서 길을 닦고 언어의 본래적 야만성을 길들인 저 이름 없는 시인들 없이 글을 쓸 수 없었을 것처럼요. 걸작이란 결코 단 한 번의 고독한 탄생으로 이루어지는 것이 아닙니다. 그것은 수많은 세월 동안 대중이 함께 고민하고 공동으로 사고해 온 결과물이며, 그리하여 단 하나의 목소리 뒤에는 대중의 집단적인 경험이 든든하게 자리 잡고 있는 것이죠. 그러니 제인 오스틴은 패니 버니*의 무덤에 화환을 바쳐야 마땅하고, 조지 엘리엇은 일라이자 카터**의 그 강인한 넋에 경의를 표해야 합니다. 그리스어를 공부하기 위해 일찍 일어나려고 침대 기둥에 종을 매달아 두었던, 그 용기 있는 노부인에게 말입니다. 모든 여성은 다 함께 아프라 벤의 무덤에 꽃을 바쳐야 해요. 그녀의 묘비가 (비록 파격적이고 논란의 여지는 있으나 오히려 그 덕분에 더 적절하게도) 웨스트민스터 사원에 자리 잡고 있는 건, 바로 그녀가 여성들에게

---

* Fanny Burney: 1752~1840. Frances Burney(Madame d'Arblay). 영국의 소설가이자 일기 작가. 『에블리나(Evelina)』(1778)로 유명하다.

** Elizabeth Carter: 1717~1806. 영국의 시인, 번역가, 고전학자. 에픽테토스(Epictetus)의 저작을 번역했다.

자신의 생각을 말할 권리를 얻어 주었기 때문입니다. 행실이 미심쩍다느니 연애 사건이 복잡하다느니 하는 평판도 있었지만, 어쨌든 오늘 밤 제가 여러분에게 "자신의 재능으로 일 년에 500파운드를 버십시오"라고 말하는 것이 결코 허무맹랑한 소리로 들리지 않게 만든 이는 바로 그녀입니다.

자, 이제 19세기 초반에 다다랐습니다. 그리고 여기서 저는 처음으로 여성들의 작품만으로 온전히 채워진 서가들을 여러 개 발견할 수 있었죠. 하지만 그 책들을 훑어보며 저는 이런 질문을 던지지 않을 수 없었어요. 극히 드문 예외를 제외하면, 왜 이 책들은 죄다 소설인 걸까요? 인류 최초의 창작 충동은 시詩를 향해 있었고, "노래의 지고한 정점"에 서 있던 이 또한 여류 시인이었는데 말입니다.* 프랑스에서나 영국에서나 여성 소설가들보다 여성 시인들이 먼저 등장했어요. 게다가 저는 그 네 명의 유명한 이름(오스틴, 브론테 자매, 엘리엇)을 보며 생각했죠. 조지 엘리엇이 에밀리 브론테와 무슨 공통점이 있었을까? 샬럿 브론테는 제인 오스틴을 전혀 이해하지 못하지 않았나요? 그들 중 단 한 명도 아이를 갖지 않았다는 사실을 제외하고는 이보다 더 어울리지 않는 네 사람이 한 방에 모이기도 힘들 겁니다. 그 개성들이 어찌나 제각각인지, 이들이 실제로 만나 대화를 나누는 장면을 상상해 보고 싶은 유혹이 들 정도니까요. 그럼에도 어떤 기이한 힘에 이끌린 듯, 그녀들은 글을 쓸 때면 약속이라도 한 듯 소설을 써야만 했습니다. 그것이 그녀들이 중산

층 태생이라는 점과 관련이 있는 것일까요? 아니면 훗날 에밀리 데이비스 양이 그토록 인상적으로 증명해 보였듯, 19세기 초반의 중산층 가족에게는 온 가족이 함께 쓰는 거실이 단 하나뿐이었다는 사실과 관련이 있는 걸까요? 만약 여성이 글을 썼다면, 그녀는 그 '공동의 거실'에서 써야만 했을 거예요. 그리고 나이팅게일 양이 그토록 격렬하게 "여성들은 …… 자신만의 것이라고 부를 수 있는 시간이 채 30분도 없다"라고 불만을 토로했듯이 여성들은 늘 방해를 받았죠. 거기서는 시나 희곡을 쓰는 것보다는 산문이나 소설을 쓰는 편이 더 쉬웠을 거예요. (시나 희곡보다) 덜 집중해도 되니까요. 제인 오스틴은 생애 마지막까지 그런 식으로 글을 썼어요. 그녀의 조카는 회고록에 이렇게 적었습니다. "그녀가 어떻게 이 모든 일을 해낼 수 있었는지 그저 놀라울 따름입니다. 그녀에겐 돌아가 쉴 수 있는 독립된 서재가 없었으니까요. 작업 대부분은 온갖 일상적인 방해를 피할 길 없는 공용 거실에서 이루어져야만 했습니다. 그녀는 하인들이나 방문객들 혹은 그녀 자신의 가족들 외의 어떤 사람들에게도 자신이 하는 일을 들키지 않도록 조심했습니다." 제인 오스틴은 원고를 숨기거나 그 위에 압지 한 장을 덮어두었죠. 게다가 19세기 초 여성이 받을 수 있었던 문학 훈련이라고는 인물 관찰, 감정 분석에 대한 것이 다였어요. 그녀의 감수성은 수백 년 동안 '공용 거실'이라는 공간의 영향 아래에서 길러지고 다듬어져 왔던 거예요. 사람들의 감정이 그녀에게 깊은 인상을 남

<hr>

● 제인 오스틴의 조카 제임스 에드워드 오스틴 리의 『제인 오스틴 회상록』.-원주

겼고, 개인적인 관계들이 늘 그녀의 눈앞에 있었어요. 그러므로 중산층 여성이 글쓰기를 시작했을 때, 자연스럽게 소설을 썼던 거예요. 비록 여기에 이름이 언급된 유명한 네 여성 중 두 명은 너무나 명백하게도 천성적으로 소설가는 아니었던 것 같지만요. 에밀리 브론테는 마땅히 시극詩劇을 썼어야 했어요. 조지 엘리엇의 그 광활한 지성이 품고 있던 넘쳐흐르는 사유들은, 창조적 충동이 다한 뒤에는 마땅히 역사나 전기傳記의 영역으로 뻗어 나갔어야 했습니다. 하지만 그들은 소설을 썼어요. 우리는 심지어 한 걸음 더 나아갈 수도 있어요. 저는 책장에서 『오만과 편견』을 꺼내 들며 말했죠. 그들은 '훌륭한 소설'을 썼다고요. 남성들에게 자랑하거나 그들의 기분을 상하게 하지 않고도 『오만과 편견』이 좋은 책이라고 말할 수 있을 거예요. 적어도 『오만과 편견』을 쓰다 들켰더라도 전혀 부끄러워하지는 않았을 거예요. 하지만 제인 오스틴은 누군가 들어오기 전에 원고를 감출 수 있도록 문 경첩이 삐걱거리는 소리를 오히려 반겼다고 해요. 제인 오스틴에게는 『오만과 편견』을 쓴다는 것에 무언가 떳떳하지 못한 구석이 있었던 거죠. 그래서 저는 궁금해졌어요. 만약 제인 오스틴이 방문객들에게 원고를 숨길 필요가 없다고 생각했다면 『오만과 편견』은 더 나은 소설이 되었을까요? 저는 한두 페이지를 읽어보았지만, 그녀의 환경이 그녀 작품에 조금이라도 해를 끼쳤다는 징후는 찾을 수 없었어요. 아마도 그것이 그 작품에 얽힌 가장 큰 기적일 거예요. 여기 1800년경의 한 여성이 증오 없이, 비통함 없이, 두려움 없이, 항의 없이, 설교 없이 글을 쓰고 있었어요. 저는 『안토니와 클레오파트라』를 보며 셰익스피어도 바로 이런 식으로 글을 썼겠구나 하고 생각했어요. 사람들이 셰익스피어와 제인 오스틴을 비교할 때, 그들은 아마도 두 사람의 마음이 모든 장애물을 다 태워버렸다는 사실을 의식하는지도 몰라요. 그리고 바로 그 이유 때문에 우리는 인간 제인 오스틴을 알 수 없고, 인간 셰익스피어를 알 수 없으며, 바로 그 이유 때문에 제인 오스틴은 그녀가 쓴 모든 단어에 스며들어 있고, 셰익스피어 또한 그러한 거죠. 만약 제인 오스틴이 그녀의 환경 때문에 어떤 식으로든 고통받았다면, 그것은 그녀에게 부과된 편협한 삶 때문이었을 거예요. 여성이 혼자 돌아다니는 것은 불가능했어요. 그녀는 여행을 해보지 못했죠. 그녀는 결코 합승마차를 타고 런던을 가로지르거나 가게에서 혼자 점심을 먹어본 적이 없었어요. 하지만 어쩌면 자신이 갖지 못한 것을 원하지 않는 것이 제인 오스틴의 본성이었는지도 몰라요. 그녀의 재능과 환경은 서로 완벽하게 맞아떨어졌던 거지요. 하지만 『제인 에어』를 펼쳐 『오만과 편견』 옆에 나란히 놓으며 샬럿 브론테도 그랬는지는 의심스러웠지요.

저는 책의 12장을 펼쳤고, 곧장 한 구절이 제 눈길을 사로잡았습니다. '나를 비난하고 싶은 자는 누구든 비난해도 좋다.' 도대체 사람들이 무엇 때문에 샬럿 브론테를 비난한단 말인가? 저는 궁금해졌습니다.

저는 계속해서 읽어 내려갔습니다. 페어팩스 부인*이 젤리를 만들고 있을 때면, 제인 에어는 옥상으로 올라가 들판 너머 먼

---

* Mrs Fairfax: 『제인 에어』에 등장하는 손필드 저택의 가정부.

풍경을 바라보곤 했다는 대목을 말이죠. 그리고 그녀는 갈망했습니다. 사람들이 그녀를 비난했던 이유도 바로 이 갈망 때문이었지요. "그때 나는 이 한계를 넘어서는 시력을, 그리하여 가보지는 못했어도 익히 들어 알고 있는 저 활기찬 세상과 도시들, 생명력 넘치는 지역까지 닿을 수 있는 힘을 가졌으면 하고 간절히 바랐다. 내가 가진 것 이상의 실질적인 경험을, 나와 같은 부류의 사람들과 더 많이 교류하기를, 그리고 이곳의 손길이 닿지 않는 곳에 있는 더 다양한 인간 군상들을 알고 싶어 했다. 나는 페어팩스 부인의 좋은 점을, 아델*의 좋은 점을 가치 있게 여겼다. 하지만 나는 다른, 더 생생한 종류의 미덕이 존재한다고 믿었고, 내가 믿는 바를 직접 눈으로 보고 싶었다."

"누가 나를 비난하는가? 의심할 여지 없이 많은 사람이 그럴 테고, 나는 불만에 가득 찬 사람이라 불릴 것이다. 나는 어쩔 수 없었다. 가만히 있지 못하는 성미는 내 본성이었고, 그것은 때로 나를 고통스러울 만큼 흔들어 놓았다. ……"

"인간은 평온함에 만족해야 한다고 말하는 것은 헛되다. 그들은 뭔가를 하려 갈망한다. 그리고 할 일을 찾지 못하면 일거리를 만들어낼 것이다. 수백만 명이 나보다 더 고요한 운명을 선고받았고, 수백만 명이 자신의 운명에 맞서 침묵의 반란을 일으키고 있다. 이 땅을 채운 살아 있는 대중 속에서 얼마나 많은 반란이 들끓고 있는지 아무도 모른다. 보통 여자는 아주 차분해야 한다고들 하지만, 여자도 남자와 똑같이 느낀다. 그들에

---

* Adle: 『제인 에어』에서 제인이 가정교사로 돌보는 프랑스 소녀.

게도 남자 형제들처럼 자신의 능력을 훈련하고 자신의 노력을 기울일 활동 영역이 필요하다. 여자들 역시 남자들과 마찬가지로 너무 엄격한 구속이나 완전한 정체停滯 속에서는 고통받는다. 그리고 더 많은 특권을 누리는 남성들이 여성은 푸딩 만들기와 양말 뜨기, 피아노 치기, 가방 자수 놓기에만 전념해야 한다고 말한다면 그건 편협한 일이다. 그저 관습이 정해놓은 것보다 더 많은 것을 배우고 더 많은 것을 해보려 한다고 해서 그녀들을 비난하거나 비웃는 것은 참으로 사려 깊지 못한 처사이다."

"이렇게 홀로 있을 때면 나는 종종 그레이스 풀*의 웃음소리를 듣곤 했다. ……"

저는 뭔가 어색한 단절이라고 생각했어요. 갑자기 그레이스 풀이 튀어나오다니 당황스러웠어요. 연속성이 깨져버렸죠. 저는 『제인 에어』를 『오만과 편견』 옆에 내려놓으며 말을 이었어요. 이 페이지들을 쓴 여성이 제인 오스틴보다 더 큰 천재성을 지녔을지도 모른다고요. 하지만 이 구절들을 다시 읽어 보고, 그 안의 거친 요동과 분노를 눈여겨보면, 우리는 그녀가 결코 자신의 천재성을 온전하고 완전하게 표현해내지 못하리라는 것을 알게 돼요. 그녀의 책들은 변형되고 뒤틀려 있어요. 차분하게 써야 할 대목에서 분노에 휩싸여 쓰고, 지혜롭게 써야 할 대목에서 어리석게 써버려요. 자신의 캐릭터에 대해 써야 할 때 자기 자신에 대해 쓰지요. 그녀는 자신에게 주어진 운명과 전쟁을 치르는 중이니까요. 그렇게 비틀리고 좌절한 채 그녀가 어찌 젊은

---

*   Grace Poole: 샬럿 브론테의 소설 『제인 에어』에 등장하는 인물.

나이에 죽지 않을 수 있었을까요?

만약 샬럿 브론테에게 일 년에 300파운드가 있었더라면, 하지만 그 어리석은 여자는 자기 소설들의 저작권을 1,500파운드에 일시불로 팔아넘겼죠. 만약 그녀가 어떻게든 그 분주한 세상, 도시, 활기 넘치는 지역에 대해 지식이 더 많았더라면, 더 실제적인 경험을 하고 같은 부류의 사람들과 어울리고, 다양한 성격의 사람들과 만났더라면 무슨 일이 일어났을지 잠시 상상해 보지 않을 수 없었어요. 그녀는 바로 그 말들 속에서, 소설가로서 자신만의 결함뿐 아니라 그 시대 여성들의 결함까지 정확하게 짚어냈어요. 그녀는 그 누구보다도 잘 알고 있었죠. 만약 자신의 천재성이 먼 들판을 내다보는 고독한 환상 속에서 소모되지 않았다면, 만약 경험과 교류와 여행이 그녀에게 허락되었더라면, 그녀의 천재성이 얼마나 큰 혜택을 입었을지를요. 하지만 그것은 허락되지 않았어요. 보류되었죠. 그리고 우리는 그 모든 훌륭한 소설, 즉 『빌레트』, 『엠마』, 『폭풍의 언덕』, 『미들마치』가 점잖은 목사의 집 안으로 들어올 수 있는 것 이상의 삶은 경험하지 못한 여성들이 썼다는 사실을 인정해야만 해요. 또한 그 점잖은 집의 '공동 거실'에서 『폭풍의 언덕』이나 『제인 에어』를 쓸 종이를 한 번에 몇 묶음 이상 살 여유조차 없었던 가난한 여성들이 썼다는 사실을요. 그들 중 한 명인 조지 엘리엇은 천신만고 끝에 탈출하기는 했지만, 고작 세인트 존스 우드의 외딴집으로 갔을 뿐이죠. 그리고 그녀는 세상의 비난이라는 그늘 속에 정착했어요. 그녀는 이렇게 썼습니다. "초대해 달라고 먼저 요청하지 않은 사람을 제가 먼저 초대하는 일은 결코 없을 것임을 알아주길 바란다"라고요. 당연하지 않겠습니까? 그녀는 유부남과 동거하며 '죄'를 짓고 있었으니, 행여나 그녀를 마주치는 것이 스미스 부인이든 누구든 우연히 방문한 이들의 정조를 해치기라도 하면 어쩌겠어요? 사람들은 사회적 관습에 순응해야 했으니, 그녀는 '소위 세상이라 불리는 것과 단절되어야' 했죠. 동시에 유럽의 다른 한편에서는 한 젊은 남자가 때론 집시 여인과 때론 지체 높은 귀부인과 자유롭게 살면서 전쟁에 나가기도 했습니다. 그는 이처럼 방해받지 않고 검열받지 않으면서 다양한 인간의 삶을 경험했고, 이러한 경험들은 훗날 그가 책을 쓸 때 큰 도움이 되었어요. 만약 톨스토이가 '소위 세상이라 불리는 것과 단절된 채' 유부녀와 함께 프라이어리*에 은둔해 살았다면, 그 도덕적 교훈이 아무리 고매할지라도 『전쟁과 평화』를 쓰지 못했을 거라고 저는 생각했어요.

하지만 우리는 어쩌면 소설을 쓰는 문제와 작가의 성별이 소설가에게 미치는 영향을 조금 더 깊이 파고들 수 있을 거예요. 눈을 감고 소설이라는 존재 전체를 떠올려 본다면, 그것은 삶을 비추는 일종의 '거울'과 같은 피조물로 보일 거예요. 물론 수많은 단순화와 왜곡이 가해진 거울이겠지만요. 어쨌든 소설은 마음의 눈에 어떤 형상을 남기는 구조물이죠. 때로는 사각형으로, 때로는 탑의 모양으로 지어지기도 하며, 어떤 때는 옆으로 날개채와 아케이드가 뻗어 나오기도 하고, 또 어떤 때는 콘스탄

---

* The Priory: 세인트 존스 우드에 있던 조지 엘리엇과 루이스의 집 이름.

티노플의 성 소피아 대성당처럼 견고하고 웅장한 돔 형태를 띠기도 합니다. 가만히 눈을 감고 예전에 읽었던 유명한 소설들을 떠올려 봤어요. 그러면 그 소설 특유의 '모양'이 우리 마음속에 어떤 감정의 물결을 일으키잖아요? 그런데 그 감정은 금세 다른 감정들과 섞여버리고 말아요. 왜냐하면 소설의 모양이라는 건 차가운 돌덩이를 쌓아 만든 게 아니라, 사람과 사람 사이의 뜨거운 관계들로 빚어진 것이니까요. 그래서 소설을 읽다 보면 우리 마음속에선 온갖 복잡하고 모순된 감정들이 소용돌이치게 돼요. 진짜 우리네 '삶'이, 삶이 아닌 그 무엇(예술이나 관습 같은 것들)과 팽팽하게 맞서게 되는 거죠. 그렇기에 소설에 대해 어떤 합의에 이르기가 어렵고, 우리의 사적 편견이 우리에게 막대한 영향력을 행사하게 되는 거예요. 한편으론 이런 마음이 들죠. '주인공 존, 제발 살아남아야 해! 네가 죽으면 난 너무 슬퍼서 견딜 수 없을 거야.' 그런데 또 다른 한편으론 이런 생각이 들기도 해요. '아, 존. 미안하지만 넌 죽어야겠어. 이 소설의 전체 흐름과 완결성을 생각하면 네 죽음이 꼭 필요하거든.' 진짜 우리네 '삶'이, 삶이 아닌 그 무엇(예술적 필연성)과 충돌하는 순간이에요. 소설 속엔 분명 우리 삶의 일부가 담겨 있기에, 우리는 그걸 자꾸 진짜 삶처럼 평가하게 되죠. '제임스 같은 남자는 딱 질색이야!'라고 화를 내기도 하고, '이건 정말 말도 안 되는 억지야. 나라면 절대 그렇게 느끼지 않았을걸?'이라며 고개를 젓기도 하는 것처럼요. 어떤 유명한 소설을 돌이켜보든, 그 전체 구조는 이처럼 수많은 다른 판단, 수많은 다른 종류의 감정으로 이루어져 있어 무한히 복잡한 것이 분명해요. 그렇게 구성된 책이 1~2년 이상 버텨내거나, 러시아나 중국 독자에게 의미하는 바를 영국 독자에게도 의미할 수 있다는 것은 경이로운 일이죠. 하지만 그 책들은 때때로 아주 놀랍게도 버텨내요. (저는 『전쟁과 평화』를 염두에 두고 있었어요.) 이렇게 드물게 살아남는 경우, 그것들을 버티게 하는 것은 우리가 '온전함integrity'이라고 하는 어떤 것이에요. 비록 그것이 청구서를 지불하거나 비상시에 명예롭게 행동하는 것과는 아무 관련이 없지만요. 소설가의 경우 '온전함'이 의미하는 바는 '이것이 진실이다'라고 그가 우리에게 주는 확신이에요. 우리는 느끼죠. '그래, 나는 이 일이 이렇게 될 것이라고는 한 번도 생각해 본 적이 없어. 나는 사람들이 저렇게 행동하는 것을 본 적이 없지. 하지만 당신은 내게 그것이 그러하다고, 그런 일이 일어난다고 확신하게 했어.' 우리는 책을 읽으면서 모든 구절, 모든 장면을 빛에 비추어 봐요. 아주 기묘하게도 자연이 우리에게 소설가의 온전함 혹은 불완전함disintegrity을 판단하는 내면의 빛을 부여해 준 것 같아요. 아니면 오히려, 자연이 가장 비이성적인 기분일 때, 마음의 벽에 보이지 않는 잉크로 어떤 예감을 그려 놓았고, 이 위대한 예술가들이 그것을 확인해 주는지도 몰라요. 그것은 오직 천재의 불꽃에 비추어야만 비로소 눈에 보이는 스케치 같은 거죠. 우리가 그것을 그렇게 불에 비춰보고 그것이 생생하게 살아나는 것을 볼 때, 우리는 황홀경에 빠져 외쳐요. "하지만 이것은 내가 항상 느끼고, 알고, 갈망했던 바로 그것이잖아!" 그러다 보면 가슴이 벅차오를 정도로 흥분될 때가 있어요. 마치 평생을 곁에 두고 언제든 돌아와 기댈 수 있는 소중한 보물을 다루듯, 경건한 마음으로 책을 덮게 되죠. 그러고는 서가에서 꺼냈던 『전쟁과 평화』를 다시 제자리에 조심스럽게 꽂아두며 말했어요. '이건 정말이지 내 삶의 든든한 버팀목이 되어줄 책이야'라고요. 반면에, 우리가 골라낸 이 가냘픈 문장들을 시험해 보다가 실망하게 되는 경우도 있어요. 처음엔 화려한 색채와 당당한 몸짓으로 우리의 마음을 확 사로잡는 것 같더니, 딱 거기서 멈춰버리는 거죠. 무언가가 그 문장들이 더 뻗어 나가는 걸 가로막고 있는 느낌이랄까요? 혹은 구석에 희미한 낙서만 남겨두거나 여기저기 얼룩만 져 있을 뿐, 그 무엇도 온전하고 완전한 형체로 나타나지 않을 때도 있죠. 그럴 때면 우리는 실망 섞인 한숨을 내쉬며 이렇게 말하게 돼요. '아, 또 실패네. 이 소설은 어딘가에서 길을 잃고 좌초되어 버렸구나'라고요.

물론 대부분 소설은 어느 지점에선가 길을 잃고 무너지기 마련이에요. 상상력이라는 게 그 엄청난 압박감을 견디지 못하고 휘청거리거든요. 통찰력은 흐릿해져서 무엇이 진실이고 무엇이 가짜인지 더 이상 분별할 수 없게 되고, 매 순간 수만 가지의 감각과 능력을 쏟아부어야 하는 이 엄청난 노동을 계속해 나갈 힘을 잃어버리는 것이죠. "하지만 이 모든 것이 소설가의 성별에 어떻게 영향을 받을까?" 저는 『제인 에어』와 다른 책들을 바라보며 궁금해졌어요. 여성이라는 사실이, 제가 작가의 중추라고 생각하는 그 '온전함'을, 여성 소설가의 온전함을 어떤 식으로든 방해하는 걸까? 자, 제가 『제인 에어』에서 인용한 구절들에서, '분노'가 소설가 샬럿 브론테의 온전함을 훼손하고 있었던 것은 분명해요. 그녀는 자신의 이야기에 온전히 헌신해야 할 지점에서 자신의 개인적 불만을 토로해요. 그녀는 자신이 마땅히 누려야 할 경험을 박탈당했음을, 자신이 세상을 자유롭게 떠돌고 싶었을 때 목사관에 틀어박혀 양말이나 꿰매며 정체되어 있어야 했음을 기억해냈죠. 그녀의 상상력은 분노로 궤도를 벗어났고, 우리는 그것을 느낄 수 있어요. 하지만 그녀의 상상력을 잡아당기고 궤도에서 벗어나게 한 것은 분노 말고도 다른 훨씬 더 많은 영향력이 있었어요. 예를 들면, '무지'가 있지요. 로체스터*의 모습은 어둠 속에서 그려졌어요. 우리는 그 묘사에서 공포의 영향을 느끼죠. 마찬가지로 우리는 억압의 결과인 신랄함과 그녀의 열정 아래 끓고 있는 숨겨진 고통, 그토록 훌륭한 그 책들을 고통의 경련으로 수축시키는 원한을 느낄 수 있어요.

소설이 실제 삶과 이렇게 긴밀하게 연결되어 있다 보니, 소설 속 가치관도 어느 정도는 현실 세계의 가치관을 따라가게 마련이에요. 그런데 여기서 분명한 사실 하나는, 여성이 중요하게 생각하는 가치가 남성들이 만들어 놓은 가치와 다를 때가 아주 많다는 거예요. 사실 그건 너무나 당연한 일이죠. 하지만 슬프게도 우리 세상은 여전히 남성적인 가치관이 지배하고 있답니다. 거칠게 말해서, 축구와 스포츠는 '중요한' 것이고, 유행을 숭배하고 옷을 사는 것은 '사소한' 일이죠. 그리고 이런 가치들은 필연적으로 삶에서 픽션으로 옮겨 가요. "이것은 중요한 책이다." 비평가는 가정하죠. 왜냐하면 전쟁을 다루니까요. "이것

---

* 『제인 에어』의 남자 주인공.

은 별 볼 일 없는 책이다." 왜냐하면 응접실에 있는 여성들의 감정을 다루니까요. 전장의 장면은 상점 안의 장면보다 더 중요해요. 모든 곳에서 그리고 훨씬 더 미묘하게, 이 가치의 차이는 지속돼요. 그러니 19세기 초의 소설이라는 거대한 건축물은, 여성이 지을 경우 그 설계부터 조금씩 어긋날 수밖에 없었어요. 세상의 권위라는 눈치를 보느라, 작가의 맑고 곧은 시선이 조금씩 뒤틀리고 변해버린 마음으로 지어 올린 것이니까요. 지금은 잊힌 그 옛날 소설들을 그저 쓱 훑어보며 그 말투에 귀를 기울여보기만 해도 금방 알 수 있죠. 작가가 세상의 비판에 맞서 싸우고 있다는 걸요. 어떤 문장은 공격적으로 내뱉기도 하고, 또 어떤 문장은 마지못해 달래는 듯한 말투로 적어 내려가면서 말이에요. 어떤 때는 자신이 '그저 여자일 뿐'이라고 순응하기도 하고, 또 어떤 때는 '나도 남자 못지않다'고 격렬하게 항변하기도 했죠. 작가는 자신의 타고난 성격에 따라 그 비판들을 받아들였어요. 어떤 이는 고분고분하고 조심스럽게, 또 어떤 이는 화를 내고 목소리를 높이면서 말이에요. 하지만 그 방식이 어떠했든 그건 중요하지 않아요. 중요한 건, 그녀가 글 자체에 집중하는 대신 '다른 무언가'를 자꾸만 의식하고 있었다는 사실이니까요. 결국 그 소설은 우리 머리 위로 힘없이 무너져 내리고 말아요. 작품의 가장 중심이 되는 알맹이에 결함이 생겼기 때문이죠. 저는 런던의 헌책방 곳곳에 흩어져 있는 수많은 여성 소설가의 책을 떠올려 보았어요. 마치 과수원에 툭툭 떨어져 있는, 곰보 자국이 난 작은 사과들처럼 말이에요. 그 책들을 썩게 만든 건 바로 그 중심에 생긴 결함이었어요. 작가가 타인의 시선에 맞추느라 자신이 소중히 여기던 가치를 바꾸어버렸던 것이죠.

하지만 그 시절 그녀들이 왼쪽으로도, 오른쪽으로도 치우치지 않고 자기 자리를 지키는 게 얼마나 불가능에 가까운 일이었을까요. 그 모든 비판을 정면으로 마주하고, 오로지 남성들만이 주인 노릇을 하던 그 사회 한복판에서, 자신이 본 그대로의 진실을 한 치의 물러섬 없이 지켜내기 위해선 도대체 얼마나 거대한 천재성과 강직한 성품이 필요했을지 상상조차 하기 힘드네요. 오직 제인 오스틴과 에밀리 브론테만이 그것을 해냈어요. 그것은 아마도 그들의 업적 중 가장 빛나는 부분일 거예요. 그들은 남성들이 쓰는 방식이 아니라 여성들이 쓰는 방식으로 썼어요. 그 당시에 소설을 쓴 여성 수천 명 가운데 오직 그들만이 "이렇게 써라, 저렇게 생각하라"라는 영원한 현학자의 끊임없는 훈계를 완전히 무시했어요. 오직 그녀들만이 그 집요한 목소리에 귀를 닫았어요. 그 목소리는 때로는 투덜대고, 때로는 거드름을 피우고, 때로는 윽박지르고, 때로는 슬픈 척하거나 충격을 받은 척하고, 때로는 화를 내거나 친절한 친척 어른인 척 굴기도 하죠. 마치 너무나도 극성스러운 가정교사처럼 여성들을 가만 내버려두지 않고 따라다니며, 에저턴 브리지즈 경이 그랬던 것처럼 '조신해야 한다'고 다그치는 그 목소리 말이에요. 심지어 시를 비평할 때조차 성별의 잣대를 들이대며 훈계하죠.[●]

[●] (여성은) 형이상학적 목적을 가지고 있다. 이것은 특히 여성에게 위험한 강박관념이다. 여성은 남성이 가지고 있는 수사학에 대한 건전한 사랑을 느끼는 일이 거의 없기 때문이다. 다른 점에서는 더욱 원시적이고 더욱 물질주의적인 그 성에 그것이 결핍되어 있다는 점은 이상한 일이다.(「새로운 기준」, 1928. 6)—원주

만약 그녀들이 착하게 굴어서 무슨 반짝이는 상이라도 받고 싶다면, '이 신사분'이 적당하다고 정해준 울타리 안에만 머물라고 말이에요. 이를테면 이런 식이죠. '여성 소설가는 자신의 성별에서 비롯한 한계를 용기 있게 인정해야만 비로소 탁월함에 이를 수 있다'는 식의 훈계 말입니다.* 이 한 문장이 문제의 핵심을 아주 딱 짚어주고 있죠. 그런데 여러분이 좀 놀라실 만한 사실을 하나 말씀드릴게요. 이 문장은 1828년 8월이 아니라, 바로 작년인 1928년 8월에 쓰인 것이랍니다. 지금 우리에겐 그저 실소만 나오는 황당한 소리일지 몰라도, 사실 이건 아주 거대한 여론을 대변하고 있어요. (물론 제가 그 퀴퀴하고 오래된 웅덩이를 다 휘저어서 찾아내겠다는 건 아니에요. 그저 우연히 제 발치에 떠내려온 것들만 골라본 거죠.) 100년 전에는 이런 목소리들이 지금보다 훨씬 더 기세등등했고 떠들썩했다는 건 여러분도 동의하실 거예요. 1828년에는 아무리 강단 있는 젊은 여성이라도 그 모든 무시와 질책, 상을 주겠다는 약속들을 무시하기는 어려웠을 거예요. "아, 하지만 그들이 문학까지 매수할 수는 없어. 문학은 모두에게 열려 있다고. 비록 당신이 '비들'일지라도 나는 당신이 날 이 잔디밭에서 쫓아내는 것을 용인하지 않겠어. 원한다면 당신의 도서관을 잠가버려요. 하지만 당신이 내 자유로운 마음에 문이나 자물쇠, 빗장 따위를 세울 수는 없어요." 이렇게 스스로에게 말하려면 불굴의 투사여야 했을 거예요.

<hr>

* "그 보고자와 마찬가지로 여러분도 여성 소설가들이 자기 성의 한계를 용감하게 인정함으로써 탁월한 경지에 이르기를 열망할 수 있다는 사실을 믿으신다면(제인 오스틴은 이러한 제스처를 얼마나 우아하게 달성할 수 있는지 보여주었습니다). ……"(『전기와 서한집』, 1928. 8)—원주

비난이나 비평이 그녀들의 글쓰기에 미친 영향이 아무리 컸다고 해도(실제로도 엄청났을 거라고 믿지만요), 19세기 초의 여성 소설가들이 종이 위에 자신의 생각을 펼칠 때 마주했던 진짜 어려움에 비하면 그건 아무것도 아니었어요. 그 진짜 어려움이란 바로, 그녀들 뒤에는 기댈 수 있는 전통이 아예 없거나, 있다 해도 너무 짧고 단편적이어서 별 도움이 되지 않았다는 사실이에요. 왜냐하면 우리 여성들은 어머니를 통해서 과거를 거슬러 올라가며 생각하기 때문이죠. 남성 대작가들의 글을 즐겁게 읽을 수는 있겠지만, 우리가 글을 쓸 때 그들에게서 실질적인 도움을 얻으려 하는 건 사실 아무런 소용이 없는 일이었답니다. 램, 브라운,* 새커리, 뉴먼,** 스턴,*** 디킨스,**** 드 퀸시,***** 그가 누구든 그들은 아직 어떤 여성도 도와준 적이 없어요. 비록 여성이 그들에게서 몇 가지 기교를 배워 자신의 용도에 맞게 변형했을지는 몰라도 말이죠. 남성의 사고방식이 가진 무게감이나 보폭, 그리고 그 특유의 호흡은 여성의 것과는 너무나도 달라요. 그래서 여성이 남성 작가에게서 실질적인 무언가를 성공적으로 길어 올리기란 거의 불가능에 가깝죠. 그 거리는 흉내

---

* Sir Thomas Browne: 1605~1682. 17세기 영국의 작가이자 의사. 『의사의 종교(Religio Medici)』가 대표작이다.

** John Henry Newman: 1801~1890, 영국의 신학자이자 추기경. 『자기변호(Apologia Pro Vita Sua)』가 대표작이다.

*** Laurence Sterne: 1713~1768. 영국의 소설가. 『트리스트럼 샌디(Tristram Shandy)』가 대표작이다.

**** Charles Dickens: 1812~1870. 빅토리아 시대 영국의 대표적 소설가. 『올리버 트위스트』, 『위대한 유산』 등이 대표작이다.

***** Thomas De Quincey: 1785~1859. 영국의 수필가. 『어느 영국인 아편쟁이의 고백(Confessions of an English Opium-Eater)』이 대표작이다.

조차 낼 수 없을 만큼 아득히 머니까요. 아마도 여성 작가가 펜을 들고 종이를 앞에 두고 앉아 가장 먼저 깨닫게 되는 사실은, 그녀가 바로 가져다 쓸 수 있는 '평범하고 익숙한 문장'이 세상엔 단 하나도 준비되어 있지 않다는 점일 거예요. 새커리나 디킨스, 발자크* 같은 위대한 소설가들은 모두 아주 자연스러운 산문을 썼어요. 군더더기 없이 매끄러우면서도 결코 산만하지 않고, 풍부한 표현력을 갖췄으면서도 지나치게 까다롭거나 화려하지 않은 그런 문장 말이에요. 그들의 문장은 모든 이의 공통된 자산이면서도 작가 자신만의 독특한 색채를 띠고 있었죠. 그 비결은 바로 그 시대 사람들이 일상적으로 사용하던 문장을 바탕으로 글을 썼다는 데 있었답니다. 19세기 초에 통용되던 문장은 아마도 이런 식이었을 거예요. "그들 작품의 장엄함은 그들에게 멈추라는 것이 아니라 계속 나아가라는 논거가 되었다. 그들은 자신들의 예술을 실행하고 진리와 아름다움을 끝없이 창조하는 것보다 더 강한 흥분감이나 만족감을 가질 수 없었다. 성공은 노력을 촉구하고, 습관은 성공을 용이하게 한다." 이것은 '남성의 문장'이에요. 그 뒤에서 우리는 존슨 박사와 기번** 그리고 그 밖의 다른 사람들을 엿볼 수 있죠. 하지만 그 문장은 여성이 쓰기에는 참 맞지 않는 것이었어요. 샬럿 브론테는 그 화려한 문학적 재능을 갖고서도, 손에 쥐여진 이 투박

---

* Honor de Balzac: 1799~1850. 프랑스의 대표적 소설가. 『인간 희극(La Comdie Humaine)』 연작으로 유명하다.

** Edward Gibbon: 1737~1794. 영국의 역사가. 『로마 제국 쇠망사(The History of the Decline and Fall of the Roman Empire)』의 저자.

한 무기를 어찌할 바 몰라 비틀거리며 넘어지곤 했죠. 조지 엘리엇은 또 어땠나요? 그녀는 이 어울리지 않는 문장으로 차마 말로 다 표현하기 힘들 만큼 어색하고 무리한 문장들을 만들어내고 말았어요. 반면에 제인 오스틴은 달랐죠. 그녀는 그 문장을 가만히 들여다보더니 그저 한 번 웃어버렸답니다. 자신만의 용도에 맞는 완벽하게 자연스럽고 균형 잡힌 문장을 고안해냈고, 결코 거기서 벗어나지 않았어요. 결과적으로 제인 오스틴은 샬럿 브론테보다 문장력 자체는 조금 부족했을지 몰라도, 훨씬 더 많은 이야기를 전할 수 있었어요. 사실 자유롭고 풍성한 표현이야말로 예술의 본질인데, 선배 작가라는 전통도 없고 쓸 만한 도구(문장)마저 턱없이 부족했으니 당시 여성들의 글쓰기가 얼마나 힘들었겠어요. 게다가 책이라는 건 단순히 문장들을 앞뒤로 이어 붙인다고 만들어지는 게 아니잖아요? 만약 비유가 도움이 된다면, 책은 문장들을 하나하나 정성껏 쌓아 올려 만든 근사한 아케이드나 돔 같은 건축물이라고 할 수 있어요. 그리고 이 문학의 형태들 또한 남성들이 자신들의 필요와 용도에 맞춰 만들어낸 것이었죠. 그러니 문장 구조가 여성에게 맞지 않았던 것처럼, 서사시나 시극詩劇 같은 형식들이 여성에게 잘 맞을 거라고 생각할 이유는 전혀 없어요. 하지만 안타깝게도 여성이 작가로서 목소리를 내기 시작했을 무렵에는, 이미 문학의 모든 오래된 형식들이 딱딱하게 굳어져 자리를 잡은 뒤였답니다.

오직 소설만이 그녀가 다룰 수 있을 정도로 유연하고 새로운 것이었어요. 아마도 이것이 여성이 소설을 쓴 또 다른 이유일 거예요. 하지만 지금의 '소설'이라는 형식이(이 단어의 한계를 표현하려고 제가 따옴표를 붙였는데요), 그토록 유연한 장르라고는 해도 과연 여성에게 딱 맞게 빚어졌다고 누가 장담할 수 있을까요? 분명 머지않아 여성이 자신의 팔다리를 자유롭게 움직일 수 있게 될 때, 그녀는 자신에게 꼭 맞는 형태로 소설을 다시 빚어낼 거예요. 그리고 꼭 운문의 형식이 아니더라도, 자기 내면의 시詩적인 감성들을 실어 나를 수 있는 완전히 새로운 매체를 만들어내겠죠. 정작 여성의 그 '시적인 감성'들은 여전히 세상 밖으로 나갈 길을 찾지 못한 채 갇혀 있으니까요. 그래서 저는 오늘날의 여성이라면 5막짜리 시극詩劇을 어떤 방식으로 쓸지 곰곰이 생각해 보게 되었어요. 그녀가 과연 전통적인 운문을 사용할까요? 아니면 그보다는 산문을 사용하지 않을까요?

하지만 이것들은 미래라는 여명 속에 놓인 참 어려운 질문들이에요. 이제 그만 이 생각들을 내려놓아야겠어요. 자칫하다간 주제에서 벗어나 아무도 가보지 않은 깊은 숲속을 헤매다 길을 잃고, 어쩌면 사나운 짐승들에게 잡아먹힐지도 모르니까요. 저도, 그리고 여러분도 '소설의 미래'라는 이 우울하고 막막한 주제를 꺼내는 건 원치 않으실 거예요. 그러니 저는 여기서 아주 잠깐 멈춰서, 앞으로 여성 작가들의 미래에 '육체적인 조건'들이 얼마나 커다란 역할을 하게 될지에 대해서만 여러분의 주의를 환기하고 싶어요. 책이라는 건 어떻게든 우리 몸에 맞춰서 만들어져야 해요. 과감하게 한마디 덧붙이면, 여성의 책은 남성들의 것보다 조금 더 짧고 응축된 형태여야 한다고 생각해요. 오랫동안 끊이지 않고 집중해야만 하는 방식보다는, 언제든 멈쳤다 다시 시작할 수 있는 그런 구조로 짜여야 하죠. 왜냐하면 우리 여성들의 삶에는 언제나 '방해물'이 끼어들게 마련이니까요. 또 하나 생각할 점은, 우리 뇌에 에너지를 공급하는 신경계의 리듬도 남녀가 서로 다를 수 있다는 거예요. 만약 이 신경들이 지치지 않고 최고의 능력을 발휘하게 하고 싶다면, 어떤 대우가 그들에게 가장 잘 맞는지부터 알아내야 해요. 예를 들어, 수백 년 전 수도사들이 고안해 낸 그 긴 시간의 강의 방식이 과연 우리에게도 잘 맞는지 같은 것들 말이에요. 우리에게는 일과 휴식 사이의 어떤 리듬이 필요할까요? 여기서 '휴식'이란 그저 아무것도 하지 않고 누워 있는 게 아니에요. 무언가 '다른 일'을 하는 것, 그게 바로 진정한 휴식이죠. 그렇다면 우리에게 필요한 그 '다름'은 구체적으로 어떤 모습이어야 할까요? 이 모든 것은 충분히 논의되고 발견되어야 할 문제들이에요. 이 모두가 '여성과 픽션'이라는 커다란 질문의 조각들이니까요. 하지만 제가 다시 서가로 다가가 생각해 보건대, 여성이 여성의 심리를 그토록 정교하게 탐구해 놓은 연구서를 과연 어디서 찾을 수 있을까요? 만약 여성이 축구를 못한다는 이유로 의술을 펼치는 것조차 허락되지 않는다면 말이에요―다행히 제 생각은 이제 또 다른 방향으로 흐르기 시작했습니다.

5장

정처 없이 서가를 거닐다 보니, 마침내 현존하는 작가들의 책을 보관한 서가에 이르렀어요. 그곳엔 여성과 남성 작가의 책이 나란히 놓여 있었지요. 이제는 여성이 쓴 책도 남성이 쓴 것만큼이나 그 수가 아주 많아졌거든요. 아니, 어쩌면 그 말이 아주 정확하진 않을지도 모르겠네요. 여전히 남성이 훨씬 더 달변인 성별이라 할지라도, 적어도 이제는 여성이 더 이상 소설만 쓰지는 않는다는 점만은 분명한 사실이지요. 제인 해리슨*이 쓴 그리스 고고학에 관한 책들이 있어요. 버논 리**의 미학에 관한 책들도 있고요. 거트루드 벨***의 페르시아에 관한 책들도 있지요. 한 세대 전만 해도 어떤 여성도 감히 다룰 수 없었던

---

* Jane Harrison: 1850~1928. 영국의 고전학자이자 고고학자. 케임브리지 대학 뉴넘 칼리지에서 활동했으며, 대표작으로 『그리스 종교 연구 서설(Prolegomena to the Study of Greek Religion)』(1903)이 있다.

** Vernon Lee: 1856~1935. 본명은 Violet Paget. 영국의 수필가, 미학자, 소설가. 남성 필명을 사용했다. 대표작으로 『아름다움과 추함(Beauty and Ugliness)』(1912)이 있다.

*** Gertrude Bell: 1868~1926. 영국의 탐험가, 고고학자, 외교관, 작가. 『페르시아의 그림(Persian Pictures)』(1894) 등 여행기와 고고학 저작을 남겼다.

온갖 주제에 관한 책이 있어요. 시와 희곡과 비평도 있죠. 역사와 전기가 있고, 여행기와 학술 연구 서적이 있어요. 심지어 철학서와 과학, 경제학에 관한 책도 몇 권 있답니다. 비록 여전히 소설이 주를 이루고는 있지만, 성격이 다른 책들과 교류하며 소설 자체도 무척이나 변했을지 몰라요. 여성 문학이 가졌던 그 자연스러운 소박함이나 서사시적인 시대는 이제 끝났을지도 모르지요. 다양한 독서와 비평을 접하면서 여성 작가들의 지평은 더 넓어졌고, 표현은 한층 더 섬세해졌을 거예요. 어쩌면 자서전을 쓰고 싶다는 충동은 이제 다 사그라들었을지도 모르겠네요. 이제 여성은 글쓰기를 단순히 자기표현의 수단이 아니라, 하나의 예술로서 다루기 시작한 것일지도요. 새로 나온 소설들을 살펴보다 보면, 이런 여러 가지 의문에 대한 답을 찾을 수 있을 거예요.

저는 그중 한 권을 무작위로 집어 들었어요. 그것은 책장 맨 끝에 꽂혀 있었고, 제목은 메리 카마이클*이 쓴 『인생의 모험 Life's Adventure』 혹은 뭐 그런 비슷한 제목이었고, 바로 지금, 10월인 이달에 출판된 책이었죠. "이건 그녀의 첫 책인 것 같군." 저는 혼잣말을 했어요. 이 책을 읽을 때는 마치 아주 긴 시리즈의 마지막 권을 대하듯 읽어야만 해요. 제가 지금까지 훑어보았던 그 모든 책—윈칠시 부인의 시와 아프라 벤의 희곡, 그리고 4대 여성 소설가의 작품들—의 뒤를 잇는 책으로서 말이죠. 우리는 보통 책을 한 권씩 따로 떼어 평가하곤 하지만, 사실 책들

---

* Mary Carmichael: 울프가 창조한 가상의 현대 여성 작가.

은 서로의 뒤를 이으며 계속되는 법이지요. 그러니 저도 이 이름 모를 여성 작가를, 제가 앞서 훑어보았던 그 모든 여성의 후예로 여겨야만 해요. 그녀가 그들의 성품과 제약 중에서 무엇을 물려받았는지 세심히 살펴보아야 한다는 뜻이지요. 그래서 저는 한숨을 내쉬며 자리를 잡았어요. 사실 소설이란 건 우리에게 해독제가 아닌 진통제에 불과할 때가 많거든요. 불타는 횃불처럼 우리를 일깨우기보다는, 그저 몽롱한 깊은 잠 속으로 빠져들게 할 뿐이지요. 저는 공책과 연필을 들고 메리 카마이클의 첫 소설 『인생의 모험』을 제대로 알아보기로 작정했지요.

우선, 저는 페이지를 위아래로 훑어보았어요. 클로이˚와 로저의 관계가 어떠한지, 그들의 눈이 파란색인지 갈색인지 같은 것을 기억하기 전에 그녀의 문체부터 파악해야겠다고 생각했어요. 그녀가 손에 펜을 쥐었는지, 아니면 곡괭이를 쥐었는지 판단하고 나서 그런 것들은 천천히 봐도 되니까요. 그래서 한두 문장을 입 밖으로 소리 내어 굴려 보았어요. 머지않아 무언가 예사롭지 않다는 게 분명해졌어요. 매끄럽게 이어지던 문장들이 툭툭 끊기기 시작했거든요. 무언가 찢기고 긁히는 듯한 느낌이 들더니, 여기저기서 낱말 하나하나가 횃불처럼 제 눈을 번쩍 뜨이게 했지요. 옛 희곡 대사에서 하는 말처럼, 그녀는 스스로를 옭아매던 손길을 뿌리치고 있었어요. 마치 불이 붙지 않는 성냥을 연신 긋고 있는 사람 같다는 생각이 들었지요. 하지만 저는 그녀가 마치 옆에 있는 것처럼 물었어요. 어째서 제인 오

• Chloe: 메리 카마이클의 소설 『인생의 모험』에 등장하는 가상의 인물.

126

스틴의 문장들이 당신에게 맞지 않나요? 엠마와 우드하우스 씨가 죽었다고 해서 그 문장들을 모두 폐기해야만 하나요? 아아, 그렇게 되어야 하다니. 저는 한숨을 쉬었어요. 모차르트가 노래에서 노래로 넘어가듯 제인 오스틴이 멜로디에서 멜로디로 자연스럽게 나아가는 반면, 이 글을 읽는 것은 마치 갑판 없는 작은 배를 타고 바다에 나간 것과 같았거든요. 위로 솟구쳤다가 아래로 가라앉았죠.

이토록 간결하고 호흡이 짧은 문장들은 어쩌면 그녀가 무언가를 두려워하고 있다는 뜻일지도 몰라요. 아마도 '감상적'이라는 비판을 듣게 될까 봐 겁이 났을 수도 있겠지요. 혹은 여성들의 글이 너무 화려하다는 세간의 평을 의식한 나머지, 꽃 대신 가시를 지나칠 정도로 많이 심어두었는지도 모르고요. 하지만 한 장면을 좀 더 세심하게 읽어보기 전까지는, 그녀가 진정한 자기 자신으로 글을 쓰고 있는지 아니면 누군가를 흉내 내고 있는지 확신할 수 없어요. 그래도 조금 더 주의 깊게 읽어 내려가며, 저는 적어도 이 작가가 독자의 활력을 떨어뜨리지는 않는다고 생각했답니다. 하지만 그녀는 너무 많은 사실을 쌓아 올리고 있었어요. 이 정도 크기의 책에서는 그중 절반도 다 쓰지 못할 텐데 말이지요. (그 책은 『제인 에어』의 절반 정도밖에 안 되는 길이였거든요.) 어찌 되었든 그녀는 어떻게 해서인지 로저, 클로에, 올리비아, 토니, 그리고 비검 씨까지 모두를 카누에 태워 강 위로 노 저어 가게 하는 데 성공했어요. "잠깐만요." 저는 의자 등받이에 몸을 기대며 혼잣말을 했어요. 더 멀리 가기 전에 이 모든 상황을 좀 더 세심하게 따져봐야겠다고요.

저는 속으로 생각했어요. 메리 카마이클이 우리에게 장난을 치고 있는 게 거의 확실하다고 말이지요. 마치 롤러코스터를 탔을 때, 아래로 쑥 내려갈 줄 알았던 차가 예상을 깨고 다시 위로 홱 솟구칠 때 느끼는 그런 기분이 들었거든요. 메리는 우리가 기대하는 이야기의 순서를 마음대로 주무르고 있었어요. 처음에는 문장을 깨뜨리더니, 이제는 이야기의 흐름마저 깨뜨려 버린 것이죠. 하지만 괜찮아요. 단순히 파괴하기 위해서가 아니라 무언가 새로운 것을 창조하기 위해서라면, 그녀에게는 그 두 가지 모두를 행할 충분한 권리가 있으니까요. 그 둘 중 어느 쪽인지는 그녀가 스스로 어떤 '상황'에 직면할 때까지는 확신할 수 없어요. 저는 그녀에게 그 상황이 무엇이 될지 마음대로 선택할 자유를 주겠다고 했어요. 그녀가 원한다면 통조림 깡통이나 낡은 주전자로 상황을 만들어도 좋아요. 하지만 그녀는 자신이 그것을 '상황'이라고 믿는다는 것을 저에게 납득시켜야만 해요. 그리고 상황을 만들어냈다면, 그녀는 그것에 직면해야 해요. 그녀는 뛰어넘어야만 해요. 그녀가 제게 작가로서 의무를 다한다면, 저도 그녀에게 독자로서 의무를 다하겠다고 결심하고, 저는 페이지를 넘겨 읽었어요. …… 이렇게 갑자기 말을 끊어서 죄송해요. 혹시 여기 남성분들 안 계시죠? 저기 저 붉은 커튼 뒤에 찰스 바이런 경*이 숨어 있지 않다고 약속해 주실 수 있나요? 우리 모두 여성이라고요, 확실한가요? 그렇다면 애

---

* Sir Charles Biron: 1863~1940. 영국의 판사. 1920~1933년 보스트리트 치안 판사를 지냈다. 1928년 래드클리프 홀(Radcliffe Hall)의 레즈비언 소설 「고독의 우물(The Well of Loneliness)」에 대한 외설 재판을 주재했다.

기해도 되겠네요. 제가 바로 다음에 읽은 문장은 바로 이거예요. "클로이가 올리비아를 좋아했다. ……" 놀라지 마세요. 얼굴을 붉히지 마세요. 우리끼리만 있으니, 때로는 이런 일이 일어난다는 것을 인정하자고요. 때로는 여성이 여성을 좋아하기도 한다는 것을요.

"클로이가 올리비아를 좋아했다." 저는 그 구절을 읽었어요. 그리고 그 순간 거기에 얼마나 엄청난 변화가 일어났는지 문득 깨달았죠. 문학 작품 속에서 처음으로 클로이가 올리비아를 좋아한 거예요. 클레오파트라는 옥타비아˙를 좋아하지 않았죠. 만약 그녀가 옥타비아를 좋아했다면 『안토니와 클레오파트라』가 완전히 다른 작품이 되었겠지요. 『인생의 모험』에서 좀 벗어난 생각이지만. 감히 이런 말을 해도 된다면, 실상 『안토니와 클레오파트라』는 터무니없이 단순하고 관습적인 작품이에요. 옥타비아에 대한 클레오파트라의 유일한 감정은 '질투'뿐이죠. 그녀가 나보다 키가 큰가? 머리 모양은 어떤가? 아마도 그 희곡에는 그 이상 필요하지 않았을 거예요. 하지만 만약 두 여성의 관계가 더 복잡했더라면 얼마나 흥미로웠을까요! 문학 작품에 나타난 여성들 간의 관계는, 문학 작품에 전시된 화려하게 빛나는 허구의 여성들을 빠르게 떠올리며 생각했어요. 이 모든 여성 간의 관계는 너무나 단순하다고. 너무나 많은 것이 빠져 있고 시도조차 되지 않았다고요. 그리고 저는 제 독서 경험 중 두 여성이 '친구'로 그려진 경우를 기억해 보려 했어요. 『다이애나

<hr>

˙ Octavia: 안토니의 아내이자 옥타비아누스(후의 아우구스투스)의 누이.

오브 크로스웨이즈』*에서 그런 시도가 있긴 하죠. 물론 라신이나 그리스 비극에서는 그들은 절친한 벗들이에요. 이따금 어머니와 딸이기도 하죠. 하지만 거의 예외 없이 그들은 남성과의 관계 속에서만 등장해요. 제인 오스틴 시대 이전까지 소설 속의 그 위대한 여성들이 전부 남성의 시각으로 보였을 뿐만 아니라, 오로지 남성과의 관계 속에서만 그려졌다는 사실은 참 묘한 기분이 들게 해요. 하지만 그런 관계가 여성의 삶에서 차지하는 비중은 정말 아주 작은 부분일 뿐이잖아요. 게다가 남성이 자신의 코 위에 얹힌 '성별'이라는 검거나 장밋빛인 안경을 통해 여성의 삶을 관찰할 때, 그 작은 부분조차 얼마나 제대로 알 수 있겠어요. 바로 이런 이유로 아마도 소설 속 여성들의 독특한 성격이 생겨났을 거예요. 놀랄 만큼 극단적으로 아름답거나 극단적으로 혐오스러운 존재이고, 천국 같은 선함과 지옥 같은 타락 사이를 오가는 모습이지요. 그건 남성이 자신의 사랑이 솟구치거나 식을 때 혹은 행복하거나 불행할 때 여성을 보는 방식이 달라지기 때문이지요. 물론 19세기 소설가들은 좀 달라요. 거기서 여성은 훨씬 더 다채롭고 복잡해지니까요. 실제로, 남성들이 시극을 점차 포기하고 소설이라는 더 적합한 그릇을 고안해낸 것은 어쩌면 여성을 그려내고 싶은 욕망 때문이었을지도 몰라요. 폭력적인 시극에서는 여성을 거의 활용할 수 없었으니까요. 그렇다 해도 남성에 대한 여성의 인식에 한계가 있듯이 프루스트의 글에서조차 여성에 대한 남성의 이해도 편

---

* *Diana of the Crossways*: 조지 메러디스(George Meredith)가 1885년에 쓴 소설.

파적이며 극도로 제한되어 있다는 사실이 명백히 드러나지요.

저는 다시 페이지를 내려다보며 말을 이었어요. 여성도 가정 생활이라는 그 뻔한 관심사 외에 남성과 마찬가지로 다른 분야에도 흥미를 느끼고 있다는 사실이 분명해지고 있어요. "클로이가 올리비아를 좋아했다. 그들은 실험실을 공유했다. ……" 저는 계속 읽어 내려갔고, 이 두 젊은 여성이 간liver을 저미는 작업에 몰두하고 있다는 것을 알게 되었어요. 그것이 악성 빈혈 치료법인 모양이더군요. 비록 그들 중 한 명은 결혼했고, 제 생각이 맞는다면 어린 자녀도 둘 있었지만요. 자, 물론 그동안 이 모든 것은 과거의 문학 작품에서는 배제되어야만 했어요. 그래서 허구 속 여성의 그 화려한 초상은 너무나 단순하고 너무나 단조로웠던 거죠. 예를 들어, 남성들이 문학 속에서 다른 남성의 친구나 군인, 사상가, 몽상가로는 묘사되는 일 없이, 오직 여성의 연인으로만 그려진다고 가정해 보세요. 셰익스피어의 희곡에서 그들에게 돌아갈 역할이 얼마나 적어지고, 문학은 또 얼마나 극심한 손상을 입었을까요! 아마도 오셀로 같은 인물이 대부분이고 안토니 같은 인물도 어느 정도 있겠지만, 카이사르나 브루투스, 햄릿, 리어, 제이퀴스 같은 인물은 없을 거예요. 문학은 믿을 수 없을 만큼 빈곤해지겠죠. 실제로 문학이 여성들에게 문을 닫아건 탓에 우리가 헤아릴 수 없을 만큼 빈곤해졌던 것처럼요.

자신의 의지와 상관없이 결혼해야 했고, 방 한 칸에 갇힌 채 단 한 가지 일에만 매달려야 했던 여성들을, 극작가인들 어떻게 온전하고 흥미로우며 진실하게 묘사할 수 있었겠어요? 그럴 때

'사랑'은 그들을 해석할 수 있는 유일한 수단이었지요. 그러니 시인은 열정적으로 사랑을 노래하거나, 아니면 비탄에 잠길 수밖에 없었어요. 아예 '여성을 혐오'하기로 마음먹지 않는 이상 말이에요. 그런데 사실 여성을 혐오한다는 건, 대개 그 시인이 여성들에게 인기가 없었다는 뜻이기도 했지만요.

자, 만약 클로이가 올리비아를 좋아하고 두 사람이 실험실을 함께 쓴다면—그 사실만으로도 두 사람의 우정은 훨씬 다채롭고 영속적인 것이 될 거예요. 감정적인 영역을 넘어선 공통의 토대가 생기는 셈이니까요. 만약 메리 카마이클이 글 쓰는 법을 제대로 알고 있고(실제로 저는 그녀의 문체에서 어떤 자질을 느끼며 즐거워지기 시작했거든요), 그녀에게 자기만의 방이 있다면(이건 아직 확실치 않지만요), 그리고 그녀에게 일 년에 500파운드의 소득이 있다면—이 역시 증명되어야 할 문제지만요—그렇다면 저는 정말이지 엄청나게 중요한 사건이 일어난 것이라고 생각해요.

만약 클로이가 올리비아를 좋아하고 메리 카마이클이 그것을 표현할 줄 안다면, 그녀는 아무도 들어가본 적 없는 그 거대한 방에 횃불을 밝히게 될 테니까요. 그곳은 온통 희미한 빛과 깊은 그림자뿐이에요. 마치 촛불을 들고 위아래를 두리번거리며 자신이 어디를 딛고 있는지도 모른 채 걸어 들어가는, 저 구불구불한 동굴처럼요. 저는 다시 책을 읽기 시작했고, 클로이가 올리비아를 지켜보는 대목을 읽었어요. 올리비아가 선반에 병을 올려놓으며, 이제 아이들에게 가려면 집에 가야 할 시간이라고 말하는 장면이었죠.

"이건 세상이 시작된 이래 한 번도 본 적 없는 광경이야!" 저는 감탄하며 외쳤어요. 그러고는 아주 호기심 어린 눈빛으로 지켜보았지요. 메리 카마이클이 그 기록되지 않은 몸짓들을, 그리고 여성들끼리만 있을 때 형성되는 그 말로 다 하지 못한 속삭임들을 어떻게 포착해내는지 정말 보고 싶었거든요. 남성이라는 성별이 내뿜는 변덕스럽고 화려한 조명이 사라진 뒤에야 나타나는 그 모습들은, 마치 천장에 비친 나방의 그림자처럼 가냘프고 미묘해서 좀처럼 손에 잡히지 않는 것이니까요.

계속해서 책을 읽어 내려가며 저는 생각했어요. '이 일을 해내려면 그녀는 숨조차 죽여야 할 거야.' 여성들은 뚜렷한 의도가 보이지 않는 관심에 대해서는 무척이나 의심이 많거든요. 숨기고 억누르는 것에 너무나도 지독하게 길들어 있어서 누군가 관찰하려는 눈길을 조금이라도 보낼라치면 눈 깜짝할 사이에 자취를 감춰버리고 말지요.

저는 마치 메리 카마이클이 곁에 있는 듯 그녀에게 말을 건네며 생각했어요. 당신이 이 일을 해낼 수 있는 유일한 방법은 시선을 창밖으로 고정한 채 짐짓 딴청을 피우는 것이겠지요. 그러면서 공책에 연필로 적어 내려가는 대신, 아직 채 음절조차 갖추지 못한 아주 짧은 약자로 기록해 보는 거예요. 수백만 년 동안 바위 그늘 아래에 웅크리고 있던 유기체인 올리비아가, 자신에게 쏟아지는 빛을 느끼며 지식과 모험, 그리고 예술이라는 생경한 먹이가 다가오는 걸 발견했을 때 과연 어떤 일이 일어나는지를 말이에요. 다시 책에서 눈을 떼며 저는 생각했어요. '그녀는 이제 그것을 향해 손을 뻗고 있구나.' 그리고 그녀는 자신의 자원들을 완전히 새롭게 조합해내야만 할 거예요. 그동안 다른 목적을 위해 그토록 고도로 발달시켜 왔던 그 역량들을 말이지요. 그래야만 전체의 무한히 복잡하고 정교한 균형을 깨뜨리지 않으면서, 그 새로운 것들을 기존의 것들 속에 온전히 흡수할 수 있을 테니까요.

하지만 아, 저는 하지 않기로 결심했던 일을 저지르고 말았어요. 생각지도 못하게 제 성별을 찬양하는 쪽으로 미끄러져 버린 것이지요. '고도로 발달된'이라거나 '무한히 정교한' 같은 표현들은 부인할 수 없는 찬사의 말들이니까요. 자기 성별을 찬양한다는 건 언제나 의심스럽고 종종 어리석기까지 한 일인데 말이에요. 게다가 이번 경우에는 그 찬사를 어떻게 정당화할 수 있겠어요? 사람들은 지도를 펼치고 콜럼버스가 아메리카를 발견했고 콜럼버스는 여성이었다고 말할 수 없어요. 혹은 사과를 들고 뉴턴이 중력의 법칙을 발견했고 뉴턴은 여성이었다고 말할 수도 없죠. 혹은 하늘을 올려다보며 비행기가 머리 위를 날고 있고 비행기는 여성이 발명했다고 말할 수도 없어요.

여성의 정확한 능력치를 측정할 수 있는 표식 같은 건 벽 어디에도 없어요. 훌륭한 어머니의 자질이나 딸의 헌신, 자매로서 신의 혹은 살림꾼으로서 역량 같은 것들을 재 볼 수 있는, 인치 단위로 깔끔하게 나뉜 자 같은 건 세상에 존재하지 않으니까요. 심지어 지금도 대학에서 평가를 받은 여성은 거의 없어요. 군대와 해군, 무역, 정치, 외교 같은 직업의 거대한 시험대들은 그들을 거의 테스트해 본 적이 없죠. 그들은 심지어 이 순간에도 거의 분류되지 않은 상태로 남아 있어요. 하지만 예를 들어, 제가 '홀리 버츠 경'에 대해 인간이 알 수 있는 모든 정보를 얻고 싶다면, 그저 『버크(인명사전)』나 『데브렛(귀족 명부)』*을 펼치기만 하면 돼요. 그러면 그가 어떤 학위를 받았는지, 어느 저택의 주인인지, 후계자는 누구인지, 어떤 위원회의 비서관이었고 캐나다에서 영국을 어떻게 대표했는지를 금세 찾아낼 수 있지요. 또한 그의 공적을 불변의 사실로 증명해 주는 수많은 학위와 직함, 훈장 같은 것들도 줄줄이 나올 거예요. 신이 아니고야 홀리 버츠 경에 대해 그보다 더 많은 걸 알 수는 없겠지요.

그러므로 제가 여성에 대해 '고도로 발달된', '무한히 복잡한'이라고 말할 때, 저는 제 말을 『휘태커(연감)』나 『데브렛』이나 『대학 연감』 어디에서도 검증할 수 없어요. 이 난처한 상황에서 제가 무엇을 할 수 있을까요? 저는 다시 책장을 바라보았어요. 거기에는 존슨, 괴테, 칼라일, 스턴, 쿠퍼,** 셸리,*** 볼테르,**** 브라우닝과 그 밖의 여러 다른 사람의 전기傳記가 있었죠. 그러고는 이런저런 이유로 이성에게 의지해 왔던 그 수많은 위대한 남성에 대해 생각하기 시작했어요. 그들은 어떤 여성들을 찬미하거나 찾아다녔고, 함께 살며 비밀을 털어놓기도 했지요. 사랑을 속삭이고, 그들에 대해 글을 쓰고, 신뢰를 보내면서, 오직 '어떤 여성들에 대한 필요와 의존'이라고밖에는 설명할 수 없는 모습들을 보여주었거든요. 그 모든 관계가 전적으로 플라토닉했다

---

* 버크, 데브렛: 영국 귀족과 상류 사회의 가문·계보·작위·관습을 정리한 연감으로 사회적 신분과 위신을 가늠하는 기준으로 통용되었다.

** William Cowper: 1731~1800. 영국의 시인이자 찬송가 작가. 18세기 영국 시에서 중요한 인물.

*** Percy Bysshe Shelley: 1792~1822. 영국 낭만주의 시대의 대표 시인.

**** Voltaire: 1694~1778. 프랑스의 계몽주의 철학자, 작가.

고 단언할 수는 없어요. 아마 윌리엄 조인슨 힉스 경* 같은 분이라면 단호히 아니라고 부정하겠지만 말이에요. 하지만 만약 우리가 이 저명한 남성들이 그런 관계에서 얻은 것이 오직 안락함이나 아첨, 혹은 육체적인 즐거움뿐이었다고 주장한다면, 그건 그들을 대단히 모욕하는 일이 될 거예요. 그들이 얻은 것은 그들과 같은 성별인 남성들에게서는 결코 얻을 수 없는 무언가였음이 분명하거든요. 시인들이 쓴 열정적인 구절들을 굳이 인용하지 않더라도, 그것을 조금 더 구체적으로 정의해 본다면 아마 '어떤 자극' 혹은 '창조적 힘의 회복'이라고 부를 수 있을 거예요. 오로지 여성만이 선사할 수 있는 그런 선물 말이지요. 남성은 응접실이나 아이 방의 문을 열고 아이들 사이에 있거나 무릎 위에 자수 천을 올려놓고 있는 여성을 발견하겠죠. 어쨌든 어떤 다른 질서와 삶의 체계의 중심에 있는 그녀를요. 그리고 법원이나 하원일지도 모르는 그 자신의 세계와 이 세계 사이의 대비가 즉각 그에게 활력을 주고 생기를 불어넣을 거예요. 그리고 아주 단순한 대화에서조차 너무나 자연스러운 의견 차이가 뒤따를 테고, 그 덕분에 그의 메마른 아이디어들은 다시금 새롭게 비옥해질 거예요. 또한 그녀가 그 자신의 매체와는 '다른' 매체로 창조하는 모습을 보는 것이 그의 창조력을 깊이 자극해서 그의 메마른 마음은 자기도 모르게 다시 무언가를 도모하기 시작할 테고, 그는 그녀를 방문하러 모자를 쓸 당시에는 막혀 있던 구절이나 장면을 생각해 내게 될 거예요. 모든

---

* Sir William Joynson-Hicks: 1865~1932. 영국의 보수당 정치인. 1924~1929년 내무장관을 지냈으며, 도덕적 보수주의와 검열 옹호로 유명했다. 『고독의 우물』 판매 금지를 지시했다.

존슨에게는 그만의 스레일 부인°이 있고, 이런 이유들 때문에 남성들은 여성에게 집착하죠. 그리고 스레일 부인이 그녀의 이탈리아 출신 음악 교사와 재혼해 버리자 존슨은 분노와 혐오감으로 반쯤 미쳐버려요. 단지 스트리섬°°에서 보냈던 그 즐거운 저녁 시간을 그리워해서가 아니라 마치 그의 '삶의 빛이 꺼져버린 것 같아서'였죠.

우리가 굳이 존슨 박사나 괴테, 칼라일이나 볼테르 같은 위인이 아니더라도, 이 위대한 남성들과는 아주 다른 방식일지언정 여성들 사이에 존재하는 이 복잡한 본성과 고도로 발달한 창조적 능력의 힘을 충분히 느낄 수 있어요. 어떤 여성이 방 안으로 들어선다고 해봐요. 하지만 그 여성이 방에 들어설 때 과연 어떤 일이 일어나는지를 설명하려면, 영어라는 언어가 가진 모든 자원을 한계까지 끌어다 써야 할 뿐만 아니라 수많은 단어가 그 의미를 찾아 세상 밖으로 힘겹게 날아올라야만 할 거예요. 그만큼 여성이 방 안으로 들어서는 순간의 함의를 말로 다 표현하기란 참 어려운 일이지요. 방마다 그 분위기가 정말 천차만별이지요. 어떤 방은 평온하기 그지없고, 또 어떤 방은 폭풍이 몰아칠 듯 격정적이기도 해요. 바다를 향해 활짝 열려 있는 방이 있는가 하면, 반대로 감옥 마당처럼 꽉 막힌 방도 있고요. 빨래가 어지러이 널려 있기도 하고, 오팔과 실크로 화려하

게 장식될 수도 있지요. 말총처럼 딱딱한 느낌을 주는 방이 있는가 하면, 깃털처럼 보드라운 방도 있어요. 어느 거리든 그곳에 놓인 방에 들어가 보기만 해도, 여성이 지닌 그 지극히 복잡한 힘이 우리 얼굴 위로 확 끼쳐오는 걸 느낄 수 있답니다. 어찌 그렇지 않을 수 있겠어요? 여성들은 이 수백만 년의 시간 동안 줄곧 실내에 앉아 지내왔고, 그 결과 이제는 벽마다 그녀들의 창조적인 힘이 속속들이 스며들어 있으니까요. 사실 그 힘은 이미 벽돌이나 회반죽이 감당할 수 있는 용량을 초과해 버렸기에, 이제는 필연적으로 펜과 붓, 그리고 비즈니스와 정치라는 도구에 스스로를 결속시켜야만 하는 것이지요. 하지만 이 창조적 능력은 남성들이 가진 창조적 능력과는 크게 다르답니다. 그러니 우리는 이렇게 결론지을 수밖에 없어요. 만약 이 능력이 방해받거나 낭비된다면 그건 정말이지 너무나 애석한 일일 거라고요. 왜냐하면 이 힘은 수 세기에 걸친 아주 혹독한 훈련 끝에 얻어낸 것이고, 세상 그 무엇으로도 대체할 수 없는 것이니까요. 여성이 남성처럼 글을 쓰거나 남성처럼 살고, 또 남성처럼 보인다면 그건 천만 번을 생각해도 안타까운 일일 거예요. 이 광활하고 다채로운 세상을 생각하면 남녀라는 두 성별만으로도 턱없이 부족한데, 오직 하나의 성별만 남게 된다면 우리가 어떻게 이 세상을 다 감당할 수 있겠어요? 교육이란 유사성보다는 차이를 드러내고 강화해야 하는 것 아닐까요? 지금 우리에겐 이미 너무 많은 유사성이 있으니까요. 만약 어느 탐험가가 돌아와서, 다른 나무들 사이로 다른 하늘을 바라보는 또 다른 성별들이 존재한다는 소식을 가져온다면, 인류에게 그보다 더 큰 공헌은 없을 거예요. 게다가 우리는 덤으로, 'X 교수' 같은 분들이 자신의 '우월함'을 증명하려고 측정용 자를 들고 서둘러 달려가는 모습을 지켜보는 커다란 즐거움까지 누리게 되겠지요.

여전히 책장 위를 조금 떠도는 마음으로 저는 생각했어요. '메리 카마이클은 그저 관찰자로서만 살아도 할 일이 태산 같겠구나.' 사실 그녀가 저에게는 다소 덜 매력적인 부류인 '자연주의적 소설가'가 되고 싶은 유혹에 빠질까 봐 조금 걱정이 되기도 해요. 깊이 고찰하는 사색적인 작가가 되는 대신 말이에요. 그녀가 관찰해야 할 새로운 사실들이 지금은 너무나도 많으니까요. 그녀는 더 이상 자신을 상류 중산층의 점잖은 집들에만 국한할 필요가 없을 거예요. 그녀는 동정하거나 생색을 내는 태도 없이, 오직 동료애의 마음으로 고급 창부와 매춘부 그리고 작은 강아지를 안은 귀부인이 앉아 있는 작고 향수 냄새 나는 방들로 들어갈 거예요. 그들은 여전히 거기에 앉아 있죠. 남성 작가가 어쩔 수 없이 그들의 어깨에 대충 걸쳐 놓았던 거칠고 기성품 같은 옷을 입고서요. 하지만 메리 카마이클은 가위를 꺼내 들어, 그 옷을 모든 들어간 곳, 나온 곳에 딱 맞게 수선할 거예요. 마침내 그녀들의 있는 그대로의 모습을 보게 된다면 정말 진귀한 광경이 되겠지요. 하지만 우리는 조금 더 기다려야 해요. 메리 카마이클은 여전히 우리 성별의 야만성이 남긴 유산인, 이른바 '죄'라는 것 앞에서 느끼는 자의식에 짓눌려 있을 테니까요. 그녀는 발에 여전히 계급이라는 이름의 조잡하고 낡은 족쇄를 차고 있을 것이고요.

하지만 대다수 여성은 매춘부도 고급 창부도 아니에요. 그들은 여름날 오후 내내 먼지 쌓인 벨벳 소파에 앉아 작은 강아지나 껴안고 있지도 않죠. 그렇다면 그들은 무엇을 할까요? 제 마음의 눈앞에는 강 남쪽 어딘가에 있는, 수많은 집이 끝없이 늘어선 저 긴 거리들 중 하나가 떠올랐어요. 그곳에는 헤아릴 수 없이 많은 이가 살아가고 있지요. 저는 상상의 눈으로 길을 건너는 어느 아주 나이 지긋한 부인을 보았어요. 그녀는 중년 여성의 팔에 의지하고 있었는데, 아마도 딸인 듯했지요. 두 사람 모두 아주 점잖은 장화와 모피 차림이라, 오후에 옷을 갖춰 입는 일이 그들에게는 하나의 의례임이 분명해 보였어요. 그 옷들은 아마 매년 여름 내내 장롱 속에서 좀약과 함께 고이 보관되어 왔겠지요. 두 사람은 가로등이 하나둘 켜지는 무렵 길을 건넙니다. 해 질 녘은 그들이 가장 좋아하는 시간이니까요. 수많은 세월 동안 늘 그래왔던 것처럼 말이에요.

그 노부인은 여든에 가까운 나이였어요. 만약 누군가 그녀에게 삶이 어떤 의미였느냐고 묻는다면, 그녀는 발라클라바* 전투의 승리를 축하하며 가로등이 밝혀졌던 거리의 모습이나, 에드워드 7세의 탄생을 알리며 하이드 파크에서 울려 퍼지던 축포 소리를 기억한다고 대답할 거예요. 하지만 누군가 날짜와 계절을 정확히 짚어내고 싶은 간절한 마음에 "1868년 4월 5일이나 1875년 11월 2일에는 무엇을 하고 계셨나요?"라고 묻는다면, 그녀는 막연한 눈빛으로 아무것도 기억나지 않는다고 말하겠

---

* 크림 전쟁 중 발라클라바 전투(1854)가 벌어진 크림 반도의 항구 도시.

지요. 언제나 저녁을 차렸고, 접시와 컵을 씻었으며, 아이들은 학교에 다녔고, 이제 세상 속으로 나갔으니까요. 그 모든 것 가운데 아무것도 남아 있지 않아요. 모든 것이 사라졌죠. 어떤 전기나 역사도 그것에 대해 한마디도 하지 않아요. 그리고 소설들은 굳이 그럴 의도는 아니라도 필연적으로 거짓말을 하죠.

저는 마치 메리 카마이클이 눈앞에 있는 듯 그녀에게 말을 건넸어요. "이 무수히 많은 이름 없는 삶이 모두 기록되기를 기다리고 있어요." 그리고 상상 속에서 런던의 거리들을 거닐며, 말로 표현되지 못한 침묵의 압박과 기록되지 않은 채 쌓여온 삶의 무게를 느꼈지요. 허리에 손을 얹고 서서 살집이 오른 손가락에 반지가 파묻힌 채, 마치 셰익스피어의 구절이 휘몰아치듯 격정적인 몸짓으로 대화하는 길모퉁이의 여인들로부터, 혹은 문가에 자리를 잡은 제비꽃 장수와 성냥팔이, 노파들로부터, 아니면 햇살과 구름 아래 일렁이는 파도처럼 표정이 변하며 지나가는 남녀와 상점의 번쩍이는 불빛을 알리는 방랑하는 소녀들로부터 느껴지는 그 삶의 흔적들 말이에요. 저는 손에 든 횃불을 꽉 쥐고 있는 메리 카마이클에게 말했어요. 이 모든 것이 당신이 탐험해야 할 영역이에요. 무엇보다 당신은 자신의 영혼을 비추어 보아야 해요. 그 깊은 못과 얕은 여울, 허영심과 관대함을 말이지요. 당신의 아름다움 혹은 평범함이 당신에게 어떤 의미인지, 그리고 장갑과 구두와 옷감들이 쉼 없이 명멸하는 저 변화무쌍한 세상과 당신은 어떤 관계를 맺고 있는지 말해줘야 해요. 약국의 유리병에서 흘러나오는 은은한 향기들 사이로, 인조 대리석 바닥 위 드레스 원단들이 아치형 통로를 따라 이리저리 흔들리는 그 세상 속에서 말이에요. 저는 상상 속에서 어느 상점 안으로 들어갔어요. 바닥에는 흑백의 보도블록이 깔려 있었고, 형형색색의 리본들이 놀라울 정도로 아름답게 걸려 있었지요. 저는 메리 카마이클이 지나가는 길에 이곳을 한 번쯤 눈여겨봐도 좋겠다고 생각했어요. 이런 풍경이야말로 작가의 펜 끝에서 멋지게 살아날 수 있는 모습이니까요. 그리고 카운터 뒤에는 점원 소녀도 있네요. 저는 나폴레옹의 150번째 전기나 저 늙은 Z 교수와 그 무리가 지금도 써 내려가고 있는 키츠의 연구서, 밀턴식 어순 도치법에 관한 70번째 논문 같은 것보다는 차라리 이 소녀의 진짜 이야기를 듣고 싶어요. 그리고 나서 아주 조심스럽게, 발끝으로 살금살금 걸으며 다가갔어요. (제가 좀 겁쟁이라서요. 한때 제 어깨 위로 떨어질 뻔했던 비난의 채찍질이 여전히 두렵거든요.) 그리고 그녀에게 속삭였지요. 이제는 다른 성[性]의 허영심을, 아니 조금 덜 기분 나쁜 말로 '특이함'이라고 해 두죠, 비굴함 없이 웃어넘기는 법도 배워야 한다고요. 사실 사람의 뒤통수에는 자기 자신은 결코 볼 수 없는, 실링 동전만 한 점이 하나씩 있는 법이니까요. 한 성별이 다른 성별을 위해 해 줄 수 있는 유익한 역할 중 하나가 바로 그거예요. 상대방의 뒤통수에 붙은 그 동전만 한 점이 어떤 모양인지 말해 주는 것 말이에요. 유베날리스*의 신랄한 논평이나 스트린드베리**의 비판이 여성들에게 얼마나 큰 도움이 되었는지 한번 생각해 보세요. 아주 먼 옛날부터 남성들이 얼마나 자애롭고 명석하게 여성

---

* Juvenal: 55년경~127년경. 로마의 풍자 시인. 『풍자시(Satires)』로 유명하며, 여성에 대한 신랄한 비판으로 알려져 있다(특히 제6풍자시).

들의 뒷머리에 있는 그 어두운 지점을 짚어주었는지도 말이에요! 만약 메리가 정말로 용감하고 정직하다면, 그녀는 기꺼이 상대 성별의 뒤편으로 가서 그곳에서 무엇을 발견했는지 우리에게 들려줄 거예요. 여성이 그 동전만 한 점을 묘사해 주기 전까지는, 온전한 인간으로서 남성상은 결코 그려질 수 없거든요. 제인 오스틴의 우드하우스 씨*나 조지 엘리엇의 카소본 씨** 같은 인물들이 바로 그런 크기와 성질을 지닌 '점'들이라고 할 수 있죠. 물론 마음이 제대로인 사람이라면 그녀에게 작정하고 남을 비웃거나 조롱하라고 부추기지는 않을 거예요. 그런 마음으로 쓴 글이 얼마나 허망한지는 이미 문학이 증명해 주고 있으니까요. 그저 '진실해지세요'라고 말하고 싶어요. 그러면 그 결과물은 분명 놀라울 정도로 흥미로울 거예요. 희극은 풍성해질 테고, 새로운 사실들이 끊임없이 발견되겠지요.

하지만 이제는 눈을 낮춰 다시 책장을 넘겨야 할 때였어요. 메리 카마이클이 무엇을 쓸 수 있는지 혹은 무엇을 써야 하는지 추측만 하기보다는 그녀가 실제로 무엇을 썼는지 확인하는 편이 훨씬 나을 테니까요. 그래서 저는 다시 읽기 시작했지요. 사실 그녀에게 약간 아쉬운 점이 있다는 게 기억났어요. 그녀는 제인 오스틴이 쓰던 문장을 완전히 깨뜨려 버렸거든요. 그러는 바람에 저의 완벽한 취향이나 까다로운 안목을 뽐낼 기회마

** August Strindberg: 1849~1912. 스웨덴의 극작가, 소설가. 여성 혐오적 관점으로 유명하며, 『아버지(The Father)』, 『미스 줄리(Miss Julie)』 등이 대표작이다.

* 제인 오스틴의 소설 『엠마(Emma)』에 등장하는 엠마의 아버지.

** 조지 엘리엇의 소설 『미들마치(Middlemarch)』에 등장하는 인물.

저 빼겨버렸죠. '그래, 그래, 이건 아주 좋네. 하지만 제인 오스틴이 당신보다 훨씬 글을 잘 썼는걸'이라고 말해 봤자 아무 소용이 없었거든요. 두 사람 사이에 닮은 구석이라곤 눈 씻고 찾아봐도 없다는 걸 인정해야만 했으니까요. 게다가 그녀는 한 걸음 더 나아가 문장의 순서, 즉 우리가 당연히 예상하는 흐름마저 깨뜨려 버렸어요. 어쩌면 그녀는 무의식중에 그렇게 했을지도 몰라요. 그저 여성이 여성답게 글을 쓸 때 그러하듯이 사물들을 있는 그대로의 자연스러운 순서대로 놓아둔 것뿐이겠죠. 하지만 그 결과는 어쩐지 당혹스러웠어요. 파도가 밀려와 쌓이는 모습도, 다음 모퉁이에서 사건이 터질 것 같은 예감도 전혀 들지 않았거든요. 그러다 보니 제 감정의 깊이나 인간 마음에 대한 해박한 지식을 뽐낼 기회도 없었죠. 사랑이나 죽음에 대해 늘 그래왔듯 당연한 대목에서 당연한 감정을 느끼려고 할 때마다 이 얄미운 생물(작가)이 저만큼 앞에 더 중요한 게 있다는 듯 저를 확 낚아채 가버렸으니까요. 결국 그녀는 제가 '근원적인 감정'이라든가 '인류의 보편적 본질', '인간 마음의 심연' 같은 그럴듯한 문구들을 늘어놓지 못하게 만들었어요. 우리가 겉으로는 아무리 영리한 척해도, 속으로는 아주 진지하고 심오하며 인도주의적이라는 믿음을 지탱해 주던 그 모든 화려한 미사여구 말이에요. 오히려 그녀는 저로 하여금 우리가 진지하고 심오하며 인도적인 존재이기는커녕—이 생각은 전혀 매혹적이지 않았지만—그저 나태한 사고방식에 빠져 있는 데다 관습에 젖어 있기까지 한 존재일 수도 있다는 사실을 느끼게 해주었지요.

그래도 저는 계속 읽어나갔고, 몇 가지 다른 사실도 발견했어요. 그녀가 소위 말하는 '천재'가 아니라는 건 아주 분명해 보였죠. 윈칠시 부인이나 샬럿 브론테, 에밀리 브론테, 제인 오스틴 그리고 조지 엘리엇 같은 위대한 선배들이 지녔던 자연에 대한 사랑이나 불꽃 같은 상상력, 거친 시적 흥취, 번뜩이는 기지, 그리고 사색적인 지혜 같은 건 그녀에게 전혀 없었거든요. 도로시 오즈번처럼 우아하고 품격 있는 문장을 쓰는 것도 아니었고요. 냉정히 말해 그녀는 그저 영리한 소녀에 불과했고, 그녀의 책들은 아마 10년 뒤쯤이면 출판사에서 폐기 처분되어 종이 반죽이 되어버릴 게 틀림없었죠. 그렇지만 그녀에게는 반세기 전만 해도 재능이 훨씬 더 많았던 선배 여성들이 누리지 못했던 몇 가지 장점이 있었어요. 그녀에게 남성은 더 이상 '적대적인 집단'이 아니었지요. 그래서 남성을 비난하느라 시간을 허비할 필요도 없었고, 자신에게 금지된 여행이나 경험, 세상과 인간에 대한 지식을 갈망하며 지붕 위로 올라가 마음의 평화를 깨뜨릴 필요도 없었어요. 두려움과 증오가 거의 사라진 자리에는 자유를 얻은 기쁨이 살짝 과하게 배어 나오거나, 이성을 묘사할 때 낭만적이기보다는 냉소적이고 풍자적인 태도를 보이는 흔적만이 조금 남아 있을 뿐이었죠. 게다가 소설가로서 그녀가 아주 탁월하고 타고난 장점들이 있다는 사실은 의심할 여지가 없었어요. 그녀의 감수성은 폭이 넓고 열정에 차 있으며 자유로웠거든요. 아주 미세한 접촉에도 반응할 만큼 섬세했지요. 마치 갓 바깥공기를 쐬러 나온 식물처럼, 자기 곁을 지나는 모든 풍경과 소리를 마음껏 빨아들였어요. 또한 그 감수성은 거의 알려지지 않았거나 기록되지 않은 것들 사이를 아주 미묘하고 호기심 어린 시선으로 넘나들었죠. 그러고는 아주 작은 것들 위에 살포시 내려앉아, 사실 그것들이 전혀 작지 않을지도 모른다는 걸 보여주었답니다. 그녀의 글은 파묻혀 있던 것들을 빛 가운데로 끌어올렸고, 대체 왜 그것들을 묻어두어야만 했는지 의아하게 만들었어요. 비록 그녀의 문장이 서툴기도 하고, 새커리나 램처럼 대를 이어 내려온 무의식적인 기품, 펜 끝을 살짝 놀리기만 해도 귀를 즐겁게 하는 그런 품격은 없었지만요. 하지만 저는 그녀가 가장 중요한 첫 번째 교훈을 이미 터득했다는 생각이 들기 시작했어요. 그녀는 여성으로서 글을 쓰되, 자신이 여성이라는 사실을 잊어버린 여성으로서 글을 쓰고 있었거든요. 그 덕분에 그녀의 페이지들은 성별을 의식하지 않을 때에만 나타나는, 그 묘하고도 신비로운 성적 특질로 가득 차 있었답니다.

이 모든 건 참 좋은 징조였어요. 하지만 아무리 풍부한 감각과 섬세한 지각을 지녔더라도, 찰나적이고 개인적인 것들을 모아 결코 무너지지 않고 영원히 지속될 예술의 건축물을 세워 올리지 못한다면 아무 소용이 없겠죠. 그래서 저는 그녀가 '어떤 상황'과 마주할 때까지 기다려 보겠다고 말했던 거예요. 그 말은 곧 그녀가 여기저기 흩어진 것들을 불러 모으고 불러내고 하나로 엮어냄으로써 자신이 그저 표면만 훑는 사람이 아니라 그 이면의 심연까지 들여다보았음을 증명해 내길 바랐다는 뜻이었죠. 작가는 어느 순간 '자, 이제 요란한 짓을 하지 않고도 이 모든 것의 의미를 보여줄 때가 왔어'라고 스스로에게 말할 거예요. 그러고는 흩어진 조각들을 부르기 시작하겠죠. 아, 그 맥박이 빨라지는 순간은 얼마나 선명한지 몰라요! 그러면 앞선

장들에서 무심코 떨어뜨려 두었던, 반쯤 잊혔거나 아주 사소해 보였던 일들이 기억 속에서 하나둘 솟아오를 것입니다. 그녀는 누군가 바느질을 하거나 담배를 피우는 아주 자연스러운 장면에서 그 기억들의 존재감을 느끼게 해줄 거예요. 그녀의 글이 이어짐에 따라 우리는 마치 세상의 꼭대기에 올라 발아래 장엄하게 펼쳐진 풍경을 내려다보는 듯한 기분을 느끼게 된답니다.

어쨌든 그녀는 시도하고 있었어요. 그녀가 이 시험을 통과하려고 전력을 다하는 모습을 지켜보며, 저는 무수히 많은 주교와 학장들, 박사와 교수들 그리고 가장과 교육자들이 그녀를 향해 고함을 지르며 훈수를 두는 것을 보았지요. 물론 그녀가 그 모습을 보지 못했기를 바랐지만요. '이건 할 수 없어, 저건 하면 안 돼! 잔디밭에는 펠로와 학자들만 들어올 수 있어! 숙녀는 소개장 없이는 입장 불가야! 고결하고 우아한 여류 소설가들은 이쪽으로 오시지요!' 그들은 마치 경마장 울타리에 늘어선 군중처럼 그녀를 몰아세웠어요. 좌우를 살피지 않고 눈앞의 장애물을 뛰어넘는 것, 그것이 바로 그녀가 치러야 할 시련이었죠. 저는 그녀에게 말했어요. '멈춰 서서 욕을 퍼부으면 당신은 지는 거예요. 비웃으려고 멈춰 서도 마찬가지고요. 주저하거나 머뭇거리는 순간 모든 게 끝장나고 말 거예요.' 저는 마치 그녀의 등 위에 제 전 재산을 건 사람처럼, 제발 그 점프에만 집중하라고 간절히 빌었어요. 다행히 그녀는 새처럼 가볍게 장애물을 뛰어넘었지요. 하지만 그 너머엔 또 다른 울타리가 있었고, 그 뒤에도 울타리는 계속 이어졌어요. 박수 소리와 비난의 아우성이 그녀의 신경을 갉아먹었기에 그녀에게 끝까지 버틸 힘이 남아 있을지는 의문이었죠. 하지만 그녀는 최선을 다했어요. 메리 카마이클이 천재도 아니고, 그저 침실 겸 거실인 좁은 방에서 첫 소설을 쓰고 있는 이름 없는 소녀라는 점을 생각하면 말이에요. 게다가 시간과 돈 그리고 한가로움이라는 그 절실한 것들도 충분치 않았던 걸 고려하면, 그녀는 꽤나 잘해낸 셈이라고 저는 생각했답니다.

마지막 장을 읽으며 저는 이렇게 결론지었습니다. 그녀에게 100년의 시간을 더 주자고요. 누군가 거실의 커튼을 홱 젖힌 덕분에, 별이 빛나는 밤하늘을 배경으로 사람들의 코와 드러난 어깨가 고스란히 비치고 있었지요. 그녀에게 자기만의 방과 매년 500파운드의 소득을 주고, 그녀가 마음껏 생각한 바를 말하게 하며, 지금 써넣은 것들의 절반쯤은 덜어내게 한다면, 머지 않아 그녀는 더 훌륭한 책을 써낼 거예요. 메리 카마이클의『인생의 모험』을 책장 끝에 꽂아 넣으며 저는 혼잣말을 했습니다. 100년쯤 뒤에 그녀는 시인이 되어 있을 거라고요.

6장

  다음 날 시월의 아침 햇살이 커튼 없는 창문 사이로 먼지 섞인 빛줄기가 되어 쏟아져 들어왔어요. 거리에서는 자동차 소리가 웅성거리며 들려왔고요. 그때 런던은 다시금 활기를 띠며 돌아가기 시작했지요. 공장들은 일찌감치 깨어났고, 기계들도 돌아가기 시작했답니다. 독서에 푹 빠져 있다 보니 1928년 10월 26일* 아침에 런던 사람들은 무얼 하고 있는지 창밖을 내다보고 싶은 유혹이 생기더군요. 런던은 무얼 하고 있었냐고요? 보아하니 그 누구도 『안토니와 클레오파트라』를 읽고 있지는 않더군요. 런던은 셰익스피어의 희곡 따위엔 완전히 무관심해 보였답니다. 그 누구도—물론 그들을 탓할 생각은 없지만요—소설의 미래나 시의 죽음 혹은 평범한 여성이 자신의 내면을 완벽하게 표현할 산문 문체를 개발해 내는 일 같은 것엔 전혀 신경 쓰지 않았지요. 만약 이런 주제들에 대한 의견을 길바닥에 분필로

---

* 6장의 배경이 되는 구체적인 날짜로 울프가 1928년 10월에 강연을 했다는 사실을 반영한다.

적어 놓았다 한들 어느 누구도 허리 굽혀 읽어보려 하지 않았을 거예요. 길바닥에 적어둔 그 금쪽같은 의견들도 바쁘게 오가는 발길들의 무심함에 삼십 분도 안 되어 지워져 버렸을 거예요. 여기 심부름꾼 소년이 지나가네요. 저기 목줄을 멘 강아지와 걷는 여인도 보이고요. 런던 거리의 매력은 그 누구도 똑같은 사람이 없다는 점이지요. 저마다 자신만의 용무에 푹 빠져 있는 것 같거든요. 작은 가방을 든 채 일 처리에 바쁜 이들도 있고, 울타리를 막대기로 챙챙 두드리며 배회하는 이들도 있지요. 또 거리를 마치 클럽처럼 편하게 여기며 지나가는 마차에 인사를 건네거나 묻지도 않은 정보를 친절하게 알려주는 넉살 좋은 이들도 있답니다. 그러다 장례 행렬이라도 지나갈 때면 사람들은 갑작스레 자신들의 육신도 언젠가는 사라진다는 사실을 깨닫고는 모자를 벗어 예의를 갖추지요. 그때 아주 기품 있는 신사 한 분이 계단에서 천천히 내려오다 한 부산스러운 부인과 부딪칠 뻔하여 잠시 멈춰 섰네요. 그 부인은 어떻게 구했는지 아주 근사한 모피 코트를 입고 보라색 파르마 제비꽃 다발을 들고 있었고요. 그들은 모두 제각기 분리된 채 오로지 자신만의 일에 몰입한 것처럼 보였답니다.

그 순간, 런던에서 흔히 그렇듯 도로의 교통 흐름이 완전히 잦아들며 정적이 찾아왔습니다. 거리에는 아무것도 지나가지 않았고, 오가는 사람도 없었지요. 거리 끝자락에 서 있는 플라타너스 나무에서 나뭇잎 하나가 떨어져 나와, 그 일시적인 멈춤과 정적 속으로 낙하했습니다. 왠지 그것은 아래로 떨어지는 하나의 신호처럼 보였어요. 우리가 그동안 간과해 왔던 사물들 속의 어떤 힘을 가리키는 신호 말이에요. 모퉁이를 돌아 거리 아래로 보이지 않게 흐르는 어떤 강물을 가리키는 것 같았지요. 그 강물은 마치 옥스브리지의 시냇물이 보트 탄 대학생과 죽은 잎사귀들을 실어 날랐듯이 사람들을 휩쓸어 소용돌이치게 하며 실어 나르고 있었답니다. 이제 그 보이지 않는 흐름은 거리 한쪽에서 반대편 대각선 방향으로, 에나멜 구두를 신은 소녀와 밤색 오버코트를 입은 청년을 데려오고 있었어요. 그리고 택시 한 대도 함께 불러왔지요. 이 흐름은 그들 셋을 제 창문 바로 아래 어느 지점에서 딱 마주치게 했답니다. 거기서 택시가 멈췄고, 소녀와 청년도 발걸음을 멈췄어요. 그들이 함께 택시에 올라타자 택시는 마치 어디론가 흐르는 물살에 휩쓸리듯 매끄럽게 미끄러져 갔지요.

　그것은 충분히 일상적인 풍경이었어요. 하지만 기묘했던 점은 저의 상상력이 그 풍경에 부여한 리듬감 있는 질서였지요. 그리고 두 사람이 택시에 올라타는 그 평범한 모습이, 그들이 느끼는 듯한 어떤 만족감을 저에게 전달하는 힘을 지니고 있다는 사실도요. 택시가 방향을 틀어 멀어지는 것을 지켜보며 저는 생각했어요. 두 사람이 길을 내려와 모퉁이에서 만나는 광경은 마음속의 어떤 긴장감을 덜어주는 것 같다고 말이에요. 어쩌면 지난 이틀 동안 제가 그랬던 것처럼, 한쪽 성별을 다른 성별과 완전히 분리된 존재로 생각하는 것은 무척 고된 일인지도 몰라요. 그것은 마음의 통일성을 방해하니까요. 하지만 두 사람이 만나 함께 택시에 올라타는 모습을 보자, 그런 고단한 노력은 멈추었고 마음의 통일성도 회복되었어요. 창밖으로 내밀었던 고개를 거두어들이며 저는 생각했지요. 마음이란 참으로 신비로운 기관이라고 말이에요. 우리는 이 마음에 온전히 의지해 살아가면서도 막상 그에 대해 아는 게 전혀 없으니 말이에요. 육체에 분명한 원인으로 인한 통증이 있는 것처럼, 왜 마음 내부에도 단절과 갈등이 존재한다고 느껴질까요? '마음의 통일성'이란 대체 무엇을 의미하는 것일까요? 저는 곰곰이 생각에 잠겼습니다. 마음이란 어느 순간, 어떤 지점에도 집중할 수 있는 아주 강력한 힘을 지녀서, 단 하나의 고정된 존재 상태란 없는 것처럼 보였기 때문입니다. 예를 들어 마음은 거리의 사람들로부터 스스로를 떼어내어 높은 창가에서 그들을 내려다보는 별개 존재로 자신을 인식할 수 있지요. 그러다가도 어떤 소식을 들으려고 모여든 군중 속에서처럼, 순식간에 다른 이들과 한마음이 되어 생각할 수도 있고요. 또한 제가 앞서 말했듯이, 글을 쓰는 여성이 자신의 어머니 세대를 거슬러 올라가며 사유하듯, 마음은 아버지들이나 어머니들의 세대를 거쳐 과거로 회상해 올라갈 수도 있답니다. 게다가 여자로 살다 보면 의식이 갑자기 툭 하고 분리되는 경험에 깜짝 놀랄 때가 종종 있어요. 가령 화이트홀 거리를 걸으며 이 문명의 당연한 상속자가 된 기분을 느끼다가도 어느 순간 정반대로 그 문명 밖에 놓인 이방인이 되어 비판적인 시선을 지니게 되는 것처럼 말이지요. 이처럼 마음은 늘 초점을 바꾸며 세상을 각기 다른 관점으로 비추어 준답니다. 하지만 마음의 여러 상태 중에는 비록 자연스럽게 흘러든 상태라 해도 다른 것들에 비해 덜 편안하게 느껴지는 것들이 있어요. 그런 상태를 계속 유지하려고 애쓰다 보면 무의식적으로 무언가를 억누르게 되고, 그러한 억압은 점차 고단한 노력이 되어버리지요. 하지만 그 어떤 것도 억누를 필요가 없어서 아무런 노력 없이도 머무를 수 있는 마음 상태가 분명 있을 거예요. 창가에서 안으로 들어서며 저는 생각했답니다. 어쩌면 지금 이 상태가 바로 그런 순간일지도 모른다고요. 아까 그 남녀가 택시에 올라타는 모습을 보았을 때, 나뉘어 있던 마음이 마치 자연스러운 융합을 거쳐 다시 하나로 합쳐진 것 같은 기분이 들었거든요. 그 명백한 이유는 남녀가 서로 협력하는 것이 자연스럽기 때문일 거예요. 남녀의 결합이 최상의 만족과 가장 완전한 행복을 가져다준다는 이론에 우리는 비이성적일지는 몰라도 아주 깊은 본능적 지지를 보내게 되니까요. 하지만 택시에 올라타는 두 사람의 모습과 그 광경이 제게 준 만족감을 떠올리며 이런 의문을 품게 되었어요. 우리 몸에 두 성별이 있는 것처럼 마음속에도 그에 대응하는 두 성별이 있는 것은 아닐까? 그리고 마음 역시 완전한 만족과 행복을 얻으려면 그 두 성별이 결합해야 하는 것은 아닐까 하고요. 저는 아마추어 같은 솜씨로 우리 영혼의 설계도를 그려보았답니다. 우리 각자의 내면에는 두 가지 힘, 즉 남성적인 힘과 여성적인 힘이 지배하고 있어요. 남자의 뇌에서는 남성성이 여성성보다 우세하고, 여자의 뇌에서는 여성성이 남성성보다 우세하지요. 하지만 가장 정상적이고 편안한 상태는 이 둘이 마음으로 협력하며 조화롭게 공존할 때예요. 남자라 할지라도 뇌 속의 여성적인 부분이 영향을 미쳐야 하고, 여자 역시 자기 안의 남성성과 소통해야 한답니다.

콜리지*가 위대한 마음은 양성적**이라고 말했을 때, 그것이 결코 여성에게 특별한 동정심을 갖는다거나 그들의 처지를 대변하고 대변인 역할을 자처하는 마음을 뜻한 건 아니었어요. 양성적인 마음은 어느 한쪽 성별에만 치우친 마음보다 오히려 성별 차이를 덜 따지는 법이지요. 콜리지의 뜻은 아마 이런 것이었을 거예요. 양성적인 마음은 공명이 잘되고 투과성이 높아서 어떤 방해도 없이 감정을 그대로 전달한다는 것 말이에요. 즉, 본래부터 창조적이고 뜨겁게 타오르며 분열되지 않은 상태를 의미하는 것이지요. 사실 우리는 양성적이고 '남성적인 동시에 여성적인' 마음의 전형으로 셰익스피어의 마음을 떠올리게 됩니다. 정작 그가 여성을 어떻게 생각했는지는 전혀 알 길이 없는데도 말이지요. 만약 온전히 발달한 마음의 증표 중 하나가 성별을 특별하거나 분리된 것으로 생각하지 않는 것이라면, 지금은 그 어느 때보다도 그런 경지에 도달하기가 참으로 어려운 시대인 것 같아요. 여기서 저는 지금 살아 있는 작가들의 책으로 시선을 돌렸고, 잠시 멈춰 서서 고민에 빠졌답니다. 이 사실이 오랫동안 저를 의문에 빠뜨렸던 어떤 문제의 근본 원인이 아닐까 하고 말이에요. 지금 우리 시대만큼 성별을 요란할 정도로 의식하는 시대도 아마 없을 거예요. 대영박물관에서 소장하고 있는, 남성들이 여성에 대해 쓴 그 수많은 책이 바로 그거지

---

* Samuel Taylor Coleridge: 1772~1834. 영국의 낭만주의 시인이자 비평가, 철학자. 대표작으로 「노수부의 노래(The Rime of the Ancient Mariner)」, 「쿠블라 칸(Kubla Khan)」 등이 있다.

** Androgyny/Androgynous Mind: 남성(Andro–)과 여성(Gyn–)의 특성을 모두 갖춘 상태.

154

요. 의심할 여지없이 여성 참정권 운동*이 그 원인이었을 거예
요. 그 운동은 남성들 안에 자기주장에 대한 유별난 욕구를 불
러일으켰음이 틀림없어요. 만약 도전받지 않았다면 굳이 고민
하지 않았을 그들만의 성별과 그 특징들을 강조하게 만들었겠
지요. 원래 누군가에게, 설령 검은 보닛을 쓴 몇몇 여성에게라도
도전을 받게 되면, 특히 한 번도 도전을 받아본 적 없는 사람이
라면 다소 과하게 대응하기 마련이니까요. 현재 전성기를 누리
고 있고 비평가들에게도 아주 좋은 평가를 받는 A씨의 신작 소
설을 꺼내 들며, 저는 제가 발견했던 특징들 중 몇몇은 바로 이
런 이유 때문일지도 모르겠다고 생각했어요. 책을 펼쳤지요. 과
연, 다시 남성 작가의 글을 읽는 건 즐거운 일이었어요. 여성들
의 글과 비교하면 참으로 직관적이고 거침이 없더군요. 마음의
여유와 개인의 자유 그리고 자기 자신에 대한 확신이 문장에서
고스란히 묻어났지요. 태어날 때부터 그 어떤 방해나 반대에 부
딪힌 적 없이 원하는 방식대로 마음껏 뻗어 나갈 수 있었던 이
잘 교육받고 자유로운 마음을 마주하니 육체적으로도 쾌적한
기분이 들었답니다.

  이 모든 점은 참으로 훌륭했어요. 하지만 한두 장쯤 읽었을
까, 페이지 전체에 어떤 그림자가 드리워진 것 같더군요. 그것은
곧게 뻗은 검은 막대기 같기도 하고, 알파벳 대문자 'I(나)'와 비
슷하게 생긴 그림자**였지요. 그 그림자 뒤에 숨겨진 풍경을 조

---

*　19세기 말~20세기 초 영국에서 여성의 투표권을 요구한 사회 운동.

**　'I' 그림자(The Shadow of 'I'): 울프가 A씨의 소설을 비판하며 사용하는 은유. 지나치게 자기
　　중심적인 남성적 글쓰기에 대한 비유.

금이라도 훔쳐보려고 이리저리 고개를 움직여 보았지만 소용없었어요. 저기 보이는 게 정말 나무인지, 아니면 걷고 있는 여인인지조차 확신할 수 없었지요. 마음은 늘 그 'I'라는 글자로 다시 불려 가야만 했으니까요. 점점 그 'I'에 진절머리가 나기 시작했답니다. 물론 이 'I'는 매우 존경할 만한 'I'였어요. 정직하고 논리적이며, 견과류처럼 단단하고, 오랜 세월 좋은 교육과 풍족한 환경 속에서 잘 다듬어진 모습이었지요. 진심으로 그 'I'를 존중하고 감탄을 보냅니다. 여기서 저는 무언가를 찾아 페이지를 몇 장 더 넘겼어요. 하지만 문제는 그 'I'라는 글자의 그림자 속에서는 모든 것이 안개처럼 형체가 없어진다는 점이에요. 저건 나무일까요? 아니요, 여자군요. 하지만…… 그녀의 몸에는 뼈대라고는 하나도 없다는 생각이 들었어요. 해변을 가로질러 오는 피비(그녀의 이름이었지요)를 지켜보며 말이에요. 그때 앨런이 일어났고, 앨런의 그림자는 즉시 피비를 지워버렸답니다. 앨런에게는 확고한 '관점'이 있었고, 피비는 그의 관점이라는 홍수 속에 잠겨버렸거든요. 그리고 앨런에겐 뜨거운 열정도 있었지요. 저는 곧 위기가 닥쳐올 것을 느끼며 아주 빠르게 페이지를 넘겼고, 정말 그랬답니다. 사건은 햇살 아래 해변에서 일어났어요. 아주 공개적이고도 격렬하게 말이지요. 그보다 더 볼썽사나울 수는 없었을 거예요. 하지만…… 저는 '하지만'이라는 말을 너무 자주 내뱉고 말았네요. 계속해서 '하지만'이라고만 할 수는 없는 노릇이지요. 어떻게든 문장을 끝맺어야만 한다고, 저는 스스로를 나무랐답니다. 이렇게 끝맺어야 할까요? "하지만…… 저는 지루해요!"라고 말이죠. 그런데 저는 왜 지루함을 느꼈을까요? 우선은 'I(나)'라는 글자가 너무 지배적이었기 때문이고, 그 글자가 거대한 너도밤나무처럼 드리운 그늘 아래의 메마름 때문이었을 거예요. 그 그늘에선 그 무엇도 자랄 수 없거든요. 그리고 또 다른, 좀 더 모호한 이유 때문이기도 했지요. A씨의 마음속에는 창조적인 에너지의 샘을 막아버리고 그것을 좁은 틀 안에 가두는 어떤 장애물, 어떤 방해물이 있는 것 같았어요. 옥스브리지의 점심 모임, 담뱃재, 꼬리 없는 고양이 그리고 테니슨과 크리스티나 로제티의 시 구절들이 한데 뭉뚱그려 떠오르면서 그 방해물이 어디에 있는지 알 것만 같았지요. 이제 피비가 해변을 가로질러 올 때 그는 더 이상 "문 앞의 시계꽃 덩굴에서 찬란한 눈물 한 방울이 떨어졌네"라고 나직이 읊조리지 않아요. 앨런이 다가올 때 그녀 역시 "내 마음은 물오른 가지에 둥지를 튼 노래하는 새와 같아요"라고 화답하지 않고요. 그들이 더 이상 이렇게 하지 못한다면, 그가 할 수 있는 일이 무얼까요? 대낮처럼 정직하고 태양처럼 논리적인 그가 할 수 있는 일은 단 한 가지뿐이지요. 페이지를 넘기며 저는 생각했어요. 공정하게 말하자면, 그는 그 일을 정말로 되풀이하고, 되풀이하고, 또다시 되풀이하더군요. 그리고 저는 이 끔찍한 고백을 감행하며 덧붙였답니다. 그 모습이 왠지 모르게 따분해 보인다고요. 셰익스피어가 보여주는 외설스러움은 우리 마음속에 있는 다른 것 수천 가지를 뿌리째 뒤흔들어 놓기에 지루함과는 거리가 멀어요. 셰익스피어는 그저 즐거움을 위해 그렇게 하지만, 작가 A씨는 보모들이 말하는 이른바 '심술'을 부리는 것처럼 일부러 그러는 것이지요. 그는 항의하는 마음으로 그런 글을 쏩니다. 상대 성별의 평등함에 맞서 자기 자신의 우월함을 주장하며 시위를 벌이는 거예요. 그렇기에 그는 방해받고, 억눌려 있으며, 자기 의식에 사로잡혀 있답니다. 만약 셰익스피어도 미스 클러프*나 미스 데이비스**(여성 교육 운동가들)를 알았더라면 그 역시 그랬을지도 모르지요. 만약 여성 운동이 19세기가 아니라 16세기에 시작되었더라면, 엘리자베스 시대의 문학은 분명 지금과는 아주 다른 모습이었을 거예요.

그렇다면 정신의 두 측면에 관한 이 이론이 타당하다는 전제하에, 결국 문제는 이제 '남성다움'이 지나치게 자의식 과잉 상태가 되었다는 점이에요. 다시 말해, 남성들이 이제는 자신의 뇌에서 오직 '남성적인 측면'만으로 글을 쓰고 있다는 것이지요. 여성이 그런 글을 읽는 건 실수일지도 몰라요. 결코 찾을 수 없는 무언가를 필연적으로 찾아 헤매게 될 테니까요. 비평가 B씨의 책을 손에 들고, 그가 시의 예술에 대해 남긴 언급들을 아주 조심스럽고도 충실하게 읽어 내려가며 저는 생각했습니다. '정작 가장 그리워하는 것은 바로 암시의 힘이구나' 하고 말이에요. 그의 글들은 매우 훌륭하고, 예리했으며, 학식으로 가득 차 있었어요. 하지만 문제는 그의 감정이 더 이상 전달되지 않는다는 것이었지요. 그의 마음은 서로 다른 방들로 분리된 것 같았고, 한 방에서 다른 방으로 그 어떤 소리도 새어

---

* Miss Anne Jemima Clough: 1820~1892. 영국의 교육자이자 페미니스트. 뉴넘 칼리지의 초대 학장. 에밀리 데이비스와 함께 여성 교육 운동을 이끌었다.

** Miss Emily Davies: 1830~1921. 영국의 페미니스트 활동가이자 거튼 칼리지 설립자. 여성 고등교육의 선구자.

나가지 않았죠. 그래서 B씨의 문장을 마음속에 받아들이면, 그것은 바닥으로 툭 떨어져 죽어버리고 말아요. 하지만 콜리지의 문장을 마음속에 받아들이면, 그것은 펑 하고 터지며 온갖 종류의 다른 생각을 탄생시키지요. 오직 그런 종류의 글만이 영원한 생명의 비밀을 간직하고 있다고 말할 수 있을 것입니다.

이유가 무엇이든 이것은 분명 개탄해야 할 사실이에요. 골즈워디 씨*와 키플링 씨**의 책들이 꽂힌 서가에 이르러 저는 생각했지요. 우리 시대에 가장 위대한 작가들이 남긴 최고 작품들 중 일부가 정작 들어줄 귀가 없는 곳에 울려 퍼지고 있다는 뜻이니까요. 여성 독자가 아무리 애를 써도 비평가들이 그토록 장담해 마지않는 그 '영원한 생명의 샘'을 이 책들에서는 도무지 찾아낼 수 없답니다. 단순히 이 책들이 남성적인 미덕을 찬양하고, 남성적인 가치를 강요하며, 남성들의 세계만을 묘사하기 때문만은 아니에요. 그보다는 이 책들에 스며 있는 감정 자체가 여성에게는 도무지 이해할 수 없는 것이기 때문이지요. 책이 끝나기도 훨씬 전부터 우리는 이런 말을 내뱉기 시작해요. "이제 곧 오겠군. 감정이 고조되고 있어. 조만간 머리 위로 쾅 하고 터지겠는걸." 이를테면 이런 식이죠. 저 그림자가 늙은 졸리언의 머리 위로 떨어질 테고, 그는 그 충격으로 죽겠지. 그러면 늙은 서기가 그의 죽음을 기리며 몇 마디 추도사를 읊조릴 테

---

* John Galsworthy: 1867~1933. 영국의 소설가이자 극작가. 대표작 『포사이트가(家)(The Forsyte Saga)』로 1932년 노벨문학상을 수상했다.

** Rudyard Kipling: 1865~1936. 영국의 소설가이자 시인. 『정글북(The Jungle Book)』(1894)의 저자. 1907년 노벨문학상을 수상했다.

고, 그와 동시에 템스강의 모든 백조가 일제히 큰 소리로 노래
를 부를 거야 하는 식 말이에요. 하지만 그런 일이 벌어지기 전
에 저는 서둘러 도망쳐 구스베리 덤불 뒤에 숨어버릴 거예요.
남자에겐 그토록 깊고, 미묘하며, 상징적인 그 감정이 여자에겐
그저 의아함만 불러일으키니까요. 키플링 씨가 묘사하는 등을
돌리고 선 '장교들', 씨앗을 뿌리는 '파종자들', 오직 자신의 '일'
과 단둘이 남겨진 '사내들' 그리고 '국기'까지……. 이 모든 단어
의 대문자를 마주하노라면, 마치 남성들만의 은밀한 의식을 엿
듣다 들킨 것처럼 얼굴이 화끈거린답니다. 사실 골즈워디 씨나
키플링 씨에게는 여성적인 기질이 단 한 점도 들어 있지 않아
요. 그러다 보니 일반화의 위험을 무릅쓰고 말하자면, 그들의
모든 특징은 여성에게 그저 투박하고 미성숙하게 보일 뿐이지
요. 그들에겐 '암시하는 힘'이 부족하거든요. 책에 암시하는 힘
이 결여되면 아무리 마음의 표면을 세게 두드린들 그 안까지
깊숙이 침투할 수는 없는 법이니까요.

　책을 꺼냈다 보지도 않고 다시 꽂아 넣기를 반복하며 불편한
마음으로 저는 오직 순수하고 자기주장만 강한 남성성만이 지
배하는 미래를 그려보게 되었어요. 월터 롤리 경* 같은 교수들
의 편지에서 이미 예견되었고, 이탈리아의 통치자들이 이미 현
실로 만들어버린 그런 시대 말이에요. 실제로 로마에 가면 그
완고한 남성성의 기운에 압도되지 않기는 참 어려운 일이지요.
하지만 국가 차원에서 그 완고한 남성성이 어떤 가치를 지녔든

<hr>

* Sir Walter Raleigh: 1861~1922, 옥스퍼드 대학교 영문학 교수.

간에 시詩라는 예술에 미칠 영향에는 의구심이 들 수밖에 없답니다. 어쨌든 신문 기사에 따르면, 이탈리아 내에서도 소설의 앞날에 대해 모종의 불안감이 있는 모양이에요. '이탈리아 소설을 발전시키려고' 한림원 회원들이 모였다고 하더군요. '가문이나 금융, 산업계 혹은 파시스트 단체에서 명성을 떨치는 남성들'이 며칠 전 한자리에 모여 이 문제를 논의했고, 급기야 두체*에게 "파시스트 시대가 곧 그에 걸맞은 시인을 탄생시키길 희망한다"라는 전보까지 보냈다고 해요. 우리 모두 그 경건한 희망에 동참할 수는 있겠지만, 시라는 것이 과연 인큐베이터에서 태어날 수 있는지는 의문이에요. 시에는 아버지뿐 아니라 어머니도 있어야 하니까요. 파시스트의 시는 아마도 어느 시골 마을 박물관의 유리병 속에 담겨 끔찍하고 작은 기형아처럼 태어날지도 모른다는 두려움이 앞섭니다. 그런 괴물들은 그리 오래 살지 못한다고들 하지요. 들판에서 풀을 뜯는 그런 종류의 기이한 생명체를 우리는 단 한 번도 본 적이 없으니까요. 한 몸에 머리가 둘 달린 존재는 결코 장수할 수 없는 법이랍니다.

하지만 이 모든 일에 굳이 책임을 묻는다면 그 책임은 어느 한쪽 성별에만 있는 것이 아니에요. 유혹하는 자들이나 개혁하는 자들 모두에게 책임이 있지요. 그랜빌 경에게 거짓말을 했던 베스버러 부인이나 그레그 씨에게 진실을 말했던 데이비스 양이나 마찬가지예요. 성별을 지나치게 의식하게 만든 모든 이에게 책임이 있답니다. 제가 책을 읽으며 제 능력을 마음껏 펼쳐

---

* Duce: 이탈리아어로 '지도자'를 뜻하며 파시스트 정권 시기 베니토 무솔리니가 사용한 공식 호칭.

보이고 싶을 때마다 데이비스 양이나 클러프 양이 태어나기 전의 그 행복했던 시대로 도망치고 싶게 만드는 것도 바로 그들이니까요. 작가가 마음의 양면을 똑같이 사용하던 바로 그 시대로 말이에요. 그러니 우리는 다시 셰익스피어에게로 돌아가야만 해요. 셰익스피어는 양성적이었으니까요. 키츠와 스턴, 쿠퍼와 램 그리고 콜리지 역시 그러했지요. 셸리는 아마 성별이 없는 존재였을지도 모르겠네요. 밀턴과 벤 존슨*은 남성적인 기질이 조금 지나친 면이 있었고요. 워즈워스와 톨스토이도 마찬가지였지요. 우리 시대에는 프루스트가 완전히 양성적이었답니다. 어쩌면 약간 과할 정도로 여성적인 면이 있었을지도 모르지만요. 하지만 그런 결점은 불평하기엔 너무나 희귀한 것이에요. 그런 종류의 융합이 조금이라도 섞여 있지 않으면, 지성이 다른 것들을 압도해 버리고 마음의 다른 능력들은 딱딱하게 굳어 메말라 버리기 때문이랍니다.

하지만 이 모든 것이 아마 스쳐 지나가는 단계일지도 모른다는 생각으로 스스로를 위로해 봅니다. 여러분에게 제 생각의 흐름을 들려주겠다는 약속을 지키려고 했던 말들 중 많은 부분이 훗날에는 구식처럼 보일 테지요. 지금 제 눈 속에서 타오르는 뜨거운 불꽃들도, 아직 성인이 되지 않은 여러분 눈에는 미심쩍게 보일 수도 있을 거예요.

그럼에도 책상으로 다가가 '여성과 픽션'이라는 제목이 붙은 페이지를 집어 들며 제가 이곳에 써 내려갈 첫 번째 문장은 바

---

* Ben Jonson: 1572~1637. 영국의 극작가이자 시인. 셰익스피어의 동시대인이자 경쟁자. 『볼포네』, 『연금술사』 등 풍자희극으로 유명하다.

162

로 이것입니다. 글을 쓰는 사람이 자신의 성별을 생각하는 것은 치명적인 실수라는 점이지요. 그저 순수하게 남자라거나 여자로만 존재하는 것은 치명적입니다. 우리는 '여성적 남성' 혹은 '남성적 여성'이 되어야만 해요. 여성이 자신이 겪는 불만에 조금이라도 무게를 두는 것, 아무리 정의로운 일이라 해도 어떤 주장을 대변하려 애쓰는 것, 어떤 식으로든 여성으로서 의식하며 말하는 것은 모두 치명적입니다. 여기서 '치명적'이라는 말은 비유가 아니에요. 그런 의식적인 편견을 담아 쓴 글은 예외 없이 죽을 운명에 처하기 때문입니다. 그런 글은 더 이상 생명력을 얻지 못해요. 하루 이틀은 눈부시게 효과적이고 강렬하며 훌륭해 보일지 모르지만, 해가 저물면 시들 수밖에 없지요. 다른 사람들 마음속에서 자라날 수 없으니까요. 창조라는 예술이 완성되려면, 먼저 마음속에서 여성과 남성 사이에 어떤 협력이 일어나야 합니다. 반대되는 것들 사이에서 어떤 결혼이 이루어져야만 하지요. 작가가 자신의 경험을 완벽하고 풍성하게 전달하고 있다는 느낌을 주려면, 마음 전체가 활짝 열려 있어야 합니다. 그곳에는 자유가 있어야 하고, 평화가 있어야만 합니다. 바퀴 구르는 소리 하나 들려서는 안 되고, 빛줄기 하나 새어 들어와서도 안 돼요. 커튼은 틈 없이 쳐져 있어야 하지요. 저는 생각했어요. 작가는 일단 경험을 마쳤다면, 이제 뒤로 편안히 누워 마음이 어둠 속에서 성스러운 결혼식을 올리도록 내버려 두어야 한다고요. 무슨 일이 벌어지고 있는지 살피거나 캐물어서도 안 되지요. 그저 장미 꽃잎을 하나씩 따거나 강물을 따라 고요히 흘러가는 백조를 지켜보아야만 해요. 그때 저는 보트

탄 대학생과 죽은 잎사귀들을 실어 나르던 그 물살을 다시 떠올렸답니다. 그리고 거리 건너편에서 만나 함께 택시에 올라탄 그 남녀를 생각했지요. 멀리서 웅성거리는 런던의 교통 소음을 들으며 저는 생각했어요. 그 물살이 그들을 저 거대한 흐름 속으로 휩쓸어 갔다고 말이에요.

자, 이제 메리 비턴은 말을 멈춥니다. 그녀는 소설이나 시를 쓰려면 일 년에 500파운드의 수입과 문을 잠글 수 있는 자기만의 방이 필요하다는 결론—참으로 세속적인 결론이지요—에 어떻게 도달했는지 여러분께 들려주었습니다. 그런 생각을 하게 된 마음속의 사유와 인상들을 숨김없이 드러내려 애썼지요. 교직원의 품에 안기듯 쫓겨나고, 이곳저곳에서 점심과 저녁을 먹고, 대영박물관에서 그림을 그리고, 서가에서 책을 꺼내고, 창밖을 내다보던 그녀의 발자취를 여러분이 함께 따라와 주길 청하면서 말이에요. 그녀가 이 모든 일을 하는 동안 여러분은 분명 그녀의 결점과 약점을 관찰하며 그것이 그녀 의견에 어떤 영향을 미쳤는지 판단하셨을 거예요. 그녀 말에 반박하기도 하고, 여러분이 옳다고 생각하는 대로 내용을 덧붙이거나 깎아내리기도 하셨겠지요. 하지만 그게 바로 마땅히 그래야 할 모습이랍니다. 이런 문제에서 진실은 수많은 종류의 오류를 하나하나 쌓아 올림으로써만 얻을 수 있으니까요. 이제 저는 다시 제 모습으로 돌아와 여러분이 분명히 제기할 법한 너무나 당연한 두 가지 비판을 예상하며 이야기를 마무리하려 합니다.

여러분은 제가 작가로서 남녀의 상대적 우열에 그 어떤 의견도 내놓지 않았다고 말씀하실지도 모르겠어요. 하지만 그건 의도적이었답니다. 설령 그런 가치 평가를 할 시기가 왔다 하더라도, 지금 이 순간에는 여성의 역량을 이론적으로 따지는 것보다 그녀들이 얼마만큼의 돈과 얼마나 많은 방을 가졌는지 아는 게 훨씬 더 중요하긴 하지만, 설령 그럴 때가 되었다 해도 저는 마음이나 인격의 재능이라는 것이 설탕이나 버터처럼 무게를 달 수 있는 것이라고는 믿지 않거든요. 사람들을 등급별로 분류하고, 머리에 학사모를 씌워주며 이름 뒤에 작위를 붙여주는 데 아주 능숙한 케임브리지에서조차 그런 일은 불가능하다고 생각해요. 저는 휘태커 연감*에 나오는 서열표가 가치의 최종적 순서를 대변한다고 믿지 않아요. 또한 바스 훈장을 받은 기사가 정신병 관리국장 뒤에 서서 저녁 식사 기도를 하러 가야 할 타당한 이유가 있다고도 생각지 않고요. 이처럼 성별과 성별을 겨루게 하고, 자질과 자질을 비교하며, 우월함을 주장하거나 열등함을 탓하는 모든 짓은 인류 존재의 '초등학교' 수준에나 어울리는 일이지요. '우리 편'과 '상대편'을 나누어 한쪽이 다른 쪽을 반드시 이겨야만 하고, 교장 선생님 손에서 화려하게 장식된 트로피를 받으러 단상으로 걸어 나가는 것을 지상 과제로 삼는 그런 수준 말이에요. 사람은 성숙해질수록 편을 가르는 일이나 교장 선생님 혹은 화려하게 장식된 트로피 같은 것들을 더는 믿지 않게 된답니다. 적어도 책에서만큼은 그 가치의 꼬리표가 나중에 떨어져 나가지 않도록 완벽하게 붙여두기

<hr>

* Whitaker's Almanack: 1868년부터 영국에서 발간된 연감으로, 정치·사회·문화 전반의 통계와 정보를 수록한 대표적인 참고서.

는 여간 어려운 일이 아니니까요. 오늘날의 문학 비평들만 해도 무언가를 판단하는 일이 얼마나 어려운지 늘 보여주지 않나요? 똑같은 책을 두고 어떤 이는 '위대한 걸작'이라 칭송하고, 어떤 이는 '가치 없는 졸작'이라 비난하기도 하니까요. 찬사도 비난도 결국 아무런 의미가 없답니다. 네, 무언가의 무게를 재는 일은 즐거운 소일거리가 될지는 몰라도, 세상에서 가장 덧없는 짓이기도 해요. 그 평가의 잣대를 들이대는 이들의 판결에 가장 굴종적인 태도로 순응하는 것 말이에요. 여러분이 쓰고 싶은 것을 쓰는 것, 오직 그것만이 중요하답니다. 그것이 영원히 남을지 아니면 몇 시간 만에 사라질지는 그 누구도 알 수 없어요. 하지만 은색 트로피를 든 교장 선생님이나 소매 속에 자를 감춘 교수님의 눈치를 보느라 여러분이 가진 비전의 머리카락 한 올, 그 색깔의 미묘한 그림자 하나라도 희생시키는 건 가장 비겁한 배신입니다. 흔히 인류의 가장 큰 재앙이라 일컬어지던 부富나 순결을 잃는 일조차 이 비참한 희생에 비하면 그저 벼룩에게 한 번 물린 자국[•] 정도에 불과할 따름이지요.

다음으로 여러분은 제가 이 모든 논의에서 물질적인 것들의 중요성을 너무 지나치게 부풀렸다고 반박하실지도 모르겠어요. 넉넉히 양보해서 일 년에 500파운드가 '관조할 수 있는 능력'을 상징하고, 문에 달린 자물쇠가 '스스로 생각할 수 있는 권리'를 의미한다고 치더라도 말이에요. 여전히 여러분은 마음이란 그

• 벼룩에게 물린 자국(flea—bite): 17세기 형이상학파 시인 존 던(John Donne)의 유명한 시 〈벼룩(The Flea)〉을 익살스럽게 인용했다. 울프는 고전적 비유를 빌려와 '작가의 사유의 정조(Intellectual Chastity)'가 그 어떤 육체적, 물질적 가치보다 우위에 있음을 강조하고 있다.

런 세속적인 것들을 초월해야 하며, 위대한 시인들은 흔히 가난한 자들이었다고 말할지도 모릅니다. 그럼 시인이 되려면 무엇이 필요한지 저보다 훨씬 더 잘 알고 계시는 여러분의 문학 교수님 말씀을 한번 인용해 보겠습니다. 아서 퀼러쿠치 경*은 이렇게 썼더군요.

"지난 백여 년간 활약한 위대한 시인들은 누구입니까? 콜리지, 워즈워스, 바이런, 셸리, 랜더,** 키츠, 테니슨, 브라우닝, 아널드,*** 모리스,**** 로제티, 스윈번.***** 일단 여기서 멈춰 봅시다. 이들 중 키츠, 브라우닝, 로제티를 제외한 전원이 대학 교육을 받은 이들이며, 그 세 명 중에서도 전성기에 요절한 키츠만이 유일하게 형편이 넉넉지 못했습니다. 이런 말을 하는 것이 잔인해 보일 수도 있고, 슬픈 일이기도 합니다. 하지만 냉혹한 사실을 말하자면, '시적 천재성은 그저 마음 가는 대로 불어오는 바람 같아서 가난한 자나 부유한 자에게 공평하게 찾아온다'는 이론은 진실과 거리가 멉니다. 엄연한 사실을 말하자면, 앞서 언급한 12명 중 9명이 대학 출신입니다. 이는 그들이 어떻게든 영국이 줄 수 있는 최고의 교육을 받을 수단을 확보했다는 뜻이지요. 나머지 세 사람 중에서도 브라우닝은 유복했다

----

* 아서 퀼러쿠치 경, 『글쓰기의 기술(The Art of Writing)』.—원주
  Arthur Quiller-Couch: 1863~1944. 케임브리지 대학의 영문학 교수이자 비평가, 소설가. 필명 'Q'로도 유명하다.

** Walter Savage Landor: 1775~1864. 영국의 시인, 산문 작가.

*** Matthew Arnold: 1822~1888. 시인이자 비평가.

**** William Morris: 1834~1896. 시인이자 디자이너, 사회주의 활동가.

***** Algernon Charles Swinburne: 1837~1909. 빅토리아 시대 시인.

는 사실을 여러분도 잘 아실 겁니다. 감히 단언컨대, 만약 그가 부유하지 않았다면 『사울Saul』이나 『반지와 책The Ring and the Book』을 결코 쓸 수 없었을 것이며, 러스킨* 역시 그의 아버지가 사업에서 성공하지 못했다면 『현대 화가론』을 결코 써낼 수 없었을 것입니다. 로제티에게는 소액이나마 개인 소득이 있었고, 게다가 그는 그림을 그렸지요. 이제 키츠만 남았습니다. 하지만 운명의 여신 아트로포스**는 그가 채 피어나기도 전에 목숨을 앗아갔습니다. 마치 정신병원에서 생을 마감한 존 클레어***처럼 그리고 절망감을 잊으려 복용한 아편 때문에 죽어간 제임스 톰슨****처럼 말이지요. 이것은 정말 참담한 사실이지만, 이 사실들을 피하지 말고 직시해 봅시다. 우리 나라에는 참으로 치욕스러운 일이지만, 우리 사회 체제의 결함 때문에 가난한 시인에게는 오늘날이나 지난 200년 동안이나 그 어떤 기회조차 주어지지 않았다는 것은 확실합니다. 제 말을 믿으십시오. 저는 10년 중 상당 기간을 320여 개 초등학교를 관찰하며 보냈습니다. 우리가 민주주의를 떠벌릴 수는 있겠지만, 실제로 영국의 가난한 아이가 위대한 저작을 탄생시키는 그 '지적 자유'의 상태로 해방될 희망은 과거 아테네 노예의 아들이 지녔던 희망보다 결코 크지 않습니다."

---

* John Ruskin: 1819~1900. 영국의 예술 비평가, 사회 사상가. 예술 비평서 『현대 화가론(Modern Painters)』을 썼다.

** Atropos: 그리스 신화의 운명의 세 여신(모이라이) 중 하나. 인간의 생명줄을 자르는 역할을 한다.

*** John Clare: 1793~1864. 영국의 시인. 농민 시인으로 불렸으며 자연시로 유명하다.

**** James Thomson: 1834~1882. 스코틀랜드의 시인. 「무서운 밤의 도시(The City of Dreadful Night)」로 유명하다.

그 누구도 이보다 더 명쾌하게 핵심을 짚어낼 수는 없을 거예요. "가난한 시인에게는 오늘날이나 지난 200년 동안이나 그 어떤 기회조차 주어지지 않았습니다. …… 영국의 가난한 아이가 위대한 저작을 탄생시키는 그 '지적 자유'의 상태로 해방될 희망은 과거 아테네 노예의 아들이 품었던 희망보다 결코 크지 않습니다." 바로 이것입니다. 지적 자유는 물질적인 것들에 달려 있습니다. 그리고 시詩는 지적 자유에 달려 있지요. 그런데 여성들은 늘 가난했습니다. 그저 지난 200년 동안만이 아니라 태초부터 그러했지요. 여성들에겐 아테네 노예의 아들들보다 지적 자유가 적었습니다. 그러니 여성들에게 시를 쓸 기회란 단 한 번도 주어지지 않았던 셈이지요. 제가 왜 그토록 돈과 자기만의 방을 강조했는지 이제 아시겠지요. 하지만 우리가 그들에 대해 더 많이 알았더라면 좋았을, 과거 이름 없는 여성들의 노고 덕분에 그리고 참으로 기묘하게도 두 차례의 전쟁, 즉 플로렌스 나이팅게일을 거실 밖으로 끌어낸 크림 전쟁과 그로부터 약 60년 후 평범한 여성들에게 문을 열어준 유럽 대전* 덕분에 이러한 악조건들은 개선될 기미를 보이고 있습니다. 그렇지 않았다면 여러분은 오늘 밤 이 자리에 있을 수 없었을 테고, 비록 지금도 여전히 불안정하긴 하지만 일 년에 500파운드를 벌 기회도 거의 없었을 테니까요.

그럼에도 여러분은 이렇게 반박하실지도 모르겠어요. 글쓰기가 그토록 많은 노력을 요구하고, 어쩌면 숙모를 살해하는 것과

---

* European War: 제1차 세계대전(1914~1918)을 말한다.

도 같은 희생을 치러야 하며, 점심 약속에 늦게 만들고, 점잖은 이들과 심각한 논쟁에 휘말리게 할 수도 있는데 왜 그렇게 여성들이 책을 쓰는 일에 큰 의미를 두느냐고 말이에요. 솔직히 고백하면, 제 동기는 어느 정도 이기적입니다. 교육받지 못한 대다수 영국 여성처럼 저 역시 책 읽기를 좋아하거든요. 그것도 아주 많이, 쌓아놓고 읽는 걸 좋아해요. 그런데 최근 제 독서 식단이 조금 단조로워졌답니다. 역사는 온통 전쟁 이야기뿐이고, 전기는 위대한 남성들 일색이며, 시는 메말라 가는 경향이 있는 것 같아요. 소설에 대해서는…… 현대 소설 비평가로서 제 한계를 이미 충분히 드러냈으니 더는 말하지 않겠습니다. 그러니 저는 여러분이 어떤 주제든 주저하지 말고, 그것이 아주 사소하든 혹은 거대하든 온갖 종류의 책을 써 주기를 부탁드리는 것입니다. 무슨 수를 써서라도 저는 여러분이 여행하고 빈둥거릴 만큼, 세상의 미래나 과거를 사색할 만큼, 책을 보며 공상에 잠기고 길모퉁이에서 어슬렁거리며 생각의 낚싯줄을 개울 속 깊이 드리울 수 있을 만큼 충분한 돈을 소유하게 되기를 바라요. 저는 결코 여러분을 소설이라는 틀 안에만 가두려는 게 아니에요. 저를 기쁘게 하고 싶다면, 그리고 저와 같은 수천 명의 독자를 기쁘게 하고 싶다면 여러분은 여행기와 모험담, 연구 서적과 학술서, 역사와 전기, 비평과 철학 그리고 과학에 관한 책들을 써내야 합니다. 그렇게 함으로써 여러분은 분명 소설이라는 예술에도 기여하게 될 거예요. 책들이란 서로에게 영향을 미치기 마련이니까요. 소설은 시나 철학과 어깨를 나란히 할 때 훨씬 더 나아질 수 있답니다. 게다가 사포*나 무라사키 부인,** 에밀리

170

브론테 같은 과거의 위대한 인물들을 생각해 보세요. 그녀들은 창시자인 동시에 계승자이기도 합니다. 여성들이 자연스럽게 글을 쓰는 습관을 지니게 되었기에 그녀들이 존재할 수 있었던 것이지요. 그러니 설령 시를 쓰기 전 단계라 할지라도, 여러분의 이런 활동은 무엇과도 바꿀 수 없는 가치 있는 일이 될 것입니다.

하지만 제가 쓴 메모들을 다시 훑어보며 그 생각의 흐름을 비판적으로 되짚어보니, 제 동기가 전적으로 이기적이었던 것만은 아니라는 생각이 드네요. 이 평론과 산만한 논의들 사이에는 한 가지 확신—혹은 본능이라고 해야 할까요?—이 흐르고 있습니다. 그것은 좋은 책은 가치 있는 것이며, 설령 인간적인 온갖 타락상을 보여줄지언정 좋은 작가들은 여전히 선한 존재라는 믿음이지요. 그러니 제가 여러분에게 더 많은 책을 써달라고 부탁하는 것은 결국 여러분 자신과 세상을 위해 좋은 일을 해달라고 간곡히 권하는 셈입니다. 이러한 본능이나 믿음을 어떻게 정당화해야 할지 저는 잘 모르겠어요. 대학 교육을 받지 못한 이에게 철학적인 용어들은 자칫 사람을 속이기 마련이니까요. '실재Reality'란 과연 무엇을 의미할까요? 그것은 매우 변덕스럽고 종잡을 수 없는 무엇인 듯해요. 때로는 먼지 자욱한 길가에서 발견되기도 하고, 거리의 신문 조각이나 햇살 아래 핀

* Sappho: 기원전 630년경~기원전 570년경. 고대 그리스의 여성 시인. 레스보스섬 출신으로 '열 번째 뮤즈'라 불릴 정도로 뛰어난 서정시를 썼다.
** Lady Murasaki(紫式部): 978년경~1014년경. 헤이안 시대 일본의 여성 작가. 세계 최초의 장편 소설로 꼽히는 『겐지 이야기(源氏物語)』를 썼다.

수선화 속에서 찾아오기도 하니까요. 실재는 방 안에 모여 있는 사람들을 환히 비추기도 하고, 우연히 내뱉은 어떤 말에 인장을 찍듯 깊은 인상을 남기기도 합니다. 별빛 아래 집으로 걸어가는 사람을 압도하여 침묵에 잠긴 세계를 말의 세계보다 더 실재적으로 느끼게 하다가도 소란스러운 피커딜리 광장의 버스 안에서 불쑥 다시 나타나기도 하지요. 때로는 이 '실재'가 너무 멀리 있는 형상들 속에 머물러서 우리가 그 본질을 분간하기 어려울 때도 있어요. 하지만 실재가 무엇에 닿든 그것은 그 대상을 고정하고 영원하게 만듭니다. 하루라는 시간의 껍질이 울타리 너머로 던져진 뒤에도 여전히 남는 것, 과거의 시간과 우리의 사랑과 증오 속에서 마지막까지 남는 것이 바로 이것이지요. 저는 작가란 다른 사람들보다 이 실재를 대면하며 살아갈 기회가 더 많은 사람이라고 생각해요. 그 실재를 찾아내고, 수집해서 나머지 사람들에게 전달하는 것이 바로 작가의 일이지요. 적어도 제가 『리어왕』이나 『에마』 혹은 『잃어버린 시간을 찾아서』를 읽으며 내린 결론은 그러합니다. 이런 책들을 읽는 것은 감각에 일종의 기묘한 개안 수술을 받는 것과 같아요. 책을 읽고 나면 세상을 훨씬 더 강렬하게 보게 되니까요. 세상이 덮개를 벗고 더 강렬한 생명력을 드러내는 것 같지요. 진정 부러운 사람들은 비현실과 맞서 싸우며 살아가는 이들이고, 가련한 사람들은 자신이 무엇을 하는지도, 왜 하는지도 모른 채 그저 관습적으로 행해지는 일들에 휘둘리며 살아가는 이들이지요. 그러니 제가 여러분에게 돈을 벌고 자기만의 방을 가지라고 권하는 것은 결국 실재를 마주하며 살아가라고 부탁하는 것입니다. 그것을 남에게 전달할 수 있든 없든 간에 실재와 함께하는 삶은 우리에게 기운을 북돋아 주는 생기 넘치는 삶일 테니까요.

여기서 멈추고 싶지만 관습이라는 압박은 모든 연설이 거창한 맺음말로 끝나야 한다고 명령하는군요. 게다가 여성을 대상으로 한 맺음말이라면, 여러분도 동의하시겠지만 특히나 고양되고 고결한 구석이 있어야 하겠지요. 저는 여러분에게 책임을 기억하라고, 더 고귀해지고 영적이 되라고 간청해야 마땅할 겁니다. 여러분에게 얼마나 많은 것이 달려 있는지 그리고 여러분이 미래에 얼마나 큰 영향력을 행사할 수 있는지 상기시켜야겠지요. 하지만 그런 권고들은 남성들의 몫으로 남겨두어도 충분할 것 같아요. 그들은 저보다 훨씬 더 뛰어난 웅변술로 그런 말들을 해왔고, 또 앞으로도 해나갈 테니까요. 제 마음을 뒤져보아도 누군가의 반려자가 되라느니, 평등한 존재가 되라느니 혹은 세상을 더 높은 목표로 인도하라느니 하는 식의 고결한 감정은 찾아볼 수 없네요. 그저 저는 짧고 세속적으로 이렇게 말하게 됩니다. 그 무엇이 되기보다 '자기 자신이 되는 것'이 훨씬 더 중요하다고 말이지요. 만약 제가 이 말을 아주 고상하게 들리게 할 방법만 안다면 이렇게 말하고 싶어요. 다른 사람에게 영향력을 미치겠다는 꿈은 꾸지 마세요. 사물 자체를 생각하세요.

신문과 소설, 전기를 뒤적이다 보면 다시금 이런 생각이 들곤 해요. 여성이 여성을 향해 말할 때면, 소매 속에 아주 불쾌한 것 하나쯤은 숨겨두고 있어야 한다는 사실 말이에요. 원래 여성이 여성에게 더 엄격하고, 여성이 여성을 싫어하기도 하잖아요. 여성은 말이죠. 그런데 여러분, 이제 '여성'이라는 단어만

들어도 진저리가 나지 않으시나요? 저 역시 그렇다고 단언할 수 있어요. 그러니 여성이 여성을 위해 읽는 글이라면, 특별히 더 심술궂게 끝을 맺어야 한다는 점에 우리 모두 합의하기로 해요.

하지만 이야기를 어떻게 이어가야 할까요? 무슨 생각을 더 할 수 있을까요? 사실을 말하자면, 저는 자주 여성을 좋아한답니다. 그녀들의 관습에 얽매이지 않는 모습이 좋고, 그 온전함이 좋으며, 그 익명성이 좋아요. 하지만 제가 이런 식으로 계속 떠들고만 있어서는 안 되겠지요. 저기 있는 찬장을 보세요. 여러분은 그 안에 깨끗한 식탁용 냅킨만 들어 있다고 하겠지만, 만약 아치볼드 보드킨 경*이 그 사이에 몰래 숨어 있다면 어쩌겠어요? 그러니 이제 좀 더 엄격한 어조를 취해 보겠습니다. 앞선 제 말들이 인류가 여러분에게 보내는 경고와 비난을 충분히 전달했나요? 저는 오스카 브라우닝 씨가 여러분을 얼마나 낮게 평가했는지 들려주었습니다. 나폴레옹이 한때 여러분을 어떻게 생각했는지 그리고 무솔리니가 지금은 또 어떻게 생각하는지도 짚어주었지요. 게다가 혹시라도 소설가를 꿈꾸는 분들을 위해 여성이라는 성별의 한계를 용기 있게 인정하라는 어느 비평가의 조언도 친절히 베껴 두었답니다. X 교수님을 언급하며 여성이 지적, 도덕적, 신체적으로 남성보다 열등하다는 그의 주장을 강조하기도 했고요. 저는 굳이 찾아 나서지 않아도 제 발길에 차이는 그 모든 말을 여러분께 전해드렸습니다. 그리고 여기

<hr>

* Sir Archibald Bodkin: 1862~1957. 당시 영국의 검찰총장. 래드클리프 홀의 레즈비언 소설 『고독의 우물』을 음란물로 기소하여 금서 조치를 내렸다.

마지막 경고가 하나 더 있군요. 존 랭던 데이비스 씨[*]의 말입니다. 그는 "아이들이 더 이상 간절히 필요한 존재가 아니게 되면, 여성 또한 전혀 쓸모없는 존재가 될 것"이라고 경고하더군요. 여러분, 이 말을 꼭 메모해 두시기 바랍니다.

제가 여러분에게 삶의 책무를 다하라고 어떻게 더 독려할 수 있을까요? 젊은 여성 여러분, 이제 결론이 시작되니 부디 집중해 주세요. 제 생각에 여러분은 수치스러울 정도로 무지합니다. 여러분은 단 한 번도 어떤 중요한 발견을 한 적이 없어요. 제국을 흔들거나 군대를 이끌고 전장에 나간 적도 없지요. 셰익스피어의 희곡도 여러분이 쓴 것이 아니고, 야만적인 인종에게 문명의 축복을 전파한 적도 없군요. 여러분은 뭐라고 변명할 건가요? 흑인과 백인 그리고 커피색 인종들이 뒤섞여 북적대며 거래와 사업과 사랑에 열중하고 있는 지구상의 거리와 광장, 숲들을 가리키며 여러분이 이렇게 말한다면 참 듣기 좋겠지요. "우리는 다른 일을 하느라 바빴답니다." 여러분이 아니었다면 저 바다들을 항해하지 못했을 테고, 저 비옥한 땅들은 사막으로 남았을 겁니다. 우리는 현재 통계상 존재하는 16억 2,300만 명의 인류를 낳고 기르고 씻기고, 적어도 예닐곱 살이 될 때까지 가르쳐 왔습니다. 누군가의 도움을 받았다는 점을 감안하더라도 그 모든 과정에는 엄청난 시간이 걸리는 법이니까요.

여러분 말에도 일리가 있습니다. 그 점을 부인하지는 않겠어요. 하지만 동시에 저는 여러분께 몇 가지 사실을 상기시키고

---

[*] 존 랭던 데이비스, 『여성의 짧은 역사』.—원주
John Langdon-Davies: 1897~1971. 영국의 저널리스트이자 작가.

싶군요. 영국에는 적어도 1866년부터 여자 대학이 두 곳 존재해 왔고, 1880년 이후로는 기혼 여성도 법적으로 자기 재산을 소유할 수 있게 되었으며, 무려 9년 전인 1919년에는 투표권까지 주어졌다는 사실 말이에요. 또한 거의 10년 전부터는 대부분 전문직 종사자가 될 길도 여러분에게 열려 있었습니다. 이러한 엄청난 특권들과 그것을 누려온 시간 그리고 지금 이 순간에도 어떤 방식으로든 일 년에 500파운드 이상을 벌 능력이 있는 여성이 족히 2천 명은 된다는 사실을 떠올려 본다면 기회나 교육, 격려나 여가 혹은 돈이 부족하다는 핑계가 더는 통하지 않는다는 데 여러분도 동의하실 겁니다. 게다가 경제학자들은 시턴 부인이 아이를 너무 많이 낳았다고들 말하더군요. 물론 여러분은 앞으로도 아이를 낳아야겠지만, 그들의 말마따나 이제는 열명, 열두 명이 아니라 둘이나 셋 정도면 충분할 테니까요.

그러니 이제 어느 정도 시간 여유도 생겼고, 머릿속엔 책에서 얻은 지식도 들어 있으니 여러분은 이미 다른 종류의 지식은 충분히 갖추었고, 제가 짐작건대, 대학에 보내진 이유도 부분적으로는 그 '무지함'에서 벗어나려는 것이니까요. 이제 여러분은 아주 길고, 매우 고되며, 지극히 이름 없는 여러분의 경력에서 또 다른 단계를 시작해야만 합니다. 수많은 펜이 여러분이 무엇을 해야 할지, 여러분이 어떤 영향력을 미칠지 앞다투어 조언할 준비가 되어 있겠지요. 제 제안이 조금 환상적이라는 점을 인정합니다. 그래서 저는 그 제안을 소설이라는 형식에 담아 여러분께 전해드리고 싶군요.

이 강연을 시작하며 저는 셰익스피어에게 누이가 있었다고 말씀드렸지요. 하지만 시드니 리 경이 쓴 시인의 전기에서 그녀를 찾으려 하지는 마세요. 그녀는 젊은 나이에 세상을 떠났고, 아쉽게도 단 한 마디 글도 남기지 못했으니까요. 그녀는 지금 버스들이 멈춰 서는 곳, '엘리펀트 앤 캐슬'역 맞은편에 묻혀 있답니다. 하지만 제 믿음은 이렇습니다. 단 한 마디도 쓰지 못한 채 길목에 묻혔던 이 시인은 여전히 살아 있다고 말이에요. 그녀는 여러분 속에, 제 속에 그리고 오늘 밤 이 자리에 함께하지 못한 수많은 여성 속에 살고 있습니다. 그들은 지금 설거지를 하고 아이들을 잠자리에 누이고 있겠지요. 하지만 그녀는 살아 있습니다. 위대한 시인은 죽지 않으니까요. 그들은 지속되는 현존現存이며, 그저 우리 사이를 육신을 입고 걸어 다닐 기회만 기다리고 있을 뿐입니다. 그리고 이제 여러분에게는 그녀에게 그 기회를 내어줄 힘이 생겼다고 저는 믿어 의심치 않습니다. 저는 이렇게 믿습니다. 우리가 한 세기쯤 더 살아간다면—개별적인 존재로서 영위하는 작은 삶이 아니라, 진정한 삶인 '공통의 삶'을 말하는 거예요—그리고 우리 각자가 일 년에 500파운드와 자기만의 방을 갖게 된다면, 우리가 자유를 습관화하고 생각하는 그대로를 써 내려갈 용기를 갖게 된다면, 우리가 공동 거실에서 조금은 탈출하여 인간을 서로의 관계 속에서만 보는 것이 아니라 '실재'와의 관계 속에서 바라보게 된다면, 그리하여 하늘과 나무 혹은 그 무엇이든 사물 자체를 대면하게 된다면, 그 누구도 우리 시야를 가로막아서는 안 되기에 밀턴의 도깨비bogey (가부장적 권위) 너머를 바라보게 된다면, 의지할 팔 따위는 없으며 우리가 홀로 걷고 있다는 사실, 그리고 우리 관계는 오직 남성과 여성의 세계만이 아니라 '실재의 세계'와 맺어져 있다는 사실을 직시한다면, 그때 비로소 기회는 찾아올 테고, 셰익스피어의 누이였던 그 죽은 시인은 자신이 수없이 내려놓았던 그 육신을 다시 입게 될 것입니다. 그녀의 오빠가 그러했듯, 앞서간 이름 없는 이들의 삶으로부터 생명력을 얻어 그녀는 마침내 태어날 것입니다. 우리의 준비 없이, 우리의 노력 없이, 그녀가 다시 태어났을 때 비로소 삶을 영위하고 시를 쓰는 것이 가능하게 해주겠다는 결의 없이는 그녀가 찾아오리라 기대할 수 없습니다. 그것은 불가능한 일이니까요. 하지만 저는 주장합니다. 우리가 그녀를 위해 노력한다면 그녀는 반드시 올 것이며, 비록 가난과 무명 속에서일지라도 그렇게 노력하는 것 자체가 충분히 가치 있는 일이라고 말입니다.

조안 마틴 양의 일기

조안 마틴 양의 일기

조안 마틴 양의 일기

독자들께서는 어쩌면 제가 누구인지 잘 모르실지도 모르겠네요. 그래서 작가들이 보통 얼마나 겸손한지 잘 아시겠지만, 조금 이례적이고 부자연스럽더라도 제 소개를 직접 해 볼까 해요. 저는 마흔다섯 살의 로자먼드 메리듀*라고 합니다. 나이까지 밝히는 걸 보니 제 솔직함이 어느 정도인지 짐작이 가시죠? 저는 중세 영국 토지 보유 제도에 관한 연구로 업계에서 꽤 명성을 얻었답니다. 베를린에도 제 이름이 알려져 있고, 프랑크푸르트에서는 저를 위한 연회를 열어 줄 정도예요. 옥스퍼드와 케임브리지의 몇몇 호젓한 연구실에서도 저를 아주 모르는 건 아니랍니다. 인간에게는 본성이라는 게 있으니 제 상황을 좀 더 설득력 있게 말씀드려 볼게요. 저는 남편과 가정 그리고 편안

---

* 로자먼드 메리듀는 울프가 창조한 '전문직 여성'의 초기 모델로, 그녀가 주장하는 "토지 보유 제도보다 사람들의 삶이 중요하다"라는 관점은 훗날 울프가 『자기만의 방』에서 역설하는 '여성의 가난하고 익명적인 역사'에 대한 관심과 직결된다. 로자먼드는 남성 중심의 전쟁이나 왕조사와 같은 거대 담론 대신 '스타킹'과 같은 일상 유물로 역사를 복원하려 시도한다(미시사적 관점). 이는 『자기만의 방』에서 '역사에 기록되지 않은 여성들의 삶'을 탐구하려 했던 울프의 문제의식과 맞닿아 있다.

하게 늙어갈 집 대신 누런 양피지 조각 몇 개를 선택했어요. 그 양피지는 읽을 수 있는 사람도 몇 안 되지만, 읽을 줄 안다 해도 굳이 읽고 싶어 하는 사람은 더 적은 그런 물건들이죠. 하지만 어머니들은 가장 못나고 어리석은 자식을 제일 아낀다는 이야기를 여성 문학에서 흥미롭게 읽은 적이 있는데요. 제 가슴속에서도 이 쭈글쭈글하고 바랜 작은 땅속 요정들gnomes을 향한 일종의 모성애 같은 열정을 느끼게 되었답니다. 현실적으로 보면 이들은 신경질적인 얼굴을 한 장애인 같아 보이지만, 제게는 그들의 눈동자 속에 천재성의 불꽃이 담겨 있는 것으로 보여요. 물론 이 문장을 구구절절 설명하진 않을게요. 제가 비유한 그 어머니가 자신의 아픈 아이가 사실은 다른 형제들보다 훨씬 더 아름답고 잘생겼다고 애써 설명한들 남들이 쉽게 이해하지 못하는 것과 마찬가지일 테니까요.

어쨌든 제 연구 덕분에 저는 여기저기를 떠돌아다니는 행상인 같은 처지가 되었지요. 다만 물건을 파는 게 아니라 사는 게 제 일이라는 점이 다를 뿐이죠. 저는 낡은 농가나 허물어져 가는 저택, 목사관, 교회의 제의실 등을 찾아가 늘 똑같은 요구를 하곤 해요. "혹시 제게 보여주실 만한 오래된 문서가 있을까요?" 상상하시겠지만, 이런 종류의 '사냥'을 즐기던 호시절은 이제 다 지났답니다. '오래됨' 자체가 가장 값비싼 상품이 되어버린 데다 국가에서 위원회까지 만들어 개인의 모험을 대부분 막아버렸거든요. 사람들은 종종 제게 "공무원이 내려와 문서를 검토해 주기로 했다"라고 말하곤 하죠. 그런 '국가'의 권위가 주는 무게감 앞에서는 저 같은 개인의 가녀린 목소리는 설득력을 잃고 만답니다.

그렇다고 불평만 할 수는 없겠죠. 돌이켜보면 역사가들에게 진정한 흥미를 줄 만한 훌륭한 전리품들을 얻기도 했으니까요. 때로는 아주 작고 희미한 빛을 내뿜는 문서들이 저를 더 기쁘게 하기도 해요. 가령 엘리자베스 파트리지 부인의 다리 위로 갑자기 떨어진 한 줄기 빛이 잉글랜드 전체를 지나 왕좌에 앉은 왕에게까지 가 닿는답니다. 그녀는 스타킹을 원했어요! 그 어떤 거창한 기록보다도 이 사소한 욕구가 중세인의 다리가 실제로 존재했다는 사실을, 나아가 중세인의 몸과 뇌가 실존했다는 사실을 아주 생생하게 일깨워 주거든요. 그 사실을 깨닫는 순간, 우리는 모든 시대의 중심, 시작이자 끝 그리고 그 중간인 지점에 서게 되는 것이죠. 이쯤에서 제 자랑을 하나 더 해볼까 해요. 13, 14, 15세기 토지 보유 제도에 대한 제 연구가 두 배로 가치 있는 이유는 이 제도들을 당시 사람들의 삶과 연결해 보여 주는 제 탁월한 재능 덕분이라고들 하더군요. 저는 토지 제도의 복잡한 규칙이 당시를 살았던 남녀노소의 삶에서 늘 가장 중요한 건 아니었다는 사실을 잊지 않았어요. 때로는 대담하게 이런 제안을 하기도 했죠. 우리를 그토록 즐겁게 하는 그 미묘하고 복잡한 법적 사항들이, 사실 조상들이 놀랍도록 꼼꼼했다는 증거라기보다 오히려 그들의 '태만함'을 보여 주는 증거라고 말이에요. 제정신이라면, 자기가 무덤에 들어간 지 500년 뒤에나 태어날 고작 서너 명의 골동품 수집가를 위해 그 귀한 시간을 법률을 꼬는 데 썼겠어요?

제가 그동안 숱한 공격을 주고받으며 치열하게 싸워온 그 논쟁을 여기서 다시 꺼내지는 않을게요. 제가 이 문제를 언급한 이유는 단지, 제가 왜 이 모든 학술적 조사를 제 글에 삽입한 '가족의 삶'이라는 그림을 받쳐주는 부차적 요소로 만들었는지 설명하기 위해서예요. 그 그림들이야말로 이 복잡한 제도라는 뿌리가 피워낸 꽃이자 딱딱한 부싯돌을 긁어대서 만들어낸 번뜩이는 섬광 같은 것이니까요.

제가 쓴 『장원 명부The Manor Rolls』를 읽어 보신다면, 독자분들의 기질에 따라 그 책에 담긴 여러 '여담'을 보고 즐거워하거나 눈살을 찌푸리실지도 모르겠어요.

저는 주저하지 않고 커다란 활자로 여러 페이지를 할애해서 당시의 삶을 한 폭의 그림처럼 생생하게 보여 주려 애썼거든요. 때로는 농노의 집 문을 두드려 그가 몰래 잡은 토끼를 굽고 있는 현장을 목격하기도 하고, 영주가 여행을 떠나거나 개들을 데리고 들판을 산책하는 모습 혹은 등받이가 높은 의자에 앉아 매끄러운 양피지 위에 고생스럽게 숫자를 적어 넣는 장면을 보여 드리기도 하죠. 다른 방으로 가면 엘리너 마님이 바느질에 열중하고 있고, 그 옆 낮은 의자에는 딸이 앉아 함께 바느질을 하지만 어머니만큼 열심히 하지는 않네요. "애야, 혼수용 리넨을 다 만들기도 전에 네 남편이 먼저 오겠구나" 하고 꾸짖는 어머니의 목소리가 들리는 것 같지 않나요?

아, 하지만 이 이야기를 제대로 읽으려면 제 책을 직접 공부하셔야 해요! 비평가들은 늘 두 가지 회초리로 저를 위협해 왔답니다. 첫째, 그런 여담은 시대사라면 모를까 중세 토지 제도와는 아무 상관이 없다는 것이에요. 둘째, 제 이야기들을 '진실'

처럼 보이게 해 줄 근거 자료가 제 곁에 하나도 없다는 불평이었죠. 사실 제가 선택한 이 시기가 그 어느 때보다 사적인 기록이 빈약한 시기라는 건 잘 알려진 사실이거든요. 『패스턴가의 편지』*에서 모든 영감을 빌려올 게 아니라면, 여느 소설가들처럼 그저 상상력에 기댈 수밖에 없죠. 듣자 하니 상상력도 그 자체로는 유용한 기술이라지만 '역사가'의 엄격한 기술과는 결코 엮여서는 안 된다고들 하더군요. 하지만 이러다가는 또다시 제가 『역사가 계간지』에서 그토록 열정적으로 벌였던 그 유명한 논쟁으로 빠져들고 말겠네요. 이제 서론을 마무리해야겠어요. 안 그러면 성미 급한 독자분께서 책을 내던지며 "아, 또 뻔한 이야기네! 골동품 수집가들의 말다툼이라니!" 하고는 내용을 다 파악했다고 생각하실지도 모르니까요. 자, 그럼 여기에 선을 하나 그을게요. 옳고 그름, 진실과 허구에 대한 이 모든 골치 아픈 문제는 이제 뒤에 남겨두기로 해요.

2년 전 어느 6월 아침이었어요. 저는 노리치에서 이스트 할링으로 이어지는 테트퍼드 도로를 따라 마차를 달리고 있었죠. 케이스터 수도원의 유적 속에 묻혀 있을 거라고 믿었던 문서들을 찾으러 갔다가 허탕만 치고 돌아오는 길이었답니다. 우리가 그리스 도시를 발굴하면서 매년 쏟아붓는 돈의 딱 10분의 1만이라도 우리 자신의 유적을 발굴하는 데 쓴다면, 역사가들이

---

* The Paston Letters: 실제 역사에서 '케이스터 수도원'은 15세기 노퍽의 유력 가문인 패스턴(Paston) 가문과 밀접한 관련이 있다. 울프는 이 작품을 쓰기 전 『패스턴가의 편지(The Paston Letters)』를 탐독했으며, 마거릿 패스턴(Margaret Paston)을 모델삼아 조안 마틴을 창조했다. 로자먼드가 이곳을 발굴하러 갔다는 설정에서 이 작품이 패스턴 가문의 편지에 대한 문학적 오마주임을 추측할 수 있다.

들려줄 수 있는 이야기가 얼마나 달라졌을까요!

그런 생각에 잠겨 있었지만, 제 한쪽 눈, 그러니까 제 '고고학적 안테나'는 우리가 지나치는 풍경을 놓치지 않고 살피고 있었어요. 그러다 갑자기 그 안테나에 신호가 잡혔고, 저는 마차 안에서 벌떡 일어나 마부에게 당장 왼쪽으로 꺾으라고 소리쳤답니다. 울창한 느릅나무 고목들이 늘어선 가로수길을 지나갔는데, 제 마음을 사로잡은 '미끼'는 저 멀리 초록 나뭇가지들 사이로 액자 속 그림처럼 작게 보이는 풍경이었어요. 그 안에는 하얀 석조 현관의 선들이 아주 선명하게 그려져 있었죠.

가까이 다가가 보니 그 현관은 담황색 석고를 바른 낮고 긴 담벼락에 둘러싸여 있었고, 그 위로는 불그스레한 기와지붕이 보였어요. 마침내 제 눈앞에 우아하고 아담한 저택 전체가 모습을 드러냈는데, 알파벳 'E'자 모양에서 가운데 획만 쏙 빠진 형태*를 하고 있었답니다.

이곳은 몇 세기 동안 거의 손대지 않은 채 사람들에게 알려지지 않고 살아남은 소박하고 오래된 영주 저택Hall 중 하나였어요. 허물고 새로 짓기에는 너무 보잘것없고, 주인들은 무언가 야심을 품기엔 너무 가난했기 때문에 살아남은 것이죠. 이곳을 지은 사람의 후손들은 자신들의 집이 특별하다는 사실을 전혀 의식하지 못한 채 살아가고 있었어요. 마치 대대로 부엌 연

---

* 중간 획이 지워진 'E'자 모양의 집(Built like the letter E): 'E'자 형태의 평면 구조는 엘리자베스 1세(재위 1558~1603)에 대한 경의의 표시로 16세기 후반(엘리자베스 시대)에 유행한 건축 양식이다. 하지만 이 작품 속 조안 마틴의 일기는 1480년(15세기 후반)을 배경으로 한다. 즉, 조안 마틴이 살던 시기는 아직 'E'자 형태의 집이 존재하지 않았거나 유행하지 않았을 때이다. 이는 울프가 집필 당시 시대 배경 설정을 유동적으로 생각했음이 드러나는 대목이다.

기에 검게 그을린 높은 굴뚝처럼 그들 자신도 이 집의 자연스러운 일부가 되어버린 것 같았죠. 물론 더 큰 집이 좋긴 하겠지만 누군가 좋은 가격을 제안한다면 이 오래된 집을 파는 걸 주저하지 않을지도 몰라요. 하지만 전 오히려 그런 무심하고 자연스러운 태도가 이 집의 진정성을 보여준다고 생각해요. 500년 동안이나 대대로 살아온 집에서 새삼스럽게 감상에 젖을 수는 없는 법이니까요. 초인종 위에 손을 얹고 서서 저는 이런 생각을 했답니다. '이런 곳이야말로 귀한 필사본들이 잠들어 있을 만한 곳이야. 그리고 주인들은 그걸 처음 보는 고물상에게 돼지 여물이나 공원의 땔감을 팔 듯 아무렇지 않게 팔아버리겠지.' 제 관점이 좀 유별나고 괴팍한 편이긴 하지만, 사실 이런 분들이야말로 정말 건강한 본성을 지닌 사람들이 아닐까요? "글이라면 우리도 쓸 줄 알아요. 그런데 옛날 편지가 무슨 소용인가요? 전 다 태워버리거나 잼 단지 뚜껑을 묶는 데 써버린답니다"라고 말하는 그런 사람들 말이에요.

마침내 하녀가 나왔는데, 마치 제 얼굴이나 용건을 기억해 내야만 한다는 듯이 한참을 곰곰이 쳐다보더라고요. "여기에 누가 사시나요?" 제가 물었죠. 그러자 하녀는 제가 마치 현재 영국 국왕의 이름이라도 물은 것처럼 입을 딱 벌리고는 "마틴 씨요"라고 대답하더군요. "마틴 부인도 계신가요? 댁에 계시면 좀 뵙고 싶은데요." 소녀는 따라오라는 손짓을 하더니 아무 말 없이 저를 이끌었어요. 제 기이한 질문들에 대답해 줄 책임이 있는 사람에게 데려다준 것이죠.

저는 오크나무 패널이 둘러진 넓은 홀을 지나 조금 더 작은 방으로 안내받았어요. 그곳엔 저와 동년배로 보이는 혈색 좋은 부인이 재봉틀로 바지를 박음질하고 있었죠. 얼핏 가정부처럼 보였지만, 하녀가 속삭이길 그분이 바로 마틴 부인이라고 하더군요. 부인은 아침 방문 손님을 맞이하는 차림새는 아니었지만, 자신이 이 집의 책임자이자 안주인이며 제 방문 목적을 알 권리가 있다는 태도로 자리에서 일어났답니다.

골동품 수집가들의 게임에는 몇 가지 규칙이 있는데, 가장 기본은 첫 만남에서 목적을 바로 말하지 않는 거예요. "지나가다가 실례를 무릅쓰고 들렀어요. 제가 워낙 멋진 풍경을 좋아해서요. 혹시 집을 좀 둘러볼 수 있을까요. 정말 보기 드물게 훌륭한 집 같아서 말이죠."

"혹시 집을 빌리러 오셨나요?" 마틴 부인이 정겨운 사투리가 섞인 말투로 물었어요. "방을 세놓기도 하시나요?" 제가 되물었죠. "오, 아뇨." 부인이 단호하게 대답하더군요. "방을 세놓지는 않아요. 혹시나 집을 통째로 빌리고 싶어 하시나 해서요.""저 혼자 쓰기엔 좀 크네요. 하지만 친구들이 있으니까요…….""뭐, 그렇다면요!" 마틴 부인은 이득을 보겠다는 생각은 접어두고 그저 선심을 쓰겠다는 듯 쾌활하게 말을 가로챘어요. "집 구경이야 얼마든지 시켜드리고 말고요. 전 옛날 물건에 대해선 잘 모르고 이 집이 특별하다는 소리도 들어본 적 없지만요. 그래도 런던에서 오신 분이라면 꽤 지낼 만한 곳일 거예요." 부인은 제 옷차림과 생김새를 호기심 어린 눈으로 훑어보았어요. 솔직히 말해 부인의 생기 넘치면서도 약간은 가엽게 여기는 듯한 시선 앞에서, 평소보다 제 몸이 더 굽어지는 기분이었답니다. 저는 부인이 궁금해할 만한 제 신상 정보를 조금 들려주었죠. 흰 회반죽벽 위로 오크나무 기둥들이 줄무늬처럼 시원하게 뻗어 있는 긴 복도를 거닐며, 저희는 꽤 많은 문답을 주고받았어요. 초록색 네모꼴 창문이 정원 쪽으로 나 있는 깨끗한 방들을 들여다보았는데, 가구는 단출했지만 품위가 있더군요. 부인의 남편은 규모가 꽤 큰 농장을 운영했지만 땅값이 너무 떨어져서 세가 나가지 않는 이 저택에 들어와 살 수밖에 없었다고 해요. 집이 그들에겐 너무 크고 쥐들이 들끓어 골치라고 했지만요. 부인은 남편의 가문이 이 집을 아주 오랫동안 소유해 왔다며 약간의 자부심을 내비쳤어요. 얼마나 오래됐는지는 모르지만, 마틴 가문이 한때 이 지역의 대단한 유지였다고들 한대요. 부인은 가문 이름에 'y'가 들어간다는 점Martyn을 특별히 강조했죠. 하지만 그 말투는 고귀한 혈통이라 해도 척박한 땅이나 구멍 난 지붕 그리고 탐욕스러운 쥐들 앞에서는 아무 소용이 없다는 뼈아픈 현실을 경험으로 알고 있는 사람의 말투였어요.

집은 티끌 하나 없이 깨끗하게 잘 관리되어 있었지만, 모든 방에는 어딘지 모를 썰렁함이 감돌았어요. 큼직한 오크 테이블만 덩그러니 놓여 있고, 반짝이는 주석 컵이나 도자기 접시 말고는 장식품이 거의 없는 게 제 눈에는 조금 불길해 보였죠. 방 안을 꽉 채웠던 작고 아기자기한 물건들이 이미 많이 팔려나간 게 틀림없어 보였거든요. 하지만 안주인의 자존심을 생각해서 예전엔 집이 어땠느냐고 감히 물을 수는 없었답니다. 그런데도 부인이 거의 텅 빈 방들을 보여줄 때면 일종의 아쉬움 같은 게 느껴졌어요. 현재의 빈곤함을 과거의 풍요로웠던 시절과 비교하며 "한때는 형편이 참 좋았는데 말이죠"라는 말을 혀끝까지 머금고 있는 것 같았거든요. 침실들과 거실로 쓰였을 법한 방들을 안내하는 부인의 태도에는 미안함도 섞여 있었는데, 마치 자신의 건장한 체격과 이 우아한 저택 사이의 어울리지 않는 괴리를 스스로도 잘 알고 있다는 걸 보여 주려는 듯했죠. 상황이 이렇다 보니 제가 가장 궁금했던 질문, 혹시 책이 좀 있느냐는 말은 차마 꺼내지 못하겠더라고요. 이 착한 부인을 재봉틀 앞에서 너무 오래 떼어놓은 것 같아 마음이 쓰일 무렵, 부인이 창밖에서 들려오는 휘파람 소리를 듣고는 저녁 먹으러 들어오라고 크게 소리쳤어요. 그러더니 수줍어하면서도 반가운 기색으로 제게 "저녁 식사나 같이하고 가시라"라고 권하더군요. "제 남편 존이 저보다 이런 오래된 물건들을 훨씬 잘 알아요. 아마 얘기 나눌 사람을 만나면 무척 좋아할 거예요. 그 양반 핏줄이 어디 가겠어요?" 부인이 웃으며 말했고, 저 역시 그 정중한 초대를 거절할 이유가 없었죠. 남편 존은 아내처럼 어떤 부류라고 딱 잘라 말하기 어려운 묘한 분위기의 남자였어요. 중년의 나이에 체격은 보통이었는데, 농부치고는 부자연스러울 정도로 창백한 피부에 머리색이 짙었어요. 말할 때면 모양 좋은 손가락으로 아래로 처진 콧수염을 천천히 쓸어내리곤 하더군요. 갈색 눈동자는 아주 총명해 보였지만 저를 바라볼 때 약간의 경계심이 서려 있는 듯했어요. 하지만 막상 입을 열자 아내보다 더 심한 노픽 사투리를 썼고, 목소리와 옷차림만 봐서는 외모와 달리 뼛속까지 노픽 농부 자체였답니다.

부인이 친절하게 집 구경을 시켜주었다는 제 말에 그는 그저 고개를 끄덕일 뿐이었어요. 그러더니 눈을 반짝이며 아내를 쳐다보고는 이렇게 한마디 하더군요. "이 사람 뜻대로라면 이 낡은 집은 벌써 쥐들 차지가 됐을 거예요. 집이 너무 크고 유령은 너무 많다나 뭐라나. 안 그래, 베티?" 부인은 그저 미소만 지었는데, 마치 그 문제는 이미 아주 오래전에 결론이 났다는 듯한 표정이었죠.

저는 집의 아름다움과 그 깊은 역사를 이야기하며 그의 기분을 맞춰주려 했어요. 하지만 그는 제 칭찬에 별 관심이 없는 듯 차가운 쇠고기를 크게 한 입 베어 물며 건성으로 "그렇죠", "아니요"라고 대꾸할 뿐이었죠.

그의 머리 위에는 찰스 1세 시대쯤 그려진 듯한 초상화 하나가 걸려 있었는데, 지금 입고 있는 셔츠 칼라와 트위드 재킷을 당시의 주름 칼라ruff와 실크 상의doublet로 바꿔 입히면 영락없이 그와 닮아 보였어요. 그래서 저도 모르게 그 이야기를 꺼냈죠. "오, 그렇죠." 그가 여전히 흥미 없다는 듯 대답했어요. "제 할아버지, 아니면 할아버지의 할아버지쯤 될 거예요. 여긴 워낙 조상들 천지니까요."

"보인 전투the Boyne에서 싸웠다던 그 마틴인가요?" 베티 부인이 제게 쇠고기를 한 조각 더 권하며 무심하게 물었어요. "보인 전투라니!" 남편이 의아함과 짜증이 뒤섞인 목소리로 반문했죠. "여보, 그건 재스퍼 삼촌 얘기잖아. 이 양반은 보인 전투가 있기도 훨씬 전에 무덤에 들어갔다고."

그러더니 그는 이 문제를 제게 확실히 이해시키려는 듯 설명을 이어갔어요. 사실 자체는 그리 중요하지 않을지 몰라도 이런 단순한 사실관계에서 실수를 저지르는 것만큼은 용납할 수 없다는 태도였죠. "이 사람 이름은 윌러비 마틴이에요. 1625년에 태어나 1685년에 죽었죠. 노픽 부대 대위로 마스턴 무어 전투에 참전했고요. 우리 집안은 언제나 왕당파였거든요. 호국경 시대에는 망명길에 올라 암스테르담으로 갔는데, 거기서 뉴캐슬 공작에게 밤색 말 한 필을 샀답니다. 우린 아직도 그 품종을 기르고 있어요. 왕정복고 때 여기로 돌아와 매너 가문의 샐리 햄프턴과 결혼했는데, 그 집안은 지난 세대에 대가 끊겼죠. 자식은 아들 넷에 딸 둘 육 남매를 뒀고요. 그 사람이 '아래쪽 목초지'를 샀잖아, 베티." 그는 턱짓으로 아내를 가리키며 그녀의 답답할 정도로 흐린 기억력을 자극하더군요.

"아, 이제야 생각나네요." 부인이 태연하게 대꾸했어요. "그분은 말년을 여기서 쭉 보냈어요. 천연두, 아니 당시 천연두라 불리던 병으로 죽었죠. 딸인 조안도 아버지한테 옮았고요. 저기 교회 묘지에 합장되어 있답니다." 존은 엄지손가락으로 묘지 쪽을 툭 가리키고는 다시 식사에 집중했어요. 이 모든 이야기는 너무 오랫동안 반복해서 이제는 전혀 흥미롭지 않은 숙제를 해치우듯 짤막하고 퉁명스럽게 흘러나왔죠. 하지만 어떤 이유에서인지 그는 이 이야기를 꼭 다시 반복해야만 하는 것 같았답니다.

제 질문들이 집주인을 딱히 즐겁게 하지는 못한다는 걸 알면서도 저는 이야기에 대한 흥미를 감출 수 없었어요. "손님은 우리네 늙은 조상님들한테 묘한 관심이 있으신가 보군요." 마침내 그가 장난기 서린 짜증이 섞인 묘한 눈초리로 한마디 하더군요. "식사 마치면 그림들을 좀 보여드려요, 존." 아내 베티가 거들었어요. "다른 옛날 물건들도 전부 다요."

"정말 보고 싶긴 하지만 너무 시간을 뺏는 건 아닌지 모르겠네요." 제가 사양하듯 말하자 부인이 다시 나섰죠. "오, 존은 그 물건들에 대해 아는 게 정말 많아요. 그림에 대해선 아주 박식하거든요." "자기 조상도 못 알아보는 바보가 어디 있나, 베티." 남편이 으르렁거리듯 대꾸했어요. "뭐, 손님이 정 보고 싶으시다면 저야 자랑스럽게 보여드릴 수 있습니다." 그가 건넨 정중한 말투와 저를 위해 문을 잡아주는 매너를 보니 다시금 그들의 이름에 들어간 귀족적인 'y'자가 떠오르더라고요.

그는 승마용 채찍으로 어두운 캔버스들을 하나하나 가리키며 홀을 안내해 주었어요. 그림마다 주저 없이 두세 마디씩 설명을 툭툭 내뱉으면서요. 초상화들은 연대순으로 걸려 있는 듯했는데, 먼지가 쌓이고 어두운 와중에도 후대로 갈수록 예술성은 떨어지고 인물들의 풍채도 덜해진다는 게 확연히 보였답니다. 군복 차림은 점점 줄어들더니, 18세기 마틴가 남자들은 투박하게 재단된 칙칙한 갈색 옷을 입고 등장하더군요. 후손인 존은 그들을 그저 '농부'라거나 '늪지 농장을 팔아치운 사람' 정도로 짧게 소개할 뿐이었죠.

어느 순간부터는 아내와 딸들의 초상화가 아예 자취를 감추었어요. 마치 시간이 흐르면서 초상화가 여성의 아름다움 자체를 기념하려는 것이 아니라 오직 집안 가장의 권위를 세우는 부속물로만 여겨지게 된 것처럼 말이죠. 하지만 채찍 끝으로 가문의 쇠락을 훑어내리는 존의 목소리에서는 자부심도, 그렇다고 후회하는 기색도 느껴지지 않았어요. 그저 너무나 잘 아는 이야기라 단어 하나하나의 의미조차 닳아 없어진 옛이야기를 들려주듯, 아주 평탄한 어조를 유지할 뿐이었답니다.

"저분이 마지막이에요. 바로 제 아버지죠." 홀의 사면을 천천히 다 돌고 나서 그가 말했어요. 제가 본 건 60년대 초반쯤, 어느 뜨내기 화가가 붓 가는 대로 그려낸 조잡한 캔버스였죠. 서툰 솜씨 탓에 이목구비는 투박하고 피부색은 거칠게 표현된 것 같더라고요. 아들인 존처럼 아버지에게도 분명 있었을 그 미묘한 품격을 포착하기보다는 그냥 평범한 농부로 그리는 편이 화가에게는 더 쉬웠을 거예요. 화가는 모델을 검은 코트 속에 쑤셔 넣고 목에는 뻣뻣한 흰 넥타이를 감아 놓았는데, 그 불쌍한 신사는 지금도 그 옷이 영 불편해 보였답니다.

"자, 마틴 씨." 이제는 인사를 하고 떠나야 할 것 같았어요. "두 분께 정말 감사드려요. 그리고……." "잠깐만요." 그가 제 말을 툭 끊더군요. "아직 안 끝났습니다. 책들이 남았거든요."

그의 목소리에는 반쯤 우스꽝스러운 고집이 배어 있었어요. 자신은 별 관심 없지만, 이왕 시작한 일 끝까지 제대로 해치우겠다고 결심한 사람 같았죠. 그는 문을 열고 작은 방으로 저를 안내했어요. 아니, 사무실이라고 하는 게 맞겠네요. 서류가 산더미처럼 쌓인 테이블과 장부로 가득 찬 벽면을 보니, 이곳이 영주가 집안 업무를 보는 공간이라는 게 딱 느껴졌거든요. 장식용 패드와 붓들이 놓여 있었고, 여기저기 선반과 상자 위에는 박제된 동물들이 석고 혀를 내밀고 생기 없는 앞발을 든 채 씩 웃고 있었답니다.

"이것들은 아까 본 그림들보다 훨씬 오래된 거예요." 그가 몸을 굽히더니 누렇게 변한 거대한 서류 뭉치를 끙 하고 들어 올리며 말했어요. 제대로 제본된 것도 아니고, 그저 정육점 청구서나 영수증 묶음을 꿰어 둘 때 쓰는 막대 달린 초록색 실로 묶여 있을 뿐이었죠. "이게 첫 번째 뭉치입니다." 그가 카드 팩을 다루듯 손가락으로 종이들을 촤르르 넘기며 말하더군요. "1번, 1480년부터 1500년까지 기록이죠."

순간 저는 숨이 턱 막혔어요. 누구라도 그러지 않았겠어요? 하지만 마틴 씨의 차분한 목소리는 이런 곳에서 호들갑스러운 열광 따위는 어울리지 않는다는 걸 일깨워 주는 듯했죠. 정말이지, 이 '진짜' 보물 앞에서는 제 열광조차 아주 값싼 물건처럼 느껴지기 시작했답니다.

"아, 그렇군요. 정말 흥미롭네요. 제가 좀 봐도 될까요?" 제가 할 수 있는 말은 그게 전부였지만, 그 문서 뭉치가 제 손에 무심하게 툭 떨어졌을 때 통제되지 않는 손이 가늘게 떨리고 있었답니다. 마틴 씨는 제 하얀 피부를 더럽히지 않도록 먼지떨이개를 가져오겠다고 했지만, 저는 괜찮다고 너무 다급하게 말해버렸어요. 혹시라도 제가 이 귀중한 문서를 만지지 못하게 할 어떤 실질적인 이유라도 생길까 봐 덜컥 겁이 났거든요.

그가 책장을 뒤지는 동안 저는 급히 양피지의 첫 문장을 훑어보았어요. "조안 마틴의 일기. 주후 1480년 노퍽 카운티 마틴 홀에서 그녀가 기록함." 제가 글자를 한 자 한 자 조심스럽게 읽어 내려갔죠.

"제 조상인 조안 할머니의 일기예요." 마틴 씨가 책을 한아름안고 돌아서며 말을 잘랐어요. "괴짜 노처녀였던 게 분명해요. 전 일기 같은 건 도저히 못 쓰겠더라고요. 몇 번 시도는 해봤지만 2월 10일을 넘겨본 적이 없거든요. 그런데 여기 좀 보세요." 그가 제 위로 몸을 숙여 페이지를 넘기며 손가락으로 가리키더군요. "여기 1월, 2월, 3월, 4월…… 쭉 나오죠? 꼬박 열두 달 치가 다 들어 있답니다."

"그럼 이걸 직접 읽어 보셨나요?" 저는 그가 '아니요'라고 대답하길 기대하며, 아니 솔직히는 희망하며 물었어요. "오, 읽었죠." 그가 별거 아니라는 듯 무심하게 대답하더라고요. "글씨체에 익숙해지는 데 시간이 좀 걸렸고, 그 할머니 맞춤법이 좀 이상하긴 해도요. 그래도 묘한 이야기들이 꽤 있더군요. 토지에 대해서도 이런저런 사실을 많이 배웠고요." 그가 생각에 잠긴 듯 일기장을 톡톡 두드렸어요.

"그분의 생애도 알고 계시나요?" 제 질문에 그는 마치 변사 같은 목소리로 설명을 시작했어요. "조안 마틴은 1495년에 태어났어요. 자일스 마틴의 외동딸이었죠. 아들은 셋이나 있었지만요. 우리 집안은 언제나 아들 복은 있었거든요. 이 일기는 스물다섯 살 때 쓴 거예요. 평생 여기서 살다가 결혼도 안 하고 서른 살에 죽었죠. 저 아래 교회 묘지에 가면 다른 식구들과 함께 묻힌 걸 볼 수 있을 겁니다."

"자, 그리고 이건." 그가 양피지로 제본된 두꺼운 책을 만지며 말을 이었어요. "제 생각엔 이게 더 재미있는 물건이에요. 1583년 재스퍼의 가계부죠. 이 양반이 장부를 얼마나 꼼꼼하게 적었는지 좀 보세요. 뭘 먹고 마셨는지, 고기와 빵, 와인 값은 얼마였는지, 하인은 몇 명이나 됐는지까지요. 말, 마차, 침대, 가구, 모든 게 다 적혀 있어요. 정말 체계적이지 않나요? 이런 게 열 권이나 한 세트로 있답니다." 그는 지금까지 그 어떤 소유물을 이야기할 때보다도 훨씬 더 큰 자부심을 느끼는 것 같았어요.

"이것도 겨울밤에 읽을거리로 제격이죠." 그가 말을 이었어요. "윌러비의 종마 사육부Stud book예요. 아까 말한 윌러비 기억하시죠?" "공작에게 말을 샀고 천연두로 돌아가신 그분 말이죠." 제가 술술 대답했죠. "맞습니다." 그가 고개를 끄덕였어요. "자, 이건 정말 물건이에요." 그는 마치 가장 아끼는 와인을 설명하는 전문가처럼 말을 이어갔답니다. "이건 50파운드를 준대도 안 팔 겁니다. 여기 이름들, 혈통, 생애, 가치, 후손들까지…… 마치 성경처럼 다 적혀 있거든요." 그는 죽은 말들의 낯설고 오래된 이름들을 혀 위에서 굴려 보더군요. 마치 와인 맛을 음미하듯이 말이에요. "제 아내한테 물어보세요. 제가 책을 안 보고도 이걸 다 외우나 못 외우나." 그가 웃으며 책을 덮어 조심스럽게 선반에 올려놓았어요.

"이건 영지 장부들인데, 올해 것까지 다 들어 있어요. 이게 마지막 권이고요. 그리고 여기 우리 가족사가 있답니다." 그는 긴 양피지 두루마리를 펼쳐 보였어요. 그 위에는 중세의 펜으로 멋을 부려 그린 정교한 가계도가 있었죠. 가지가 어찌나 넓게 뻗어 나가는지 종이 가장자리에 밀려 무자비하게 꺾여 있기도 하더라고요. 예를 들면 아내도 없이 자식 열 명을 줄줄이 달고 있는 남편처럼 말이에요. 맨 아래에는 아직 마르지 않은 잉크로 집주인 재스퍼 마틴과 그의 아내 엘리자베스 클레이 그리고 세 아들의 이름이 적혀 있었어요. 그의 손가락이 가계도를 따라 능숙하게 움직였는데, 이 일에 너무 익숙해진 나머지 손가락 스스로 길을 찾아가는 것 같았죠. 마틴 씨의 목소리는 마치 단조로운 기도문을 읊조리듯 중얼중얼 이어졌답니다.

"그래요." 그가 두루마리를 말아 치워두며 결론짓듯 말했어요. "난 저 두 가지가 제일 좋아요. 눈 감고도 줄줄 꿸 수 있거든요. 말 아니면 할아버지들 이야기죠!"

"그럼 여기서 연구를 많이 하시나 보군요?" 이 이상한 남자의 정체가 궁금해져 제가 슬쩍 물어봤어요. "연구할 시간 따위는 없소." 제 질문에 농부다운 기질이 툭 튀어나왔는지 그가 꽤 거칠게 대꾸하더군요. "그저 겨울밤에 읽기 쉬운 거나 좀 보는 거지. 아침에 일찍 깨면 읽기도 하고요. 가끔은 침대 옆에 두기도 합니다. 잠이 안 올 때 주문처럼 외우거든요. 자기 가족 이름을 아는 거야 당연한 일 아니겠소? 그냥 자연스럽게 나오는 거지. 난 책 공부엔 영 젬병이었거든요. 유감스럽게도 말이오."

그는 양해를 구하더니 파이프에 불을 붙여 커다란 연기 고리를 뻐끔뻐끔 내뿜으며 책들을 정리했어요. 하지만 저는 '제1권', 그 양피지 뭉치를 여전히 손에 꼭 쥐고 있었고, 그는 그게 비어 있는 줄도 모르는 눈치였죠. "이것들 중 어느 것 하나라도 내놓게 되면 참 섭섭하시겠어요, 그렇죠?" 저는 제 진짜 욕심을 웃음 뒤로 숨기며 조심스럽게 운을 떼어 보았답니다. "내놓다니요?" 그가 되물었어요. "내가 무엇 때문에 이걸 내놓겠소?" 그에게는 상상조차 할 수 없는 일이었는지 다행히 제 질문은 우려했던 의심을 사지 않았어요.

"아뇨, 아뇨." 그가 말을 이었어요. "그러기엔 이 종이들이 저한테 너무 쓸모가 많거든요. 보세요, 부인. 이 낡은 서류들이 전에도 법정에서 제 권리를 지켜준 적이 있는걸요. 게다가 사람은 모름지기 가족을 곁에 두고 싶어 하는 법이잖아요. 만약 할아버지, 할머니, 삼촌이랑 고모들이 다 없어진다면……. 글쎄요, 제 마음을 이해하실지 모르겠지만 꽤나 외로울 것 같아요." 그는 마치 자신의 약점을 고백하는 듯한 말투로 말하더군요.

"오, 충분히 이해해요……." 제가 대답했죠.

"부인께서도 저와 같은 마음일 거라고 생각해요. 여기처럼 외딴곳에서는 누군가 곁에 있다는 게 생각보다 훨씬 큰 의미거든요. 전 가끔 친척들이 없었으면 이 시간을 다 어떻게 보냈을까 싶답니다."

그가 말을 할 때 풍기던 그 묘한 분위기는 제 어떤 말로도 혹은 그의 말을 그대로 옮기는 것으로도 온전히 전달하기 어려울 것 같아요. 엘리자베스 시대의 할아버지나 무려 에드워드 4세 시대의 할머니 같은 이 모든 '친척'이, 말하자면 바로 저 모퉁이 너머에서 우리를 지켜보고 있는 듯한 느낌이었거든요. 그의 목소리에는 이른바 '가문의 긍지' 같은 건 전혀 없었어요. 그저 부모를 향한 아들의 애정만이 느껴질 뿐이었죠. 그의 마음속에서 모든 세대는 똑같이 맑고 평온한 빛을 듬뿍 머금고 있는 것 같았어요. 그 빛은 오늘날의 빛과 정확히 일치하지는 않았지만, 그렇다고 우리가 흔히 말하는 '과거의 빛'도 아니었죠. 낭만적이라기보다는 아주 차분하고 드넓은 빛이었는데, 그 속에 서 있는 인물들은 마치 살아생전의 모습 그대로 아주 입체적이고 유능한 모습으로 선명하게 드러나 보였답니다.

재스퍼 마틴 씨가 농장과 들판에서 일을 마치고 돌아와 이곳에 홀로 앉아 언제든 원할 때마다 '친척'들과 편안하게 수다를 떨고 있는 모습이 아주 자연스럽게 그려졌어요. 열린 창문으로 오후의 나른한 햇살과 함께 들려오는 저 아래 들판 일꾼들의 목소리만큼이나 조상들의 목소리 역시 그에게는 아주 생생하게 들리는 게 분명해 보였거든요.

사실 처음엔 이 서류들을 팔 생각은 없는지 물어보려 했는데, 지금 생각하니 그런 제 의도가 얼마나 엉뚱하고 무례했는지 얼굴이 다 화끈거릴 지경이었어요. 게다가 참 이상한 일이죠. 그 순간 저는 고고학자로서 정당한 열의마저 잠시 잃어버렸거든요. 오래된 물건에 대한 열정이나 세월의 흔적을 찾아내는 재미 같은 건 다 사라져 버렸죠. 그런 것들은 이 거대하고 실재적인 존재들 앞에서는 사소하고 부차적인 우연에 불과해 보였으니까요. 마틴 씨 본인의 인생을 설명하는 데 고고학자가 필요하지 않듯이, 마틴 씨의 조상들에 대해 고고학적 지식을 뽐내며 설명할 필요는 전혀 없었어요.

그가 제게 말해주었듯이 그들은 모두 우리와 똑같은 피와 살이 있는 사람들이었어요. 그들이 4, 5세기 전에 죽었다는 사실은 캔버스 위에 유리 액자를 씌운다고 해서 그 아래의 그림이 바뀌지 않는 것만큼이나 그들에게 아무런 차이도 만들어내지 못했답니다.

한편으론, 이 물건들을 사겠다고 하는 건 무례해 보였지만 빌려달라고 하는 건, 비록 좀 바보 같아 보일지 몰라도 아주 자연스러운 일 같았어요.

"저, 마틴 씨." 제가 마침내 입을 뗐어요. 이런 상황에서 제가 느낄 거라고 예상했던 것보다 훨씬 덜 조바심 내며 침착하게 말했죠. "제가 가담의 '스완' 여관에 머물며 이 근처를 일주일 정도 둘러볼 생각인데요. 머무는 동안 이 서류들을 좀 살펴볼 수 있게 빌려주신다면 정말 감사하겠어요. 여기 제 명함이에요. 이 지역 대지주인 레이섬 씨께 물어보시면 제가 어떤 사람인지 잘 알려주실 거예요." 본능적으로 마틴 씨가 그저 선의만 믿고 귀한 물건을 내줄 사람은 아니라고 생각했거든요.

"오, 부인. 그런 건 신경 쓰실 필요 없어요." 그가 제 요청이 뭐 그리 대단한 일인가 싶다는 듯 아무렇지 않게 대답하더군요. "이 낡은 종이들이 마음에 드신다면 얼마든지 빌려가셔도 좋습니다." 그래도 그가 조금 놀란 기색이라 제가 말을 덧붙였죠. "전 남의 집안 내력에도 관심이 아주 많거든요."

"시간만 있다면야 꽤 즐거운 일이긴 하겠군요." 그는 예의 바르게 동의해 주었지만, 아마 속으로는 제 지적 수준이 좀 낮다고 생각했을지도 몰라요.

"어떤 걸로 하시겠어요?" 그가 재스퍼의 가계부와 윌러비의 종마 사육부 쪽으로 손을 뻗으며 물었어요.

"글쎄요. 전 조안 할머니 것부터 시작하고 싶네요. 원래 시작은 처음부터 하는 걸 좋아해서요."

"오, 그러시군요." 그가 미소를 지었죠. "하지만 그 할머니한테서 뭐 특별한 걸 찾으시긴 힘들 거예요. 제가 보기엔 우리랑 다를 바 없는 그냥 평범한 분이셨거든요."

그가 뭐라고 하든 저는 '조안 할머니'를 팔에 꼭 끼고 저택을 나섰답니다. 베티 부인은 이 기묘한 꾸러미의 정체를 숨겨야 한다며 굳이 갈색 종이로 일기장을 싸주었죠. 마침 자전거로 우편물을 배달하러 가는 소년 편에 보내주겠다는 제안도 하셨지만, 저는 단호하게 거절하고 제가 직접 소중히 안고 돌아왔답니다.

1

　어머니 말씀에 따르면 요즘 세상은 당신의 소녀적 시절보다 안전하지도 행복하지도 않다고 해요. 그래서 우리는 영지 안에 콕 박혀 지낼 수밖에 없죠. 해가 지면—1월의 태양은 끔찍하리만치 빨리 저버린답니다—우리는 저택의 대문 뒤에 숨어 안전을 도모해야 해요. 어둠이 내려 자수 놓는 실이 잘 보이지 않을 정도가 되면 어머니는 팔에 커다란 열쇠 꾸러미를 끼고 밖으로 나가시죠. "다들 들어왔느냐?" 어머니의 외침과 함께 도로를 향해 종소리가 울려 퍼져요. 혹시라도 들판에서 늦게까지 일하고 있을지 모를 우리 사람들을 위해서죠. 그러고 나서 어머니가 대문을 닫고 자물쇠를 단단히 채우면, 우리는 온 세상으로부터 완전히 차단된답니다. 서리 내린 대지 위로 달이 떠오를 때면 저는 가끔 대담해지기도 하고 조바심이 나기도 해요. 이 자유롭고 아름다운 곳, 그러니까 잉글랜드 전역과 저 멀리 바다 너머의 땅들이 파도처럼 밀려와 우리의 철문에 부딪히는 압력이 느껴지는 것만 같거든요. 그 파도는 칠흑 같은 기나긴 밤이 새도록 부서지고, 물러났다가 다시 부서지기를 반복하죠. 한번은 침대에서 뛰쳐나와 어머니 방으로 달려가 소리친 적도 있어요. "그들을 들여보내 주세요. 제발요! 우린 굶주리고 있다고요!" "군인들이라도 온 거냐?" 어머니가 놀라 외치셨죠. "아니면 네 아버지 목소리라도 들린 게야?" 어머니는 창가로 달려갔고, 우리는 함께 은빛으로 빛나는 들판을 내다보았지만 사방은 그저 평온할 뿐이었어요. 제가 들은 게 무엇인지 차마 설명할 수 없었지만, 어머니는 제게 다시 잠이나 자라며 세상과 나 사이에 이토록 튼튼한 대문이 있음을 감사히 여기라고 하셨답니다.

하지만 바람이 거세고 달이 먹구름 뒤로 숨어버리는 거친 밤이면, 골목을 배회하거나 숲속에 숨어 있는 악한들이 아무리 애를 써도 우리의 거대한 문을 부술 수 없다는 사실에 안도하며 난로 가까이 몸을 웅크리게 돼요. 어젯밤이 딱 그런 밤이었죠. 아버지는 런던에 계시고 오빠들도 군대에 가 있어서 어린 남동생 제러미를 빼면 어머니 홀로 농장을 관리하고 사람들을 지휘하며 우리의 권리를 지켜내야 하는 겨울철에는 이런 밤이 잦답니다. 교회 종이 여덟 번 울린 뒤에는 양초를 켤 수 없어서 우리는 존 샌디스 신부님과 저택에서 함께 자는 하인 한두 명과 함께 장작불 주위에 둘러앉아요. 잠시도 가만히 있지 못하시는 어머니는 화로 옆 큰 의자에 앉아 뜨개실을 감으시죠. 실

• 　1480년과 장미 전쟁 (The Year 1480): 앞서 "조안 마틴의 일기. 주후 1480년 노퍽 카운티 마틴 홀에서 그녀가 기록함"이라고 서술되어 있다. 1480년은 잉글랜드의 내전인 장미 전쟁 (Wars of the Roses, 1455~1485)이 막바지로 치닫던 시기이다. 요크 가문의 에드워드 4세가 통치하던 시기로, 표면적으로는 평화로워 보였으나 지방 호족 간의 사적 전쟁과 약탈이 빈번했다. 조안이 느끼는 '성문 밖의 공포'와 '약탈자들'은 이러한 치안 부재 상황을 반영한다.

이 엉키기라도 하면 어머니는 쇠막대기로 장작을 쾅 내리쳐 불길과 불똥이 소나기처럼 튀어 오르게 하신답니다. 황갈색 불빛 속으로 고개를 숙이신 어머니를 보면, 그분이 얼마나 고결한 여인인지 새삼 느끼게 돼요. 마흔이 넘은 나이와 수많은 걱정 탓에 이마에 깊은 주름이 파였음에도 말이죠. 머리에 딱 맞는 고운 리넨 모자를 쓴 어머니의 눈빛은 깊고 엄격하며, 뺨은 싱싱한 겨울 사과처럼 불그스레해요. 이런 여인의 딸로 태어나 언젠가는 저도 그분과 같은 힘을 가질 수 있으리라 희망하는 건 정말 멋진 일이죠. 어머니는 우리 모두를 다스리신답니다.

존 샌디스 신부님은 성스러운 직분을 맡았지만, 사실상 어머니의 하인이나 다름없어요. 어머니의 뜻을 따르면서도 늘 투덜대시지만, 정작 어머니가 조언을 구하고는 결국 당신 고집대로 하실 때 가장 행복해하시는 분이죠. 하지만 제가 이런 생각을 조금이라도 내비쳤다간 어머니께 호되게 꾸중을 들을 거예요. 어머니는 교회의 충실한 딸로서 사제님을 진심으로 공경하시거든요. 그 자리에는 윌리엄과 앤도 함께 있었어요. 두 하인은 너무 늙어서 어머니가 특별히 화롯가 곁을 내주신 분들이죠. 하지만 윌리엄 할아버지는 평생 땅을 파고 나무를 심느라 등이 굽을 대로 굽은 데다 비바람에 시달려 껍질만 남은 늪지의 버드나무처럼 변해버렸어요. 그와 대화를 나누느니 차라리 나무더러 불을 쬐라고 하는 게 나을 정도죠. 그래도 할아버지의 기억은 아주 먼 옛날까지 닿아 있어서 가끔 무언가를 말해 주려 애쓰실 때면 정말 신기한 이야기들이 흘러나오곤 해요. 늙은 앤은 어머니의 유모였고 제 유모이기도 했죠. 여전히 옷을 수선하며 어머니 다음으로 집안 살림을 꿰고 있는 분이에요. 집 안의 가구나 태피스트리 하나하나에 얽힌 내력을 들려주길 좋아하지만, 뭐니 뭐니 해도 어머니나 신부님과 함께 제 신랑감으로 누가 좋을지 참견하는 걸 가장 즐기신답니다.

빛이 남아 있는 동안 책을 소리 내어 읽는 건 제 중요한 의무예요. 우리 집에서 글을 읽을 줄 아는 사람은 저뿐이거든요. (어머니는 글을 쓰실 줄 알고 당시치고는 꽤 어려운 단어 철자도 아시지만요.) 최근에 아버지께서 런던에서 존 리드게이트* 씨의 『유리의 궁전The Temple of Glas』이라는 시의 필사본을 보내주셨는데, 헬레네와 트로이 전쟁에 관한 시였어요.

어젯밤 제가 헬레네의 아름다움과 구혼자들 그리고 눈부신 트로이 성에 대해 읽어드릴 때 모두가 숨을 죽이고 경청했답니다. 비록 우리 중 그 장소들이 어디에 붙어 있는지 아는 사람은 없었지만, 이야기 속 풍경이 어땠을지는 아주 생생하게 그려볼 수 있었어요. 전사들의 고통에 함께 눈물짓고, 아마도 우리 어머니와 닮았을 그 위엄 넘치는 여인의 모습을 머릿속에 떠올리면서 말이죠. 어머니가 발로 박자를 맞추고 눈을 반짝이며 고개를 끄덕이시는 걸 보면, 어머니 마음속에서도 그 화려한 행렬이 지나가고 있다는 걸 알 수 있었죠. "그건 분명 아서왕과 기사들이 살던 콘월의 이야기일 게야. 그들의 무용담을 들었던 기억이 가물가물하게 나는구먼." 존 신부님이 말씀하셨어요.

<hr>

*   John Lydgate: 1370년경~1451년경. 제프리 초서(Geoffrey Chaucer)를 계승한 중세 시인이다. 당시 여성, 특히 지방의 지주 계급 딸이 글을 읽고 이런 최신 문학을 향유한다는 설정은 조안 마틴이 시대를 앞선 지성을 지닌 인물임을 보여준다. 울프는 이로써 "역사에 기록되지 않았을 뿐 글을 읽고 쓰는 여성들은 존재했다"라는 것을 암시하고 있다.

“아유, 북쪽 사람들 이야기도 얼마나 멋진데요.” 어머니가 그 쪽 출신인 앤이 끼어들었죠. “제가 조안 아씨께도 자주 노래로 불러드렸잖아요.”

“조안, 빛이 있을 때 계속 읽으렴.” 어머니가 명령하셨어요. 사실 누구보다 귀를 기울이신 분은 어머니였고, 근처 교회에서 통행금지 종소리가 울려 퍼졌을 때 가장 아쉬워하신 분도 어머니였죠. 그러면서도 어머니는 런던에 계신 아버지께 보낼 장부 정리가 산더미인데 이야기나 듣고 있었다며 스스로를 ‘나이 먹은 바보’라고 자책하셨답니다.

불이 꺼지고 더는 책을 읽을 수 없게 되면, 다들 나라 형편에 대해 이야기를 나누기 시작해요. 우리 주변에서 일어나고 있는 온갖 음모와 전투 그리고 피비린내 나는 끔찍한 사건들에 대해서 말이죠. 하지만 제가 보기엔 지금이 예전보다 특별히 더 나빠진 것 같지는 않아요. 오늘날 노퍽에 사는 우리나 헬레네가 살았던 시대의 사람들이나(그녀가 어디에 살았든 간에) 별반 다를 게 없을 테니까요. 당장 작년만 해도 제인 모리슨이 결혼식 전날에 납치당하는 일이 있지 않았나요?

어쨌두 헬레네 이야기는 아주 옛날 일이고, 어머니 말씀으로는 당신이 태어나기도 훨씬 전의 일이라지만, 약탈과 방화는 지금 이 순간에도 일어나고 있어요. 그래서 그런 대화를 듣고 있으면 저와 남동생 제러미는 온몸을 떨게 된답니다. 커다란 대문이 조금만 덜컹거려도, 떠돌이 도적들이 공성퇴를 들고 문을 부수러 온 게 아닐까 싶어 가슴이 철렁 내려앉거든요.

잠자리에 들 시간이 되어 난로의 불꽃이 사그라들면 두려움

이 훨씬 더 심해져요. 우리는 어둠 속을 더듬더듬 기어가듯 큰
계단을 오르고, 창문 너머로 회색빛이 감도는 복도를 지나 차
가운 침실로 들어가야 하죠. 제 방 창문이 깨져서 지푸라기로
겨우 막아두었지만, 틈새로 바람이 들이닥쳐 벽에 걸린 태피스
트리를 들썩이게 할 때면 정말 무서워요. 마치 그림 속의 말들
과 갑옷 입은 병사들이 벽에서 튀어나와 제게 돌진해 오는 것
만 같거든요. 어젯밤 제 기도는 그저 이 거대한 문이 부디 굳건
히 버텨 주기를 그리고 모든 강도와 살인자가 우리 집을 못 본
채 지나쳐 가기만을 비는 것뿐이었답니다.

2

새벽은 비록 춥고 우울할지라도 언제나 반짝이는 예리한 얼음 화살처럼 제 온몸을 관통하곤 해요. 그럴 때면 저는 두꺼운 커튼을 걷어내고, 생명이 다시 피어나고 있음을 알리는 하늘의 첫 번째 붉은 기운을 찾죠. 차가운 창유리에 뺨을 대고 있으면, 끊임없이 들썩이며 우리에게 새로운 삶의 공간을 내어주는 '시간'이라는 육중한 벽에 제가 바짝 붙어 있는 것만 같은 기분이 들어요. 세상 다른 곳으로 퍼져나가기 전의 그 순수한 순간을 제가 가장 먼저 맛볼 수 있기를! 가장 새롭고 신선한 시간을 제게 허락해 주소서. 창밖으로 조상들이 묻힌 교회 묘지를 내려다보며 저는 오랜 순환의 물결 위에서 영원히 요동치고 있을 저 불쌍한 영혼들을 위해 기도해요. 제 눈에는 그들이 창백한 조류 위를 끝없이 빙글빙글 돌고 있는 모습이 보이거든요. 그러니 '현재'라는 선물을 받은 우리만큼은 이 시간을 마음껏 누리고 즐기게 해달라고요. 이것이 제 아침 기도의 소중한 일부랍니다.

오늘은 계속 비가 와서 오전 내내 바느질하며 시간을 보냈어요. 어머니는 다음 주에 존 애시 편으로 런던에 계신 아버지께 보낼 편지를 쓰고 계셨죠. 제 마음은 자연스럽게 그 여행길과 한 번도 본 적은 없지만 늘 꿈꾸는 그 거대한 도시 런던으로 향했어요. 여행은 보통 새벽에 시작한답니다. 길 위에서 밤을 보내는 건 위험하니 최대한 그 시간을 줄여야 하거든요. 존은 가는 방향이 같은 다른 세 사람과 함께 길을 떠나요. 저는 종종 그들이 출발하는 모습을 지켜보며, 저도 꼭 함께 말을 타고 떠나고 싶다고 생각하곤 했죠. 별이 아직 하늘에 박혀 있을 때 그들은 안마당에 모여요. 이웃들도 망토나 기이한 옷들을 두르고 배웅을 나오죠. 어머니는 독한 에일 맥주를 한 잔씩 따라 여행자들에게 직접 건네신답니다. 말들은 앞뒤로 짐을 잔뜩 실었지만, 위급한 상황에 전력 질주하는 데 방해되지 않을 정도예요. 남자들은 무장을 단단히 갖추고 모직 안감을 댄 옷을 껴입죠. 겨울 해는 짧고 추운 데다 어쩌면 거친 덤불 아래서 노숙해야 할지도 모르니까요. 새벽빛 속에 선 그들의 모습은 참 늠름해요. 말들은 어서 가자고 재갈을 씹으며 안달하고, 사람들은 그 주위로 옹기종기 모여들죠. 다들 신의 가호를 빌어주며 런던에 있는 친구들에게 전할 소식들을 부탁해요. 그러다 시계가 네 시를 치면, 그들은 말머리를 돌려 어머니와 남은 이들에게 경례하고는 길을 향해 급히 떠난답니다. 젊은 남녀들은 안개가 그들을 가릴 때까지 몇 걸음 뒤따라가기도 해요. 새벽에 이렇게 떠난 이들이 살아서 돌아오지 못하는 경우도 많으니까요.

저는 그들이 온종일 하얀 길을 따라 달리는 모습을 상상해 봐요. 성모님의 성소에 내려 안전한 여행을 비는 모습도 보이고요. 길은 하나뿐인데, 사람이 살지 않는 광활한 땅을 통과해야 하죠. 오직 살인자나 강도들만이 숨어 사는 곳이에요. 그들은 마을에서 사람들과 섞여 살지 못하고 야생 짐승처럼 살아가며, 사람을 죽이고 옷까지 빼앗아 입는 무시무시한 자들이죠. 정말 겁나는 여정이겠지만, 솔직히 저는 딱 한 번만이라도 그 길을 따라 바다를 항해하는 배처럼 그 대지를 건너가 보고 싶어요.

정오가 되면 그들은 여관에 도착해요. 런던으로 가는 길목마다 여행자가 안전하게 쉴 수 있는 여관들이 거점처럼 놓여 있거든요. 여관 주인은 앞으로의 도로 사정을 일러주기도 하고, 여행자들에게 그간의 모험담을 물어 같은 길을 가는 다른 이들에게 미리 경고해 주기도 하죠. 하지만 낮 동안 숨어 있던 무시무시한 존재들이 어둠을 틈타 풀려나기 전에 잠자리에 닿으려면 부지런히 걸음을 재촉해야만 해요. 존이 종종 제게 말해 주길, 태양이 하늘에서 자취를 감추면 일행 사이에는 무거운 침묵이 내려앉는데요. 남자들은 각자 총을 손닿는 곳에 비스듬히 걸어두고, 말들조차 귀를 쫑긋 세우며 재촉하지 않아도 알아서 속력을 낸다고 하더라고요. 고개 정상에 올라 길가 전나무 그늘 아래서 무언가 움직이지는 않을까 두려움에 떨며 아래를 내려다보지요. 그러다 쾌활한 방앗간 주인 로빈이 노래 한 자락을 크게 뽑아내면, 다들 그제야 용기를 얻어 언덕을 힘차게 내려가기 시작해요. 깊게 한숨 쉬는 여인의 소리 같은 바람 소리가 마음속에 공포를 불어넣지 못하도록 서로 끊임없이 말을 주고받으면서 말이죠. 그러다 누군가 등자 위로 몸을 일으켜 저 멀리 지평선 끝에서 반짝이는 숙소의 불빛을 발견하면 얼마나 기쁠

까요. 성모님이 자비를 베푸신다면, 우리가 집에서 그들을 위해
간절히 무릎 꿇고 기도할 즈음에 그들은 안전하게 그곳에 도착
할 거예요.

3

　오늘 아침, 한창 책을 읽고 있는데 어머니가 당신 방으로 저를 부르셨어요. 어머니는 아버지가 집에 계실 때 장원 명부나 법률 서류를 살피시던 그 작은 방에 계셨죠. 아버지가 안 계실 때 가장으로서 업무를 보실 때면 어머니는 늘 그 자리에 앉으시곤 해요. 저는 왜 저를 부르셨는지 이미 짐작하며 정중하게 무릎을 굽혀 인사를 드렸답니다.

　어머니 앞에는 빽빽한 글씨로 채워진 종이 한 장이 펼쳐져 있었어요. 어머니는 제게 읽어 보라고 하셨다가 제가 채 종이를 집어 들기도 전에 마음을 바꾸셨는지 외치듯 말씀하셨죠. "아니다, 내가 직접 말해 주마."

　"딸아." 어머니가 엄숙하게 입을 여셨어요. "이제 너도 결혼할 때가 되었구나. 정말이지 나라 꼴이 험난한 데다." 어머니는 깊은 한숨을 내쉬셨죠. "우리 집안 사정까지 복잡해서 일이 너무 늦어지고 말았어."

　"결혼에 대해 깊이 생각해 본 적이 있느냐?" 어머니가 반쯤 미소를 띠며 저를 살피셨어요. "전 어머니 곁을 떠나고 싶지 않아요." 제가 대답했죠.

"이런, 얘야. 꼭 어린아이 같은 소리를 하는구나." 어머니는 소리 내어 웃으셨지만, 저의 이런 애정을 내심 기특해하시는 것 같았어요. "게다가 내가 바라는 대로 네가 결혼하게 된다면." 어머니가 앞에 놓인 종이를 톡톡 두드리며 말씀하셨죠. "내게서 그리 멀리 떠나지도 않을 게다. '커플링스' 영지를 다스리게 된다면, 그곳은 우리 영지와 바로 맞닿아 있어서 아주 좋은 이웃이 될 수 있거든. 커플링스의 영주는 에이미어스 비고드 경[*]인데, 아주 유서 깊은 가문 사람이란다."

"아주 적절한 혼처라고 생각한다. 어미로서 딸에게 바랄 수 있는 최고의 자리지." 어머니는 종이를 내려다보며 생각에 잠긴 듯 말씀하셨어요.

사실 저는 에이미어스 경을 딱 한 번밖에 본 적이 없어요. 아버지와 함께 노리치 재판소에서 돌아오셨을 때였죠. 그때 제가 그분과 나눈 대화라고는 무릎 굽혀 인사하며 셰리주를 드시겠냐고 정중히 권한 게 전부였기에 어머니 말씀에 딱히 덧붙일 말이 없었답니다. 제가 아는 거라곤 그분 얼굴이 하얗고 반듯했다는 것, 머리가 희끗하긴 했지만 제 아버지 정도는 아니었다는 것, 그리고 그분의 땅이 우리 영지와 붙어 있어서 우리가 꽤 행복하게 살 수도 있겠다는 사실뿐이었죠.

---

[*] Sir Amyas Bigod: '비고드(Bigod)'는 실제로 중세 노퍽 지역을 지배했던 강력한 백작 가문의 성(姓)으로, 울프는 실존했던 가문의 이름을 빌려와 작품의 사실성을 높였다. 하지만 '에이미어스'라는 인물은 허구일 가능성이 높다.

"딸아, 너도 알다시피 결혼이란 건 말이다." 어머니가 말씀을 이으셨어요. "크나큰 영광인 동시에 아주 무거운 책임이란다. 에이미어스 경 같은 분과 결혼한다는 건 단순히 그 집안의 안주인이 된다는 것 이상의 의미가 있어. 그건 대단한 일이지만 한 가문의 영원한 우두머리가 된다는 뜻이니 훨씬 더 막중한 일이지. 우리, 사랑 이야기는 하지 말자꾸나. 네가 읽는 그 시인은 사랑을 열정이니, 불꽃이니, 광기니 하며 떠들어대지만 말이다."

"오, 어머니. 그 사람은 그저 이야기꾼인걸요." 제가 맞장구쳤죠. "그런 건 현실에 없어요. 적어도 흔한 일은 아니죠."

어머니는 제 말을 들으며 잠시 진지하게 생각에 잠기셨어요. "그래, 그건 논외로 하고. 여기 보렴." 어머니가 종이를 펼치셨어요. "에이미어스 경이 네 아버지께 보낸 서신이란다. 너를 아내로 맞고 싶다며 다른 혼담이 오가는 곳은 없는지, 지참금은 얼마나 줄 수 있는지 묻고 있구나. 물론 그쪽에서 내건 조건들도 여기 적혀 있어. 자, 이 종이를 줄 테니 혼자 천천히 읽어 보렴. 이 교환이 네게 공정한지 스스로 판단해 보거라."

저는 이미 제 몫으로 정해진 땅과 돈이 얼마인지 잘 알고 있었어요. 아버지의 외동딸로서 제 지참금은 결코 적은 액수가 아니었죠.

제가 사랑하는 이 고장에 계속 머물 수 있고 어머니 곁에서 지낼 수만 있다면, 재물이나 땅 따위는 제 권리보다 조금 덜 받아도 좋다고 생각했어요. 하지만 이 계약이 지닌 무게가 어찌나 무거운지, 어머니가 종이 뭉치를 건네주실 때 제 나이가 한꺼번에 몇 살은 더 먹어버린 듯한 기분이 들었답니다. 어릴 적부터 부모님이 제 결혼에 대해 말씀하시는 걸 들어왔고, 지난 2~3년 동안 성사될 뻔하다가 결국 무산된 혼담이 몇 건 있었다는 것도 알고 있었거든요. 하지만 제 젊음은 속절없이 지나가고 있고, 이제는 정말 이 문제를 매듭지어야 할 때가 된 것이죠.

저는 정오에 식사 종이 울릴 때까지 오랫동안 어머니가 말씀하신 결혼의 '영광과 책임'에 대해 깊이 생각했어요. 여자의 인생에서 결혼만큼 커다란 변화는 없을 거예요. 아버지 집에서 그림자처럼 희미하고 존재감 없던 소녀가 결혼으로 갑자기 사람들이 우러러보고 길을 비켜줘야 하는 실질적 존재로 거듭나게 되니까요. 물론 결혼을 잘했을 때의 이야기지만요. 그래서 모든 처녀는 설레면서도 불안한 마음으로 이 변화를 기다린답니다. 결혼은 그녀가 우리 어머니처럼 영원히 명예롭고 권위 있는 여성이 될지, 아니면 아무런 무게도 가치도 없는 존재로 남을지를 판가름해 줄 테니까요. 이승에서뿐 아니라 저승에서까지 말이죠.

만약 제가 결혼을 잘하게 된다면, 위대한 가문의 이름과 광활한 영지의 무게가 오롯이 제 어깨에 지워질 거예요. 수많은 하인이 저를 마님이라 부를 테고, 저는 아들들의 어머니가 되겠죠. 남편이 집을 비울 때면 가축과 농작물을 돌보고 적들을 감시하며 영지 백성들을 다스려야 할 거고요. 집 안에서는 고운 리넨을 비축하고, 궤짝마다 향신료와 저장 식품을 가득 채울 거예요. 낡고 해진 물건들은 제 바느질 솜씨로 다시 새것처럼 수선해 두겠죠. 그렇게 살다가 제가 눈을 감을 때면, 제 딸에게는 제가 처음 물려받았을 때보다 훨씬 더 좋은 옷들로 가득 찬 옷장으로 물려줄 수 있게 될 거예요. 그리고 제가 영면에 들어서 누웠을 때, 고장 사람들이 사흘 동안 제 곁을 지나가며 기도하고 제 덕을 칭송하겠죠. 자식들의 뜻에 따라 사제님은 제 영혼을 위해 미사를 올릴 테고, 교회에서는 저를 위한 촛불이 영원토록 타오를 겁니다.

4

이런저런 생각에 잠겨 있는데 저녁 식사 종소리에 상념이 끊기고 말았어요. 식사 시간에 늦으면 존 신부님의 식전 기도를 방해하게 되고, 그건 곧 푸딩을 못 먹게 된다는 뜻이거든요. 식사를 마치고 기혼 여성이라는 게 어떨지 다시 한번 진지하게 생각해 보려 했지만, 남동생 제러미가 앤서니와 산책하러 가자며 어찌나 졸라대는지요. 앤서니는 어머니 다음으로 우리 집안일을 돌보는 아버지의 수석 집사예요.

그는 좀 투박하긴 해도 정말 충직한 하인이죠. 노퍽에서 그 사람만큼 땅과 양에 대해 잘 아는 사람도 없을 거예요. 그래서 전 그를 좋아한답니다. 지난 미카엘 축일 때 어머니께 무례하게 군 랜슬롯의 머리를 깨버린 이도 바로 그였죠. 그는 늘 우리 들판을 샅샅이 훑고 다니는데, 제가 보기엔 그 어떤 사람보다 이 땅을 더 잘 알고 또 사랑하는 것 같아요. 그는 이 땅과 결혼한 사람 같거든요. 보통 남자들이 아내에게서 발견하는 수천 가지 아름다움과 재능을 그는 이 땅에서 찾아내곤 하죠. 저희는 걸

218

음마를 뗀 이후로 줄곧 그의 곁을 따라다녔기에 그가 땅에 가진 애정은 어느새 저희 것이 되기도 했어요. 제게 노퍽과 이곳 롱 윈턴 교구는 마치 할머니와 같은 존재예요. 다정하고 친숙하며, 비록 말이 없어도 언젠가 때가 되면 제가 돌아가야 할 부모 같은 존재 말이죠. 아, 만약 결혼하지 않고 늙지도 않으며, 세상의 온갖 근심 걱정 속에서도 저를 차분하고 어린아이처럼 지켜주는 저 나무와 강 사이에서 순수하고 평온하게 평생을 보낼 수 있다면 얼마나 큰 축복일까요! 결혼이나 그 어떤 커다란 기쁨이라 할지라도, 지금 제가 가진 이 맑은 시야를 흐려놓을 것만 같아 두려워요. 그 소중한 것을 잃고 싶지 않다는 생각에 저는 마음속으로 외쳤답니다. '아니, 난 절대 이 땅을 떠나지 않을 거야. 남편이나 연인 때문이라 해도 절대 당신을 떠나지 않아!' 그러고는 곧바로 제러미와 개들과 함께 토끼를 쫓아 황무지를 가로질러 달리기 시작했어요.

춥지만 참 맑고 밝은 오후였죠. 태양은 뜨거운 불이 아니라 반짝이는 얼음으로 만들어진 것 같았고, 그 빛줄기는 하늘에서 땅으로 길게 내려온 고드름 같았어요. 그 빛이 우리 뺨에 닿아 부서지고 늪지 너머로 흩어지는 풍경이란! 날쌘 토끼 몇 마리뿐인 텅 빈 세상이었지만, 그 고독함은 더없이 정결하고 기꺼웠답니다. 우리는 몸을 녹이려 달렸고, 피가 온몸을 기분 좋게 요동치며 돌 때면 즐겁게 수다를 떨었죠. 앤서니는 마치 자신의 힘찬 보폭이 추위를 막아주는 최고 방패라도 되는 양 성큼성큼 걸어갔어요. 부서진 울타리나 토끼 덫이 보이면 장갑까지 벗고 무릎을 굽혀 꼼꼼히 살피더군요. 한여름의 한가로운 날인 것처럼 말이에요. 그러다 한번은 낡아빠진 초록색 옷을 입고 갈 길을 잃은 듯 어슬렁거리는 낯선 남자와 마주쳤어요. 앤서니는 제 손을 꽉 잡았죠. 성역°에서 먹을 것을 찾아 경계 밖으로 몰래 기어 나온 자라고 하더군요. 도둑질을 했거나 살인을 저질렀거나, 아니면 빚에 쫓기는 사람일 수도 있겠죠. 제러미는 그 남자 손에 피가 묻은 걸 봤다고 맹세했지만, 제러미는 아직 어린 애잖아요. 활과 화살로 우리를 지키는 영웅이 되고 싶어 안달이 난 것뿐이죠.

앤서니가 오두막 중 한 곳에 볼일이 있다고 해서 우리는 추위를 피해 잠시 안으로 따라 들어갔어요. 하지만 정말이지 그 안의 열기와 지독한 냄새는 견디기가 힘들 정도였죠. 베아트리스 소머스와 그녀의 남편 피터가 아이들과 함께 사는 곳이었는데, 사람의 집이라기보다는 황무지의 토끼굴에 더 가까워 보였답니다. 지붕은 그저 덤불과 지푸라기를 얹어 놓은 수준이었고, 바닥은 풀 한 포기 없이 맨땅이 그대로 드러나 있었죠. 구석에서 타오르는 나뭇가지 연기 때문에 눈이 따가워 견딜 수 없었어요. 썩은 통나무 위에는 한 여자가 앉아 아기에게 젖을 물리고 있었어요. 그녀는 우리를 쳐다보았는데, 두려워하기보다는 불신과 혐오가 가득한 눈빛으로 아이를 더 꽉 끌어안더군요. 앤서니는 마치 날카로운 발톱을 세운 사나운 짐승을 대하

<hr>

듯 그녀에게 말을 걸었어요. 그녀 앞에 위협적으로 버티고 선 그의 거대한 부츠는 금방이라도 그녀를 짓밟아버릴 기세였죠. 하지만 그녀는 꼼짝도 하지 않았고 아무 말도 없었어요. 전 그녀가 말을 할 줄은 아는지 아니면 그저 짐승처럼 으르렁거리는 게 유일한 언어는 아닐지 의심스러울 정도였답니다.

밖으로 나오자마자 늪지에서 돌아오는 남편 피터와 마주쳤어요. 그는 이마에 손을 얹어 예의를 표하는 시늉을 했지만, 인간적인 감각이라곤 아내보다도 더 없어 보였죠. 그는 제가 입은 화려한 망토에 홀린 듯 눈을 떼지 못하더니, 이내 비틀거리며 자기들의 '굴' 속으로 들어갔어요. 아마 아침이 올 때까지 마른 고사리 더미에 몸을 말고 땅바닥에 누워 잠을 청하겠죠. "이런 자들이 바로 우리가 다스려야 할 사람들이다." 앤서니가 우리를 데리고 나오며 말했어요. 발로 짓밟고 채찍질해서라도 그들에게 맞는 일을 시켜야 한다고, 그러지 않으면 그들의 송곳니가 우리를 갈기갈기 찢어놓을 거라고 말이죠. 그는 주먹을 꽉 쥐고 입술을 굳게 다물었는데, 마치 이미 그런 가엾은 작자 하나를 땅바닥에 메다꽂은 듯한 표정이었어요. 그 추한 얼굴들을 본 탓에 남은 산책에서는 기분이 엉망이 되고 말았어요. 제가 그토록 사랑하는 이 시골 땅조차도 이런 해충 같은 존재들을 길러내고 있다는 사실이 믿기지 않았거든요. 가시덤불 사이사이에서 그런 눈동자들이 저를 노려보는 것만 같아 몸서리가 쳐졌죠.

장작이 정갈하게 타오르고 오크나무 가구들이 반짝이는 우리 저택으로 돌아오니, 비로소 악몽에서 깬 기분이었어요. 어머니는 머리에 깨끗한 리넨을 쓰시고 화려한 드레스 차림으로 계단을 내려오고 계셨죠. 그때 문득 이런 생각이 들었어요. 어머니의 얼굴에 깊은 주름이 새겨지고 목소리에 엄격함이 서린 것은 어쩌면 오늘 제가 본 것과 같은 비참한 광경들을 평생토록 곁에서 지켜보며 살아오셨기 때문이 아닐까 하고요.

5

.5월

이제 우리에게 당도한 이 봄은 단순히 푸른 생명들이 돋아난다는 것 이상의 의미가 있어요. 잉글랜드 전역을 휘감고 도는 생명의 조류가 겨울 서리로부터 풀려나고, 우리가 사는 작은 섬의 해안에서도 바닷물이 찰랑이며 바위에 부딪히는 소리가 들리는 듯하거든요. 지난 한두 주 동안 길 위에는 낯선 여행자들이 부쩍 늘었어요. 순례자나 행상인일 수도 있고, 런던이나 북부로 무리 지어 이동하는 신사들일 수도 있죠. 이 계절이 되면 몸은 비록 이곳에 묶여 있을지라도 마음은 간절한 희망으로 부풀어 오르곤 해요. 저녁 해가 길어지고 서쪽에서 새로운 빛이 샘솟을 때면, 또 다른 종류의 더 하얀 빛이 온 대지 위로 퍼져 나가는 상상을 하게 된답니다. 걷거나 앉아서 자수를 놓을 때면 그 빛이 눈꺼풀을 간지럽히는 게 느껴질 정도예요.

이런 설렘과 활기가 가득하던 어느 화창한 5월 아침, 우리는 길을 따라 성큼성큼 걸어오는 한 남자를 보았어요. 그는 마치 허공과 대화라도 하듯 팔을 휘두르며 아주 빠르게 걷고 있었죠. 등에는 커다란 보따리를 멨고, 한 손에는 튼튼한 양피지 책을 든 채 가끔 한 번씩 들여다보더군요. 그는 걷는 발박자에 맞춰 내내 큰 소리를 질러댔는데, 목소리가 어찌나 높낮이 변화가 심하고 위협적이었다가 또 구슬펐다가 하는지 저와 제러미는 겁이 나서 울타리 쪽으로 바짝 몸을 숨겼답니다. 하지만 그가 우리를 발견하고는 모자를 벗어 깊숙이 절을 하더라고요. 저도 최대한 예의를 갖추어 무릎을 굽혀 인사를 했어요.

"아가씨." 그가 마치 한여름의 천둥처럼 울려 퍼지는 목소리로 물었어요. "이 길이 롱 윈턴으로 가는 길이 맞는지 여쭈어도 될까요?"

"앞으로 1마일만 더 가시면 돼요, 선생님." 제가 대답하자 제러미가 지팡이로 길 아래쪽을 가리켜 주었죠.

"그럼 도련님." 그가 책을 덮고는 방금 전보다 훨씬 차분하고 정중해진 태도로 말을 이었어요. "혹시 제 책들을 가장 수월하게 팔 수 있는 집이 어디인지 더 여쭈어도 될까요? 전 저 멀리 콘월에서부터 노래를 부르고 제 필사본들을 팔면서 여기까지 왔답니다. 보따리는 여전히 가득 차 있는데, 요즘 세상은 노래를 그리 반기지 않는군요."

사실 뺨에 혈색이 돌고 체격이 건장한 것치고 이 남자의 옷차림은 여느 일꾼만큼이나 남루했어요. 부츠는 하도 여기저기 기워서 걷는 것 자체가 고행이 아닐까 싶을 정도였죠. 하지만 그에겐 어떤 쾌활함과 정중함이 배어 있었어요. 마치 그가 부르는 고운 노랫가락이 몸을 감싸 안아 그를 평범하고 남루한 현실 위로 한 차원 높게 들어 올리는 것만 같았답니다.

저는 남동생의 팔을 잡아끌며 말했어요. "저희는 바로 저 저택 식구들이에요, 선생님. 저희가 길을 안내해 드릴게요. 선생님이 가지고 있는 그 책들을 꼭 보고 싶어요." 그러자 그의 눈에서 장난기가 순식간에 사라지더군요. 그는 아주 엄숙한 표정으로 제게 물었죠. "아가씨, 혹시 글을 읽으실 줄 아십니까?"

"오, 조안 누나는 항상 책에 코를 박고 살아요!" 제러미가 제 팔을 잡아당기며 끼어들었어요. "선생님, 여행 이야기 좀 들려주세요. 런던에도 가 보셨어요? 성함이 어떻게 되시나요?"

"리처드라고 합니다, 도련님." 남자가 미소 지으며 대답했어요. "다른 이름이 있을지도 모르겠지만, 한 번도 들어본 적이 없어서 말이에요. 전 콘월의 그위시언에서 왔는데, 우리 공국Duchy의 그 어떤 남자보다도 콘월 노래를 많이 불러드릴 수 있습니다, 아가씨." 그는 제 쪽으로 몸을 돌리더니 책을 든 손을 과장되게 휘저어 보였죠.

"예를 들어 이 작은 책 안에는 원탁의 기사들에 대한 모든 이야기가 들어 있습니다. 거장 앤서니님께서 직접 쓰시고 캠 브레아의 수도사들이 세밀화를 그려 넣은 보물이죠. 전 이걸 제 처자식보다 더 아낀답니다. 사실 처자식이 없기도 하지만요! 이건 제게 밥이자 술이에요. 이 책의 노래를 들려주면 맛있는 저녁과 따뜻한 잠자리를 얻을 수 있으니까요. 또 제게는 말이자

---

* 음유시인 리처드와 구전 문학(Richard the Singer): 리처드는 '글(Text)'이 보편화되기 전 '말(Oral tradition)'과 '노래'가 지녔던 마법적인 힘을 상징한다. 조안은 그에게서 자신이 갇혀 있던 물리적 공간(노퍽)을 넘어 환상의 세계(아서왕 전설 등)를 체험한다. 이는 조안의 내면에서 '현실적 의무(어머니의 세계)'와 '예술적 자유(리처드의 세계)'가 충돌하게 되는 계기가 된다.

지팡이이기도 하죠. 지루하고 고된 길을 수없이 건너게 해 주었으니까요. 무엇보다 여행길에 이보다 더 좋은 길동무는 없답니다. 늘 새로운 노래를 들려주다가도 제가 자고 싶을 땐 조용히 입을 다물어 주거든요. 정말이지 이런 책은 세상에 또 없을 겁니다!"

그는 정말 특별한 방식으로 말하더라고요. 저는 그렇게 말하는 사람을 생전처음 보았어요. 그는 자신의 속마음을 정확히 전달하거나 저희가 이해하는지에는 별 관심이 없는 듯했죠. 그저 농담이든 진담이든 입 밖으로 내뱉는 단어 하나하나를 무척 소중히 여기는 것 같았답니다. 안마당에 도착하자 그는 자세를 바로 하고 손수건으로 부츠를 털었어요. 그러고는 손가락을 바쁘게 움직여 옷매무새를 다듬으려 애쓰더군요. 노래를 시작하기 전처럼 목청을 가다듬기도 했고요. 저는 어머니를 모셔오려고 단숨에 달려갔어요. 어머니는 천천히 나오셔서 위층 창문을 통해 그를 먼저 찬찬히 살펴보신 뒤에야 노래를 듣겠다고 허락하셨죠.

"어머니, 저분 가방에 책이 가득해요!" 제가 다급하게 재촉했어요. "아서왕과 원탁의 기사들 이야기가 전부 들어 있대요. 헬레네가 남편에게 붙잡혀간 뒤에 어떻게 되었는지도 들려줄 수 있을 거예요. 오, 어머니, 제발 저분의 노래를 듣게 해주세요!"

어머니는 제 조바심 섞인 모습에 웃음을 터뜨리셨지만, 어쨌든 날씨가 화창하니 존 신부님도 불러오라고 하셨답니다. 우리가 마당으로 내려갔을 때 리처드는 앞뒤로 거닐며 제러미에게 여행담을 늘어놓고 있었어요. 어떤 놈의 머리에 어떻게 한 방

먹였는지, 다른 놈에게 "이 악당아, 덤벼라!" 하고 소리치자 무리가 어떻게 혼비백산해서 도망쳤는지 같은 이야기들을요. 그러다 어머니를 발견하고는 특유의 쾌활한 몸짓으로 모자를 벗어 정중히 인사를 올렸답니다.

"제 딸아이가 그러는데, 선생이 먼 곳에서 왔고 노래 솜씨가 대단하다더군요. 우린 그저 시골 사람들이라 다른 지방 이야기는 통 알지 못합니다만, 기꺼이 경청해 보지요. 선생네 고장 노래를 좀 들려주시지요. 그러고 나서 괜찮다면 우리와 함께 식사하며 세상 돌아가는 소식도 나누도록 합시다."

어머니는 오크나무 아래 벤치에 자리를 잡으셨고, 존 신부님은 숨을 헐떡이며 달려와 그 곁에 서셨어요. 어머니는 제러미에게 대문을 열어 노래를 듣고 싶은 사람은 누구든 들어오게 하라고 하셨죠. 마을 사람들이 수줍어하면서도 호기심 가득한 표정으로 들어와 리처드 선생을 입을 벌린 채 멍하니 쳐다보았답니다. 리처드는 다시 한번 사람들에게 쾌활하게 모자를 흔들어 보였어요.

그는 풀이 난 작은 둔덕 위에 올라서더니 높고 낭랑한 목소리로 트리스탄과 이졸데의 이야기를 들려주기 시작했어요. 조금 전의 장난기 어린 모습은 온데간데없었죠. 그는 마치 눈앞에 보이는 환영 속에서 단어들을 하나하나 길어 올리는 듯, 꼿꼿한 시선으로 우리 너머 어딘가를 응시했어요. 이야기가 격정적으로 흐르자 그의 목소리는 높아졌고, 주먹을 꽉 쥐거나 발을 구르고 팔을 뻗기도 했죠. 연인들이 이별하는 대목에서는 마치 여인이 멀어져 가는 모습을 실제로 보는 것처럼 그의 눈길이 점점 더 먼 곳을 쫓더라고요. 마침내 환영이 사라지자 그의 팔은 허공을 안은 채 멈추었답니다. 이어 브르타뉴에서 부상을 입은 트리스탄이 바다를 건너오는 이졸데의 소식을 기다리는 장면이 펼쳐졌어요.

뭐라고 말로 다 표현할 수는 없지만, 대기 자체가 갑자기 기사와 숙녀들로 가득 찬 것만 같았어요. 그들은 서로 손을 잡고 속삭이며, 우리는 안중에도 없다는 듯 우리 사이를 유유히 지나갔죠. 포플러나무와 너도밤나무들은 은색 보석을 단 회색 형상들을 허공으로 띄워 보냈고, 아침 공기는 어느새 연인들의 한숨과 비탄 섞인 속삭임으로 가득 찼답니다. 그러다 그의 목소리가 멈추자 그 모든 형상이 서서히 물러나며 그들이 사는 서쪽 하늘로 사라져 버렸어요. 제가 다시 눈을 떴을 때, 노래하는 남자와 회색 담벼락 그리고 문가에 모인 사람들이 깊은 물속에서 떠오르듯 서서히 제자리로 돌아와 선명하고 차갑게 멈추어 섰답니다. "가엾어라!" 어머니가 나직이 말씀하셨어요.

한편 리처드는 손에 꼭 쥐고 있던 무언가를 무심코 놓쳐버린 사람처럼 허공을 휘젓고 있었어요. 그가 우리를 쳐다보았을 때, 저는 왠지 손을 뻗어 '당신은 이제 안전해요'라고 말해주고 싶은 마음이 들 정도였죠. 하지만 곧 정신을 차린 그는 만족스러운 듯 미소를 지어 보였답니다. 그는 대문가에 모인 사람들을 위해 이번엔 갈색 머리 처녀와 그녀의 연인에 대한 흥겨운 노래를 시작했어요. 그 덕분에 사람들도 다시 웃으며 발을 구를 수 있었죠.

어머니는 식사하러 들어오라고 하시며 리처드 선생을 당신의 오른편 상석에 앉히셨어요. 그는 마치 산사나무 열매나 따 먹고 시냇물만 마시며 살아온 사람처럼 음식을 허겁지겁 먹어 치웠답니다. 식사가 끝나자 그는 엄숙한 표정으로 보따리를 열어 여러 물건을 식탁 위에 꺼내 놓았어요. 걸쇠나 브로치, 구슬 목걸이 같은 것들도 있었지만, 꿰매서 묶은 양피지 뭉치들도 많았어요. 그가 들고 있던 책만큼 큰 책은 없었지만요. 제 간절한 눈빛을 눈치챘는지, 그는 그 귀중한 책을 제 손에 쥐여주며 그림을 보라고 허락해 주었답니다. 정말 눈이 부시게 아름다운 작품이었어요! 대문자 장식 안에는 푸른 하늘과 황금색 옷들이 그려져 있고, 글자 사이사이에는 왕자와 공주들의 행렬, 언덕 위 교회가 있는 마을 그리고 그 아래로 부서지는 푸른 파도가 채색되어 있었죠. 그것은 방금 전 제가 공중에서 보았던 환영들을 비추는 작은 거울 같았어요. 여기서는 그 환영들이 붙잡힌 채 영원히 머물러 있는 것만 같았거든요.

"선생님은 이런 풍경들을 정말 직접 보신 적이 있나요?" 제가 묻자 그는 "보려고 하는 사람에게만 보이는 법이지요"라고 신비롭게 대답했어요. 그러고는 제게서 책을 가져가 덮개를 단단히 묶고는 다시 품속에 깊이 넣었답니다. 겉모습은 어느 경건한 신부님의 기도서처럼 누렇고 투박했지만, 그 안에서는 눈부신 기사와 숙녀들이 아름다운 선율을 따라 영원히 움직이고 있었죠. 그는 자신의 외투 안에 그 요정의 세계를 집어넣고 닫아 버렸어요.

우리는 하룻밤 더 묵어가라고, 아니 노래만 더 들려준다면 얼마든지 더 머물러도 좋다고 간곡히 붙잡았어요. 하지만 그는 마치 담쟁이덩굴 속의 올빼미처럼 우리의 간청을 못 들은 척하며 "전 가야 해서요"라고만 대답했답니다. 새벽이 되자 그는 이미 집을 떠나고 없었어요. 우리는 마치 기이하고 아름다운 새 한 마리가 지붕 위에 잠시 내려앉았다가 홀연히 날아가 버린 듯한 기분을 느꼈답니다.

6

하지

한 해가 마치 가장 높은 봉우리 위에 의연하게 멈춰 서 있는 듯한 그런 주간, 아니 어쩌면 단 하루가 찾아오곤 해요. 장엄한 명상에 잠긴 듯 한동안 그곳에 머물다가 옥좌에서 내려오는 군주처럼 천천히 가라앉으며 어둠 속으로 몸을 감추는 그런 시기 말이죠.

하지만 비유란 참 묘해서 자칫 본질을 놓치기 쉽답니다.

지금 제 기분은 이 거대한 세상의 등 위, 아주 고요한 영역으로 높이 던져진 것만 같아요. 아버지와 오빠들이 모두 집에 돌아와 계신 덕분에 나라의 평화와 우리 집의 번영이 완벽하고도 만족스러운 원을 그리며 맞물려 있거든요. 매끄러운 하늘의 돔에서 우리 집 지붕까지 그 어떤 균열도 없이 단숨에 건너올 수 있을 것만 같은 기분이에요.

그래서 이번 한여름에 월싱엄의 성모 성지˙로 순례를 떠나는 건 정말 탁월한 선택이었어요. 특히 올해는 감사드려야 할 일도 많고, 빌어야 할 소원은 더 많으니까요. 에이미어스 경과의 결혼식이 12월 20일로 정해져서 준비하느라 한창 바쁘답니다. 그래서 어제 새벽, 전 겸허한 마음으로 성소에 다가가고 싶어서 일부러 걸어서 길을 나섰어요. 기도를 준비하는 데는 역시 제대로 걷는 것만큼 좋은 게 없거든요!

옥수수를 잘 먹인 말처럼 싱싱한 기운으로 시작해 보세요. 그 말이 뒷발로 일어서서 질주하며 당신을 이리저리 흔들어 놓게 내버려 두는 거죠. 그 무엇도 그 말을 길 위에 묶어 둘 수 없을 테니, 이슬 맺힌 초원에서 수천 송이의 연약한 꽃을 발밑으로 짓이기며 마음껏 뛰놀 거예요.

하지만 태양은 점점 뜨거워지고, 당신은 다시 발걸음도 가볍게 그 말을 곧은 길로 이끌 수 있답니다. 그러면 정오의 태양이 쉬라고 명할 때까지 가볍고 빠르게 당신을 태우고 갈 거예요. 은유를 걷어내고 냉철한 사실만 말하자면, 힘차게 움직이는 두 다리가 추진력을 줄 때 우리 정신은 정체된 영혼의 미로를 뚫고 명확하게 나아갈 수 있어요. 몸을 움직일수록 정신도 민첩해지니까요. 그러니 월싱엄으로 향하는 길을 성큼성큼 길은 그 세 시간 동안 전 실내에서 일주일을 보냈을 때보다 훨씬 더 많은 생각을 했던 것 같아요.

˙ 월싱엄 순례(Pilgrimage to Walsingham): 노퍽 북부에 위치한 월싱엄은 캔터베리와 함께 중세 잉글랜드의 중요한 순례지 중 하나였다. 특히 '성모 마리아의 집'을 재현한 성소로 유명했다. 조안이 이곳을 찾는 행위는 결혼이라는 가부장적 제도로 편입되기 전에 여성으로서 자신의 정체성과 영혼의 자유를 갈구하는 내면의 여정으로 해석될 수 있다.

처음에는 어린아이처럼 즐겁게 뛰놀던 제 머릿속도 시간이 흐르자 길 위에서 차분하게 제 할 일을 찾기 시작했어요. 기분은 여전히 좋았지만 말이죠. 전 나이 듦과 가난, 질병과 죽음 같은 삶의 진지한 문제들을 떠올렸고, 그런 것들을 마주하는 게 결국 제 운명이 되리라는 사실을 받아들였어요. 인생을 끊임없이 스쳐 지나갈 기쁨과 슬픔에 대해서도 숙고했죠. 이제 사소한 일들은 예전처럼 저를 쉽게 기쁘게 하거나 괴롭히지 못할 거예요. 이런 생각들이 저를 엄숙하게 만들었지만, 동시에 이런 감정들을 진실하게 마주할 시기가 제게도 왔음을 느꼈답니다. 더 나아가 걷는 동안 저는 마치 리처드 선생의 필사본 속 그 넓은 공간을 걸었던 것처럼 이런 감정들 속으로 들어가 그것들을 연구할 수 있을 것만 같았어요.

제 눈에는 그것들이 단단한 수정 구슬처럼 보였죠. 색색의 땅과 공기로 이루어진 둥근 공이 들어 있고, 그 속에서 아주 작은 사람들이 마치 하늘의 거대한 돔 아래에 있는 것처럼 부지런히 일하고 있었답니다.

세상 사람들이 다 알다시피 월싱엄은 산꼭대기에 자리한 아주 작은 마을이에요. 하지만 초록빛이 무성하게 우거진 평야를 지나가다 보면, 도착하기 한참 전부터 저 멀리 높은 지대가 불쑥 솟아오른 게 보이죠. 정오의 태양 아래 늪지대의 부드러운 초록색과 푸른색이 환하게 빛날 때면 마치 채색된 책 속의 호화로운 땅을 지나 뼈처럼 창백하게 솟아오른 엄숙한 정상을 향해 나아가는 기분이 든답니다.

마침내 산 정상에 다다랐을 때 전 다른 순례자들의 행렬에

합류했어요. 우리 모두가 그저 겸손한 인간으로서 이곳에 왔음을 보여 주려고 서로 손을 맞잡았죠. 그리고 '주여 우리를 불쌍히 여기소서'를 부르며 길의 마지막 구간을 함께 발맞춰 걸어갔어요.

그곳엔 남자와 여자, 다리가 불편한 이들과 앞이 보이지 않는 이들이 한데 섞여 있었어요. 누더기를 걸친 사람도, 말을 타고 온 사람도 있었죠. 전 호기심 가득한 눈으로 그들의 얼굴을 하나하나 살펴보았어요. 우리 각자의 육체와 이 땅의 경계가 우리 사이를 갈라놓고 있다는 사실이 잠시 끔찍하게 느껴질 만큼요. 그들에겐 분명 기묘하고 재미있는 이야기들이 가득할 텐데 말이죠.

하지만 그때 창백한 십자 고상이 제 시야에 들어왔고 마음은 온통 경외심에 이끌려 그리로 향했어요.

그 성스러운 부름이 결코 엄중하지 않았다고 꾸며대지 않겠어요. 오랜 세월 태양과 폭풍우를 견뎌낸 성상은 거칠고 하얗게 변해 있었거든요. 하지만 주변 사람들처럼 성모님을 숭배하려고 마음을 다하자 제 안에는 오직 크고 하얀 형상만이 가득 차서 다른 어떤 생각도 들어설 자리가 없었답니다. 그 순간만큼은 제가 그 어떤 남자나 여자에게 복종했던 것보다 더 온전히 저 자신을 그분께 내맡겼어요. 거친 돌로 된 옷자락에 입맞추느라 입술을 찧었어요. 하얀 빛과 뜨거운 열기가 제 맨머리 위로 쏟아져 내렸어요. 그리고 그 황홀한 순간이 지나갔을 때, 발아래 펼쳐진 시골 풍경이 마치 갑자기 펼쳐진 깃발처럼 제 눈앞에서 찬란하게 날아올랐답니다.

7

가을

가을이 찾아왔어요. 이제 제 결혼식도 정말 얼마 남지 않았네요. 에이미어스 경은 저를 무척 정중하게 대해 주시고 늘 행복하게 해 주겠다고 약속하시는 훌륭한 신사분이세요. 비록 우리 사이의 구애 과정을 노래할 시인은 아무도 없겠지만요. 사실 공주님들 이야기를 읽기 시작한 후로, 제 운명이 그들과는 너무나 다르다는 게 가끔 서글프기도 했다는 것을 고백해요. 하지만 그 공주들은 내전*이 한창인 지금의 노픽에 살지 않았으니까요. 어머니는 '진실이 언제나 가장 훌륭한 법'이라고 저를 다독여 주시지요.

---

* 조안 마틴이 일기를 쓰는 1480년은 랭커스터 가문과 요크 가문이 왕위를 놓고 다툰 장미 전쟁(Wars of the Roses, 1455~1485)의 막바지이다. 따라서 조안이 언급하는 '전쟁'은 역사적으로 장미 전쟁을 가리킨다. 그러나 울프가 사용하는 'The Civil Wars'라는 용어와 작품 전반에 흐르는 '왕당파적 기질(Royalist)', '가부장적 질서'에 대한 묘사는 17세기 청교도 혁명(1640년대, 올리버 크롬웰 집권 전후)의 분위기를 강하게 풍긴다. 실제로 작품 서문(1부)에서 마틴 씨는 자신의 조상 윌러비가 "마스턴 무어 전투(1644년)에서 싸웠고, 호국경 시대에 망명했다"라며 17세기 내전을 구체적으로 언급한다.

기혼 여성으로서 의무를 준비하려고 요즘은 어머니를 도와 집안일과 영지 관리를 배우고 있어요. 그러다 보니 제 앞날이 남자나 행복과는 아무런 상관없는 생각들로 채워지게 될 거라는 사실을 서서히 깨닫게 되더라고요. 양 떼와 숲, 농작물과 영지 백성들……. 남편이 지금도 그렇듯이 자주 집을 비울 때면 제가 이 모든 것을 돌보고 판단해야 하겠죠. 만약 시절이 지금처럼 험해진다면, 적들에 맞서 남편의 군대를 배치하는 수석 부관 역할까지 해내야 할 거고요. 집 안에서도 여주인으로서 본분이 쉴 없이 저를 부르겠죠. 정말이지 어머니 말씀대로 왕자님이나 공주님을 떠올릴 시간은 거의 없을 것 같아요! 어머니는 제게 당신의 '소유에 대한 지론'을 들려주셨어요. 요즘 같은 시대에 영주는 격동하는 물결 한가운데 놓인 작은 섬의 통치자와 같아서 섬을 정성껏 가꾸고 길을 뚫으며 거친 조수로부터 막아줄 안전한 울타리를 쳐야 한다는 말씀이었죠. 그렇게 견디다 보면 언젠가는 물이 빠지고, 이 땅이 새로운 세상의 일부가 될 준비를 마치게 될 거라고요. 이것이 바로 어머니가 꿈꾸는 잉글랜드의 미래예요. 당신의 영지를 잘 정돈해서 적어도 누구나 안심하고 발 디딜 수 있는 단단한 땅 한 조각을 만드는 것이 어머니 평생의 소망이었던 셈이죠. 어머니는 훗날 제가 그렇게 굳건하게 세워진 잉글랜드 전체를 보며 살기를 바라야 한다고 말씀하셨어요. 만약 그런 날이 온다면 전 어머니와 어머니처럼 강인한 여성들에게 깊이 감사하게 될 거예요.

전 어머니를 깊이 존경하지만, 한편으론 한숨 없이 그 지혜를 온전히 받아들일 수가 없네요. 어머니는 그저 지금 세상을 감싸고 있는 안개를 뚫고 솟아오르는 단단한 땅, 그 이상의 것은 기대하지 않으시는 것 같거든요. 어머니가 꿈꾸는 가장 아름다운 풍경은 아마 이런 것일 거예요. 대지를 가로지르는 넓은 도로 위로 기마행렬이 편안하게 달리고, 순례자들이 무장도 하지 않은 채 쾌활하게 걸어가며, 짐을 가득 실은 마차들이 해안을 오가는 그런 평화로운 모습 말이죠. 해자가 메워지고 성벽의 탑이 허물어져 누구나 들여다볼 수 있는 열린 저택, 지나가는 누구에게나 대문을 활짝 열고 영주와 하인이 한 식탁에서 음식을 즐기는 그런 풍경 말이에요. 곡식이 풍요로운 들판을 지나 말을 달리고 목초지마다 가축들이 넘쳐나며 가난한 이들을 위한 튼튼한 돌 오두막이 있는 세상. 이렇게 적고 보니 그것이 참 좋은 일이고 우리가 마땅히 바라야 할 미래라는 걸 잘 알겠어요.

그렇지만 이상하게도 그런 완벽한 그림을 상상하면 왠지 보기에 즐겁지만은 않다는 생각이 들어요. 그렇게 매끄럽고 환하게 닦인 길 위에서는 왠지 숨을 쉬기가 편치 않을 것만 같거든요.

제가 정말로 원하는 게 무엇인지 저도 잘 모르겠어요. 하지만 전 그것을 갈망하고 있고, 아주 은밀한 방식으로 기대하고 있답니다. 시간이 흐를수록 더 자주, 너무나 잘 아는 이 땅의 표면에서 낯설고 새로운 표정을 발견하고는 걷다가 갑자기 멈춰 서곤 해요. 그것은 무언가를 암시하는 듯하지만, 그 의미를 깨닫기도 전에 금세 사라져 버리죠. 마치 아주 잘 아는 얼굴에서 낯선 미소가 슬며시 배어 나오는 것 같다고 할까요? 그 미소는 저를 조금 두렵게 만들기도 하지만, 동시에 저를 어딘가로 손짓하며 부른답니다.

마지막 페이지들

어제 제가 책상 앞에 앉아 이 일기장들을 채워 넣고 있을 때 아버지가 들어오셨어요. 아버지는 읽고 쓰는 제 재주를 무척 자랑스러워하시죠. 사실 이 재주의 대부분은 아버지 무릎 위에 앉아 배운 것들인데 말이에요.

하지만 아버지가 무엇을 쓰고 있느냐고 물으셨을 때 전 그만 당황해서 '일기'라고 더듬거리며 손으로 페이지를 가리고 말았답니다.

"아!" 아버지가 탄식하듯 말씀하셨어요. "우리 아버지께서도 일기라는 걸 쓰셨다면 얼마나 좋았겠느냐! 하지만 그 가엾은 분은 자기 이름조차 쓰지 못하셨으니, 원. 저기 교회 묘지에 존과 피어스, 스티븐이 잠들어 있지만, 그들이 좋은 사람이었는지 나쁜 사람이었는지 말해줄 단어 하나 남아 있질 않구나." 아버지는 제 뺨이 다시 창백해질 때까지 말씀을 이어가셨어요.

"내 손자 녀석도 나를 보며 똑같은 말을 하겠지. 내가 글을 쓸 줄 안다면 나도 한 줄 남기고 싶구나. '나는 자일스 마틴이다.

중간 체격에 피부가 가무잡잡하고 갈색 눈에 콧수염을 기른 남자지. 읽고 쓸 줄은 알지만 그리 능숙하진 못하다. 나는 이 근방에서 제일가는 밤색 암말을 타고 런던을 오간다'고 말이다."

"글쎄, 무슨 말을 더 해야 할까? 후손들이 이런 걸 궁금해하기나 할까? 그들은 대체 어떤 사람들일까?" 아버지는 진지하게 말씀을 시작하셨다가도 늘 끝에는 허탈한 웃음을 터뜨리곤 하세요. 이번에도 그렇게 웃어넘기시더군요.

"아버지는 아버지의 조상들 이야기를 듣고 싶어 하셨잖아요." 제가 대답했어요. "그들이라고 아버지 이야기를 궁금해하지 않겠어요?"

"내 조상들은 나와 크게 다르지 않았을 게다." 아버지가 말씀하셨어요. "다들 여기서 살았고, 지금 내가 일구는 이 땅을 똑같이 갈았고, 이 지역 여인들과 결혼했지. 지금 당장 그들이 문을 열고 들어온다 해도 난 금방 알아볼 수 있을 거야. 전혀 이상할 게 없겠지. 하지만 미래는." 아버지가 두 손을 펼쳐 보이셨어요. "누가 알겠니? 우리는 이 지상에서 흔적도 없이 씻겨 나갈지도 모른단다, 조안."

"오, 아니에요!" 제가 소리쳤어요. "우린 여기서 영원히 살 거라고 확신해요." 이 말이 아버지를 내심 기쁘게 해드린 것 같아요. 아버지보다 자기 땅과 가문의 이름을 아끼는 분은 없으니까요. 비록 우리 가문이 좀 더 욕심 많고 거만한 족속이었다면, 이토록 오랫동안 평온한 번영을 누리지는 못했을 거라고 늘 말씀하시긴 하지만요.

"그럼 조안, 이 글은 네가 잘 보관하렴." 아버지가 말씀하셨어요. "아니, 어쩌면 내가 널 위해 보관해 두어야 할지도 모르겠구나. 넌 이제 곧 우리를 떠날 테니 말이다. 뭐, 아주 멀리 가는 건 아니지만." 아버지는 서운하신지 재빨리 덧붙이셨죠. "이름이라는 게 사실 별건 아니지. 그래도 네가 떠나고 나면 너를 기억할 징표 하나쯤은 갖고 싶구나. 우리 후손들도 조상 중에 적어도 한 명쯤은 존경할 구실이 있어야 하지 않겠니?" 아버지는 제가 정갈하게 써 내려간 글씨체를 아주 흐뭇하게 바라보셨어요. "자, 우리 딸. 이제 나와 함께 교회로 가자꾸나. 할아버지 무덤에 새로 새긴 조각이 잘되었는지 확인하러 가야겠다."

아버지와 함께 길을 걸으며 전 아버지의 말씀과 제 참나무 책상 속에 차곡차곡 쌓인 수많은 일기장을 생각했어요. 자랑스럽게 첫 글자를 써 내려갔던 그날 이후로 어느새 또다시 겨울이 돌아왔네요. 사실 노픽에서 저만큼 글을 쓸 줄 아는 여자가 드물다는 그 작은 자부심이 아니었다면, 제 기록은 진작에 멈췄을지도 몰라요. 제 일상의 울타리 안에는 기록할 만한 특별한 사건이 그리 많지 않고, 매일 비슷한 글을 쓰는 게 가끔은 지루하게 느껴지기도 했거든요. 겨울 아침의 매서운 공기를 가르며 걸어가다 문득 이런 생각이 들었어요. 만약 제가 다시 글을 쓴다면, 그때는 더 이상 노픽이나 저 자신에 대한 이야기가 아닐 거라고요. 그 대신 기사와 숙녀들 그리고 낯선 땅에서 펼쳐지는 모험에 대해 쓰고 싶어요. 서쪽에서 몰려와 하늘을 가로지르는 저 구름들조차 제 눈에는 대장과 병사들의 모습으로 보이거든요. 색색의 안개 물결 속에서 고운 얼굴과 높은 머리 장식을 찾아내고, 투구와 검의 형상을 빚어내는 상상을 멈출

수가 없었어요.

하지만 어머니 말씀처럼 최고 이야기는 역시 난롯가에 옹기 종기 모여 앉아 들려주는 이야기일 거예요. 제가 나중에 할머니가 되어서 겨울밤마다 식구들을 붙잡아두고 젊은 시절에 보았던 기묘한 광경들과 제가 겪은 일들을 들려주는 그런 노파로 생을 마감할 수 있다면 꽤 만족스러울 것 같아요. 전 그런 이야기들이 부분적으로는 저 구름 속에서 나온 것이라고 믿어 왔어요. 그렇지 않다면 어찌 우리가 직접 보고 겪는 일보다 우리 마음을 더 세차게 뒤흔들 수 있겠어요? 그 어떤 책도 그런 살아 있는 이야기에는 감히 비교도 할 수 없을 거예요.

엘스베스 아스크 부인이 바로 그런 분이셨죠. 너무 늙어서 뜨개질이나 바느질도 못 하고 의자에서 일어날 기력조차 없게 되자 그분은 온종일 손을 맞잡고 화롯가에만 앉아 계셨어요. 하지만 누군가 소매를 살짝 잡아당기기만 하면 눈을 반짝이며 전쟁과 왕들, 귀족들 그리고 가난한 사람들 이야기를 들려주셨죠. 그러면 주변의 공기가 살아 움직이며 속삭이는 듯한 기분이 들곤 했답니다. 그분은 앉은자리에서 즉흥적으로 노래를 지어 부르기도 하셨는데, 글을 읽지도 쓰지도 못하는 분이었음에도 남녀노소 할 것 없이 먼 길을 마다하지 않고 그분 이야기를 들으러 왔어요. 사람들은 그분이 미래를 내다보는 예언자라고 믿기도 했죠.

이런저런 생각을 하는 사이, 우리는 조상들이 잠들어 있는 교회에 도착했어요. 유명한 석공인 노리치의 랄프가 최근에 할아버지 무덤을 축조했는데, 할아버지 시신 위로 거의 완성되어 있더군요. 어두운 교회 안으로 들어서니 촛불들이 곧게 타오르고 있었어요. 우리는 무릎을 꿇고 할아버지 영혼을 위해 기도를 올렸죠. 아버지는 존 신부님과 대화를 나누러 잠시 자리를 비우셨고, 전 제가 가장 좋아하는 일을 시작했어요. 죽은 친척들과 조상들의 이름을 하나하나 소리 내어 읽어 보고 그들의 얼굴을 찬찬히 내려다보는 일 말이에요. 어릴 적에는 저 뻣뻣하게 굳은 하얀 석상들이 무서웠던 적도 있었어요. 특히 그 석상들에 제 이름이 새겨져 있다는 걸 알았을 때는 더더욱 그랬죠. 하지만 이제 전 알아요. 그들이 등 대고 누운 저 자리에서 절대 움직이지 않으며, 언제나 두 손을 가슴 위에 교차하고 있을 뿐이라는 걸요. 그래서인지 이제는 그들이 무섭기보다 가엾게 느껴져요. 그들에게 기쁨을 줄 아주 작은 행동이라도 해주고 싶어질 만큼요. 아주 비밀스럽고 아무도 생각지 못한 그런 일 말이에요. 살아 있는 사람에게 하듯이 입맞춤하거나 따뜻하게 한 번 쓰다듬어 주는 것 같은 그런 일 말이죠.*

<hr>

* "살아 있는 사람에게 입맞춤하듯"이라는 마지막 문장은 1부의 역사가 로자먼드가 "죽은 문서에 생명력을 불어넣는" 행위와 수미상관을 이룬다. 비록 역사는 그들을 잊었지만, 후대의 여성(로자먼드)이 선대의 여성(조안)을 읽어냄으로써 그들은 영원히 살아나게 된다는 울프의 메시지가 드러나는 부분이다.

21세기, 왜 다시 버지니아 울프인가

손현주

불꽃같은 삶과 실험적 문학: 버지니아 울프의 작품 세계

오늘날 버지니아 울프라는 이름은 단순히 20세기 초 모더니즘 소설가라는 범주를 넘어 하나의 거대한 문화적 기호이자 현상이 되었다. 서점의 베스트셀러 코너는 물론이고, 감각적인 인테리어 잡지의 머리말, 펨테크Femtech 브랜드의 슬로건, 심지어 일상의 소소한 대화에서도 '자기만의 방'이라는 표현은 주체적인 독립과 자유를 상징하는 보편적 관용구로 자리 잡았다. 특히 1980년대 이후 여성주의 비평이 학계의 주류로 부상하고 여성 학자들이 대거 등장하면서 울프는 문학적 정전Canon의 위치를 공고히 하는 동시에 대중문화 속에서 일종의 '컬트적 문화 아이콘'으로 등극했다. 이러한 '울프 열풍'은 문학의 담장을 넘어 예술 전반으로 확산되었다. 니콜 키드먼에게 아카데미 여우주연상을 안겨주며 울프의 삶과 소설을 교차한 영화 〈디 아워스〉(2002), 성별과 시간을 가로지르는 불멸의 존재를 그린 영화 〈올란도〉(1992) 그리고 영국 왕립발레단이 울프의 문장들을 몸짓으로 형상화한 매혹적인 무대 〈울프 워크〉(2015)에 이르기까지 울프의 생애와 사유는 끊임없이 형태를 바꾸며 재창조되고 있다. 에드워드 올비의 연극 〈누가 버지니아 울프를 두려워하랴〉(1962)가 던진 질문은 여전히 유효하며, "클로이는 옥타비아를 좋아했다"라는 작중 구절은 록 밴드의 음반 제목으로 쓰일 만큼 젊은 세대에게도 새로운 영감을 제공한다.

그렇다면 100년 전 출간된 『자기만의 방』이 2026년 현재를 살아가는 우리에게 여전히 이토록 뜨거운 울림을 주는 이유는 무엇일까? 그것은 울프가 던진 "여성이 픽션을 쓰려면 돈과 자기만의 방이 필요하다"라는 명제가 단순한 수사를 넘어 인간의 창조성과 정신적 자유를 지탱하는 '물질적 토대'에 대한 가장 근원적이고도 냉철한 통찰을 담고 있기 때문이다. 울프는 단순히 성별의 문제를 넘어 한 개인이 타인의 비위를 맞추지 않고 자신의 목소리를 내려면 확보해야 할 최소한의 공간과 경제적 자립의 실존적 의미를 직시했다. 이제 100년의 시간과 지구 반바퀴를 건너온 이 고전이 우리 각자의 삶에 어떤 의미로 다가오는지 또는 어떤 유효한 질문을 던지는지 알아볼 시간이다.

버지니아 울프의 삶을 이해하는 것은 단순히 한 천재 작가의 일대기를 훑는 것이 아니라 낡은 시대의 관습에 저항하며 새로운 사유의 영토를 개척해 나간 한 지성의 지난한 노력의 궤적을 좇는 시도이다. 울프는 1882년 런던의 유서 깊은 중산층 집안에서 태어났다. 아버지 레슬리 스티븐 경은 당대 저명한 문필가로 당시 국책 사업이었던 『영국인명사전Dictionary of National Biography』을 편집했고, 어머니 줄리아 스티븐은 라파엘 전파 화가들이 추앙하던 아름다운 모델이었다. 아이를 여덟 명이나 키우며 가정에 헌신하던 줄리아는 울프가 열세 살이 되던 해(1895)

에 갑작스레 세상을 떠났고, 어머니의 죽음은 어린 울프에게 평생을 따라다니게 되는 조울증과 정신적 외상의 시발점이 되었다. 울프는 어린 시절부터 언니 바네사와 함께 각자의 예술적 소명을 확신하고 꿈을 키웠다. 바네사는 화가의 길을, 울프는 작가의 길을 걷는 데 서로의 든든한 조력자가 되었다.

1904년 아버지마저 세상을 떠나자 이들 자매는 전통적인 중산층 거주지로 빅토리아 시대의 보수적 가치관이 지배하던 켄싱턴 거리를 떠나 보헤미안적이고 자유로운 분위기가 감돌던 블룸즈버리의 아파트로 거처를 옮긴다. 울프가 스물두 살, 바네사는 스물다섯 살이었다. 당시의 엄격한 관습을 거부하고, 어른 보호자chaperone 없이 가구를 이뤄 살기로 결정한 것이다. 오늘날 기준으로는 별것 아닌 일로 보이겠지만, 여성을 독립적 인격체로 여기지 않고, 젊은 미혼여성은 혼자 외출조차 못하게 하던 당시의 가부장적 관습에 대한 정면 도전이었다. 흥미롭게도 이들 자매가 블룸즈버리의 고든 스퀘어에 마련한 아파트는 곧 새로운 지적·예술적 사유의 산실이 되었다. 오빠 토비 스티븐이 자신의 케임브리지 대학 친구들인 경제학자 존 메이너드 케인스, 소설가 E. M. 포스터 등을 이 아파트로 데려왔고, 감시하는 어른 보호자 없이 젊고 아름다운 여성들과 철학과 문학과 예술을 논하며 자유로이 토론할 수 있다는 사실이 이들을 매료시켰다. 이들의 만남은 정기적인 모임으로 발전했고, 전설적인 지적 공동체 '블룸즈버리 그룹Bloomsbury Group'이 탄생하게 된다. 이들의 지적 교류와 기존 질서에 대한 비판과 전복적 행보는 울프의 문학적 실험과 여성문제에 대한 비판적 이론을 발전시키는 데 중요한 자양분이 되었다.

1912년 울프는 블룸즈버리 그룹 멤버 중 한 사람인 레너드 울프와 결혼한다. 이들은 1917년 거실에 작은 인쇄기를 들여놓고 '호가스 출판사'를 설립했다. 처음에는 정신병으로 고통받는 울프의 건강을 위해 작은 소일거리로 시작했던 일이, 블룸즈버리 멤버들의 저작을 비롯해 T. S. 엘리엇의 『황무지』(1922)와 같은 문제작들을 세상에 내놓으면서 런던의 지적 지형에서 중요한 위치를 차지하게 된다. 특히 출판사를 소유하게 된 울프는 출판계의 상업적 압박에서 벗어나 자신이 원하는 글을 마음대로 쓸 자유를 획득하게 되었고, 그 결과 『댈러웨이 부인』(1925)과 『등대로』(1927), 나아가 『파도』(1931) 같은 실험적인 작품들을 어려움 없이 출판할 수 있었다. 호가스 출판사는 울프에게 창작과 출판의 자유를 가능하게 한 '자기만의 방'이었으며 나아가 출판 소득으로 경제적 자유까지 가져다주었다.

그러나 천재의 이면에는 깊은 심연이 도사리고 있었다. 어린 시절 겪은 이복 오빠들의 성추행과 잇따른 가족들의 죽음 그리고 제2차 세계대전의 전란 속에서 런던 자택이 폭격으로 폐허가 되고 하루하루 끝을 알 수 없는 암울한 일상이 그녀를 점점 극한으로 몰아갔다. 울프 부부는 런던을 떠나 서식스의 시골집에 머물렀는데, 1940년 겨울 라디오로 전해지는 전쟁 소식에 따르면, 독일군의 영국 본토 상륙이 멀지 않았고, 가장 유력한 상륙 후보지가 바로 그녀의 시골집 인근 서식스 해안이라고 했다. 더욱이 레너드 울프가 유대계 사회주의 지식인이었기 때문에 울프 부부는 자신들이 나치의 블랙리스트에 올라 있을 것이라 확신했다. 그들은 독일군이 상륙할 경우 함께 자살할 계획까지 구체적으로 마련해 놓은 상태였다. 점점 심해지는 정신병 발작에 1941년, 결국 그녀는 코트 주머니에 무거운 돌을 채우고 시골집 부근의 우즈강으로 걸어 들어가 생을 마감했다.

『자기만의 방』, 혁명의 시작

버지니아 울프의 대표작이자 현대 페미니즘 비평의 고전인 『자기만의 방』은 1928년 10월 케임브리지 대학교의 두 여자 단과대학인 뉴넘과 거튼에서 있었던 '여성과 픽션Women and Fiction' 이라는 강연에 그 뿌리를 두고 있다. 당시 이미 성공한 작가였던 울프에게 학생들은 "어떻게 하면 당신과 같은 작가가 될 수 있는가"라는 질문을 던졌고, 울프는 그에 대한 답변으로 가장 현실적인 물리적 조건을 제시했다.

"여러분이 저에게 '여성과 픽션'에 대해 이야기해 달라고 요청했을 때 저는 강가에 앉아 그 말이 무슨 뜻일까 곰곰이 생각해 보았답니다. (…) 하지만 제가 할 수 있었던 건 하나의 사소한 의견을 제안하는 것뿐이었죠. "여성이 소설을 쓰려면 돈과 자기만의 방이 있어야 한다"라는 것이지요." (9~10쪽)

울프가 이 강연에서 던진 핵심 명제, 즉 "여성이 소설을 쓰려면 돈과 자기만의 방이 있어야 한다"라는 선언은 당시로서는 대단히 파격적인 것이었다. 그 이유로 크게 두 가지를 들 수 있는데, 첫째는 전통적으로 문학이란 형이상학적인 것으로 돈이나 방 같은 물리적 현실을 초월하는 어떤 것이라는 생각이 만연했고, 둘째는 영국의 법제적 전통과 관련이 있다. 1870년과 1882년의 '기혼여성 재산법'이 통과되기 전까지 영국의 기혼 여성은 법적으로 재산을 소유할 권리가 없었으며, 모든 수입은 남편에게 귀속되었다. 그리고 1928년 마침내 영국에서 21세 이상의 모든 여성에게 남성과 동등한 투표권이 부여되었지만, 울프는 여성에게 안정적인 소득이 주어질 때 비로소 남성의 눈치를 보지 않고 세상을 있는 그대로 바라볼 수 있는 '정신의 자유'를 얻을 수 있다고 주장했다. 울프는 화자의 입을 빌려 다음과 같이 말한다.

"제 고모 메리 비턴은 봄베이에서 바람을 쐬러 말을 타고 나갔다가 낙마사고로 돌아가셨어요. 제가 유산을 받게 되었다는 소식은 여성에게 투표권을 주는 법안이 통과된 시기와 거의 같은 어느 날 밤에 제게 전해졌어요. 변호사의 편지가 우편함에 들어 있었고, 편지를 열어보고는 고모가 제게 매년 500파운드가 지급되도록 유산을 남겨 주셨다는 것을 알게 되었어요. 그 두 가지, 즉 투표권과 돈 중에서, 돈이 무한히 더 중요하게 느껴졌다는 사실을 저는 인정해요. (…) 세상의 어떤 힘도 제게서 연 500파운드를 빼앗아 갈 수 없어요. 음식과 집과 의복은 영원히 제 것이에요. 그러므로 노력과 노동만 끝난 것이 아니라 증오와 비통함도 막을 내렸어요. 저는 어떤 남자도 미워할 필요가 없어요. 아무도 저를 해칠 수 없으니까요. 저는 어떤 남자에게도 아첨할 필요가 없어요. 그가 제게 줄 것이 아무것도 없으니까요." (58~60쪽)

울프의 이 같은 주장은 자신의 실제 경험에서 비롯한 것이다. 울프의 고모 캐럴라인 에밀리아 스티븐_{Caroline Emelia Stephen}이 1909년 세상을 떠나면서 조카인 울프에게 2,500파운드의 유산을 남겼고, 그녀는 이 돈이 여성이 획득한 투표권보다 자신의 정신을 자유롭게 하는 데 더 직접적으로 기여했다고 말한다. 하지만 현실에서 대부분의 여성이 경제적 빈곤에서 벗어나지 못한 상태이며, 자립을 위한 교육의 기회도 제대로 주어지지 않았음을 지적한다.

『자기만의 방』은 총 6개 장으로 구성되어 있다. 1장에서는 '옥스브리지_{Oxbridge}'라는 가상의 대학을 방문하는 에피소드를 통해 남성 대학의 풍성한 오찬과 여성 대학의 빈약한 식탁을 대조하며, 교육과 문화적 향유의 기회조차 철저히 자본과 성별에 따라 배분되었음을 폭로한다. 남성들이 가문의 유산과 장학금으로 사유와 창조의 힘을 키울 때, 여성들은 가사 노동과 돌봄의 굴레 속에서 자기만의 공간은커녕 사유를 위한 짧은 시간조차 갖지 못하는 현실을 독자들이 온몸으로 체감하게 만든다.

2장은 옥스브리지 방문을 마치고 런던으로 돌아온 화자가 '여성과 픽션'의 문제를 더 깊이 파고들기 위해 지식의 전당이라 불리는 대영박물관 도서관을 방문하여 '여성'을 주제로 한 방대한 책 목록을 마주한다. 울프는 이 과정에서 여성이 우주에서 가장 많이 논의되는 동물인데도 그 논의의 주체가 정작 여성이 아닌 남성들이라는 사실에 주목한다. 특히 여성에 대해 분노와 열기로 가득 찬 글을 쏟아내는 가부장적 남성 지식인들은 여성의 정신적·신체적 열등함을 강조함으로써 역설적으로 자신들의 우월함과 자신감을 확인하려 한다. 울프는 이러한 심리적 기제를 설명하며, 여성은 지난 수 세기 동안 "남성의 모습을 실제 크기의 두 배로 비춰주는 마법의 거울" 역할을 해왔다고 고발한다.

"여성은 지난 모든 세기 동안 남성의 모습을 실제 크기의 두 배로 비춰주는 멋진 마법의 힘을 지닌 '거울' 역할을 해왔어요. 만약 그 힘이 없었다면, 아마 지구는 여전히 늪과 정글일 거예요. (…) 문명화된 사회에서 거울의 용도가 무엇이든 간에 거울은 모든 폭력적이고 영웅적인 행동에 필수적이에요. 나폴레옹과 무솔리니가 여성의 열등함을 그토록 단호하게 주장하는 이유가 바로 여기에 있어요. 만약 여성들이 열등하지 않다면, 그들은 (남성을) 확대하는 일을 그만둘 테니까요." (56~57쪽)

이 장의 백미는 문학적 상상력 속의 여성과 역사적 현실 속 여성 사이의 기괴한 불일치를 신랄하게 묘사하는 대목이다. 시인과 극작가들의 작품 속에서 여성은 클레오파트라나 맥베스 부인처럼 왕과 정복자의 삶을 뒤흔드는 지배자이자 가장 심오한 사색을 읊조리는 고귀하고 아름다운 존재로 그려진다. 하지만 실제 역사 속에서 그녀는 글조차 읽지 못해 무지하고, 부모에 의해 강제로 결혼하고, 남편에게 매질을 당하는 보잘것없는 소유물에 불과했다. 울프는 이러한 극단적 대비를 "독수리의 날개를 단 지렁이" 혹은 "생명과 아름다움의 정령 같은 존재가 정작 부엌에서 고기 비계를 다지고 있는 꼴"이라는 강렬한 비유로

풀어낸다. 즉, 남성들의 픽션 속에서는 경외와 존중의 대상인 뮤즈로 박제되어 있지만, 현실에서는 교육으로부터 철저히 소외된 채 가사 노동의 굴레에 갇혀 있는 여성의 이중적 상황을 고발하는 것이다.

3장에서는 왜 여성은 셰익스피어와 같이 위대한 작품을 쓰지 못했는가? 하는 질문에 울프가 답을 한다. 그녀는 만일 셰익스피어에게 그와 대등한 천재성을 지닌 누이 '주디스'가 있었다면 그녀는 과연 오빠와 같이 위대한 문학작품을 쓸 수 있었을까?라는 질문과 함께 독자를 16세기 영국으로 데려간다. 『자기만의 방』에서 가장 유명한 장면이 된 주디스 셰익스피어 이야기는 교육의 기회도 사색의 여유도 박탈당한 당시 여성의 삶에서 여성이 재능을 꽃피우는 것은 현실적으로 불가능한 일이었음을 충격적일 만큼 사실적으로 묘사하고 있다. 원치 않는 결혼을 피해 홀로 런던으로 도망치지만 여자는 배우가 될 수 없다는 비웃음과 모욕 속에 결국 한 남자의 아이를 가진 채 스스로 목숨을 끊을 수밖에 없었던 주디스의 비극적 이야기에서 울프는 과거 여성의 몸에 깃든 천재성이 어떻게 광기나 자살로 내몰릴 수밖에 없었는지를 실감나게 보여 준다. 결국 주디스는 이름 없는 작가Anon로 묻혔으나, 울프는 현대의 여성들이 경제적 자립과 자기만의 방을 확보하여 창조적 예술활동을 활발히 펼친다면 언젠가는 이 비극적인 셰익스피어의 누이가 다시 살아 돌아올 수 있을 것이라 확언한다.

'백열하는 마음': 투쟁 너머의 조화

4장에서 울프는 여성 작가가 마주하는 정신적 빈곤 문제를 파헤친다. 그녀는 여성이 펜을 들 때 마주하는 가장 큰 어려움은 여성작가가 참조할 수 있는 '전통'의 부재라는 점에 주목한다. 울프는 남성 작가들이 수 세기에 걸쳐 구축한 권위적이고 완결된 남성적 문장이 여성들이 살아온 삶의 다층적 경험을 담기에는 부적합한 틀이라고 지적한다.

"아마도 여성 작가가 펜을 들고 종이를 앞에 두고 앉아 가장 먼저 깨닫게 되는 사실은, 그녀가 바로 가져다 쓸 수 있는 '평범하고 익숙한 문장'이 세상엔 단 하나도 준비되어 있지 않다는 점일 거예요. 새커리나 디킨스, 발자크 같은 위대한 소설가들은 모두 아주 자연스러운 산문을 썼어요. 군더더기 없이 매끄러우면서도 결코 산만하지 않고, 풍부한 표현력을 갖췄으면서도 지나치게 까다롭거나 화려하지 않은 그런 문장 말이에요. 그들의 문장은 모든 이의 공통된 자산이면서도 작가 자신만의 독특한 색채를 띠고 있었죠. 그 비결은 바로 그 시대 사람들이 일상적으로 사용하던 문장을 바탕으로 글을 썼다는 데 있었답니다. (…) 하지만 그 문장은 여성이 쓰기에는 참 맞지 않는 것이었어요." (120쪽)

이에 그녀는 "여성이라면 어머니를 통해 거슬러 올라가 사유해야 한다think back through our mothers"라고 역설하며, 이 같은 악조건 속에서도 글을 쓰고자 노력했고, 미약하나마 글을 남긴 선구자적 여성작가들을 호명한다. 19세기 여성 소설가들이 본격적으로 등장하기 이전에 그 보이지 않는 길을 닦았던 '문학의 어머니들,' 즉 '블루스타킹'이라는 비난을 받으며 글을 썼던 레이디 윈칠시, 미친 공작부인이라 조롱받았던 뉴캐슬 공작부인 마거릿 캐번디시, 레이디 윈칠시와 마거릿 캐번디시처럼 감히 여성이 글을 쓰겠다고 나서는 정신나간 짓은 결코 하지 않겠다고 굳게 결심한 나머지 오직 편지 글만 남겼던 도로시 오즈번, 그리고 마침내 소설을 써서 돈을 벌었던 최초의 여성작가 아프라 벤을 소개한다. 울프는 제인 오스틴이나 브론테 자매 그리고 글을 쓰는 모든 여성이 아프라 벤의 무덤에 꽃을 바쳐야 한다고 힘주어 말한다.

"아프라 벤은 유머, 활력, 용기 같은 모든 서민적 미덕을 지닌 중산층 여성이었어요. 그녀는 남편의 죽음과 자신의 불행한 몇몇 모험 때문에 어쩔 수 없이 자신의 재주로 생계를 꾸려 가야 했던 여성이죠. 그녀는 남성들과 같은 조건에서 일해야 했어요. 그녀는 아주 열심히 일해서 먹고살기에 충분한 돈을 벌었죠. 그 사실이 그녀가 실제로 쓴 그 어떤 글보다 더 중요해요." (100쪽)

여성작가로서 전통의 부재를 뼈저리게 체감했던 울프는 여성문학의 전통을 세우는 것을 필생의 과업으로 삼았다. 울프는 『영국인명사전』의 편집장이었던 아버지 레슬리 스티븐의 서재에서 방대한 전기를 탐독하며 성장했다. 그리고 가부장적 역사에 의해 지워진 여성의 존재, 특히 창작을 하고 이야기와 노랫말을 지었을 이름 없는 여성들의 삶을 발굴해 대중에게 소개하려는 노력을 견지했다. 1905년부터 〈타임스〉 문예란The Times Literary Suppliment에 기고를 시작한 울프는 잊히거나 저평가된 과거 여성 작가들을 끊임없이 재조명했다. 이는 『자기만의 방』에서 강조하고 있는 '문학의 어머니들literary mothers'의 계보를 만드는 작업이었다.

5장에서 울프는 가상의 현대 작가 메리 카마이클의 소설을 통해 문학사의 거대한 변화를 포착한다. 메리 카마이클의 책에서 화자는 "클로이는 올리비아를 좋아했다"라는 문장에 주목한다. 이는 지난 수 세기 동안 남성 작가들이 결코 들어갈 수 없었던 여성들만의 은밀한 욕망과 여성들 사이의 복잡하고 미묘한 관계를 수면 위로 드러낸 놀라운 선언이었다. 이 책의 2장에서 울프는 이전까지 문학 속의 여성은 오직 남성을 비추는 거울이거나 남성과의 관계 안에서만 존재 가치를 인정받았음을 지적했다. 하지만 이제 여성은 남성이 없는 공간에서 서로를 마주하며 자신들만의 비밀스러운 욕망과 연대를 기록하기 시작한 것이다. 이 부분의 서술은 『자기만의 방』이 나오기 직전인 1928년에 발간되어 여성의 동성애를 다루었다는 이유로 외설 재판에 회부되었던 래드클리프 홀의 『고독의 우물』 사건을 참조하고 있다. 울프는 여성이 자신의 진실을 말하려 할 때 직면하는 사회적 적대감과 위협을 직시하면서도 작가가 이러한 외부의 압력에 굴복하여 분노하거나 변명하느라 예술적 '온전함integrity'을 훼손해서는 안 된다고 강조한다. 결국 5장의 핵심은 여성이 남성의 가치관을 내면화한 '거울'에서 벗어나 자신의 시선으로 포착한 새로운 진실을 자신들만의 리듬으로 써 내려가는 단계에 진입했음을 보여 주는 데 있다. 즉, 최소한의 경제적 안정과 창조적 사유를 키워 나갈 자기만의 방이 있는 현대 여성 작가는 지금까지 아무도 가보지 못한 전인미답의 영역에 발을 들이기 시작한 것이다.

마지막으로 6장에서 울프는 이 새로운 탐색을 완성하는 궁극적인 정신 상태로 '양성성Androgyny'을 제시하며 논의를 확장한다. 울프가 궁극적으로 지향했던 예술의 경지는 남성과 여성이라는 이분법적 투쟁에 머무는 것이 아니었다. 그녀는 가장 뛰어난 창조성이 인간 내면의 여성성과 남성성이 조화를 이룰 때 드러난다고 믿었다. 이것이 바로 그 유명한 '양성적 마음Androgynous Mind' 이론이다.

"우리 각자의 내면에는 두 가지 힘, 즉 남성적인 힘과 여성적인 힘이 지배하고 있어요. 남자의 뇌에서는 남성성이 여성성보다 우세하고, 여자의 뇌에서는 여성성이 남성성보다 우세하지요. 하지만 가장 정상적이고 편안한 상태는 이 둘이 마음으로 협력하며 조화롭게 공존할 때예요. 남자라 할지라도 뇌 속의 여성적인 부분이 영향을 미쳐야 하고, 여자 역시 자기 안의 남성성과 소통해야 한답니다. (…) 사실 우리는 양성적이고 '남성적인 동시에 여성적인' 마음의 전형으로 셰익스피어의 마음을 떠올리게 됩니다." (153~154쪽)

울프는 자신의 성별에 매몰되어 상대 성性을 공격하거나 의식하는 마음은 결코 위대한 예술을 낳을 수 없다고 경고한다. 그 대신 두 성별이 서로 협력하여 어떠한 편견이나 장애물도 남지 않은 상태, 즉 '백열하는 마음Incandescent mind'이 될 때 비로소 셰익스피어와 같은 대문호들이 도달했던 보편적이고도 영원한 진실에 닿을 수 있다고 보았다. 울프는 이러한 창조의 과정을 서로 상반되는 것들 사이에 일어나는 비밀스럽고 "성스러운 결혼"이라고 말한다.

> 창조라는 예술이 완성되려면, 먼저 마음속에서 여성과 남성 사이에 어떤 협력이 일어나야 합니다. 반대되는 것들 사이에서 어떤 결혼이 이루어져야만 하지요. (…) 작가는 일단 경험을 마쳤다면, 이제 뒤로 편안히 누워 마음이 어둠 속에서 성스러운 결혼식을 올리도록 내버려 두어야 한다고요. (163~164쪽)

물론 그녀가 제시한 '양성성' 개념이 쉽게 환영받은 것은 아니었다. 1929년 출간 당시 이 책은 대중적 성공을 거두었지만, 당대의 비평가 리비스Leavis 부부는 그녀의 문학이 현실과 동떨어진 '엘리트주의적 유희'라고 폄하하며 차가운 시선을 보냈다. 울프 연구가 하나의 현상이 된 1980년대 이후 일레인 쇼월터(1977) 같은 페미니스트 비평가는 여성이 처한 현실에 분노하기보다 '양성성'이라는 형이상학적 개념을 내세워 투쟁을 회피한 엘리트주의적 태도라고 비판하기도 했다.

그러나 역자의 시각에서 볼 때, 울프의 진정한 위대함은 성별 간 투쟁 '너머'를 내다보았다는 그 혜안에 있다. 울프는 단순히 남성과 가부장제의 폭압에 대항하도록 여성에게 촉구한 것이 아니라, 모든 편견과 장애물이 타버린 '백열하는 마음'으로 인간 정신의 창조성의 해방을 꿈꿨다. 시대의 한계를 초월해 멀리 내다본 울프의 안목이야말로 우리가 다시 이 책을 찾는 핵심 이유일 것이다. 결국 『자기만의 방』이 전하는 마지막 메시지는 분노나 원망이 아니라 '자기 자신이 되는 자유'에 있다. 울프가 제시했던 창조의 궁극적 단계, 즉 여성이 '여성'으로서 글을 쓰는 것을 넘어 한 인간으로서 온전하고 투명하게 세계를 응시할 수 있는 상태는 100년이 지난 지금, 우리에게 여전히 유효한 나침반이 되어준다.

『자기만의 방』이 읽기 어려운 이유

버지니아 울프의 『자기만의 방』은 여성주의 비평의 고전으로 추앙받지만, 21세기 한국 독자들에게는 그다지 친절하지 않은 텍스트이다. 이는 단순한 번역의 문제를 넘어 울프가 시도한 문학적 혁신과 시대적 함의가 오늘날의 일반 독자들, 특히 100년의 시간 차이와 지구 반 바퀴 너머의 한국 독자들에게 익숙하지 않기 때문이다. 우선 울프는 외부적 사건의 나열보다는 인간 내면의 미세한 파동을 포착히는 '의식의 흐름' 기법을 선구적으로 도입했다. 『자기만의 방』에서도 화자의 사유는 고정된 인과관계에 묶이지 않고 연상과 기억, 찰나의 인상을 따라 유동적으로 흐른다. 이로써 육하원칙에 입각한 선형적 서사를 기대하는 독자들에게는 이러한 파편적 전개가 논리적 공백으로 느껴지며 독서의 피로도를 높이는 요인이 된다. 또한 이 텍스트는 100년 전 영국 사회의 구체적 사건들과 셰익스피어부터 당대 작가들에 이르는 방대한 영문학적 맥락을 전제로 서술되었다. 이처럼 상이한 시대적·문화적 배경은 한국 독자들에게 해설과 각주의 도움 없이는 넘기가 쉽지 않은 장벽이다.

그런데 이보다 더 본질적인 문제가 있다. 울프가 단순히 '의식의 흐름'과 같은 모더니즘적 실험에 머물지 않고, 기존의 문체와 형식 자체를 의도적으로 전복하려 했다는 사실이다. 울프는 영문학의 유구한 전통이 남성적 사유 체계와 경험에 최적화된 형태로 구축되어 있다고 보았다. 그녀는 이를 여성의 현실을 담아내기에는 부적절한 '맞지 않는 옷'으로 규정하고, 새로운 여성적 글쓰기를 촉구했다. 따라서 『자기만의 방』은 그 자체로 '여성적 글쓰기'를 치열하게 구현해낸 실험장이라 할 수 있다. 이 과정에서 울프는 기존의 권위적이고 단정적인 문장 구조를 과감히 해체했다. 특히 그녀는 당대 남성 작가들의 문장에서 과잉된 자의식과 남성성을 읽어냈으며, 이를 다음과 같이 비판한다.

"우선은 'I(나)'라는 글자가 너무 지배적이었기 때문이고, 그 글자가 거대한 너도밤나무처럼 드리운 그늘 아래의 메마름 때문이었을 거예요. 그 그늘에선 그 무엇도 자랄 수 없거든요." (157쪽)

그 결과 울프가 남성적 전통에서 벗어나고자 의도적으로 채택한 새로운 글쓰기의 실험이 독자에게는 낯설고 때론 갈피를 잡기 어려운 흐름으로 나타나기도 한다.

울프의 이러한 문학적 실험의 배경에는 그녀가 몸소 경험했던 문화적 억압에 대한 저항이 자리 잡고 있다. 울프는 빅토리아 시대 중산층 가정 출신으로 자신을 낮추고 남성을 비판하지 않으며 자기 희생과 순종을 미덕으로 삼는 일종의 현모양처 교육을 받으면서 성장했다. 이러한 미덕을 갖춘 빅토리아 시대의 이상적인 여성상을 그들은 '집안의 천사'라 불렀다. 울프는 자신의 에세이 「여성의 전문직Professions for Women」(1931)에서 작가로서 살아남으려고 자기 속에 있는 '집안의 천사'를 죽여야만 했다고 고백한다.

나는 이제 내가 스스로 기특하게 여기는 단 하나의 행동을 기록하려 한다. … 나는 그녀(집안의 천사)에게 돌아서서 그녀의 목을 움켜쥐었다. 나는 그녀를 죽이기 위해 최선을 다했다. 법정에 선다면 나의 변명은 정당방위였다는 것이리라. 내가 그녀를 죽이지 않았다면, 그녀가 나를 죽였을 것이기 때문이다. (「여성의 전문직」 중에서)

그녀는 내면화된 '여자다움'의 굴레를 작가로서 극복해야 할 최대 과제로 삼았으며, 『자기만의 방』의 난해한 문장들은 이러한 자기검열의 흔적과 이를 돌파하려는 치열한 사투를 반영하는 것이다. 결국 이 책이 읽기 어렵다는 것은 울프가 기존의 문법을 무너뜨리고 쟁취하려 했던 여성적 사유의 자유가 그만큼 절실했다는 방증이기도 하다.

「조안 마틴 양의 일기」, 문학의 어머니들의 희미한 메아리

버지니아 울프의 초기 단편 「조안 마틴 양의 일기」는 그녀가 평생에 걸쳐 탐구했던 '여성과 픽션' 그리고 '역사적 복원'이라는 화두가 이미 20대 초반부터 정교하게 구축되어 있었음을 보여 주는 중요한 텍스트이다. 「조안 마틴 양의 일기」는 울프가 스물네 살이던 1906년에 집필되었으나 생전에는 출간되지 않은 미완성 원고로, 오랜 시간 울프의 유품 속에 잠들어 있다가 1970년대 후반에 이르러서야 세상에 알려지게 되었다. 1979년 잡지 『20세기The Twentieth Century』에 처음 게재되었고, 1985년 수전 디키Susan Dickie가 편집한 울프의 단편 전집 『The Complete Shorter Fiction』에 수록되면서 비평가들의 본격적인 주목을 받기 시작했다. 처음에는 습작 정도로 치부되기도 했으나, 현재는 『자기만의 방』과 『올랜도』에서 꽃피운 울프의 역사학적 상상력과 페미니즘 비평의 뿌리가 되는 작품으로 평가받고 있다. 이 짧은 픽션에는 이미 울프 특유의 문제의식, 즉 공식 역사에서 배제된 여성의 삶을 어떻게 복원할 것인가 하는 질문이 선명하게 담겨 있다.

미완성 원고의 모호성: 시대 배경의 혼돈과 불완전성의 의미
「조안 마틴 양의 일기」 독자가 가장 먼저 부딪치는 문제는 작품의 시간적 배경이 명확하지 않다는 점이다. 조안의 일기는 "조안 마틴의 일기. 주후 1480년 노퍽 카운티 마틴 홀에서 그녀가 기록함"이라고 명시되어 있어 15세기 장미전쟁Wars

of the Roses(1455~1487) 시기를 배경으로 설정하고 있다. 그러나 작품 전반에는 17세기 청교도 혁명과 크롬웰 내전English Civil War (1642~1651) 시기의 요소들이 두드러지게 섞여 있다.

조안의 일기에는 1480년 장미전쟁 말기의 불안한 사회상이 물씬 배어 있다. 어둠이 내리면 저택의 대문을 굳게 잠그고, 밖의 세계를 차단해야 하는 조안의 일상은 지방 호족 간의 사적 전쟁과 약탈이 빈번하던 시대의 공포를 반영한다.

""다들 들어왔느냐?" 어머니의 외침과 함께 도로를 향해 종소리가 울려 퍼져요. (…) 어머니가 대문을 닫고 자물쇠를 단단히 채우면, 우리는 온 세상으로부터 완전히 차단된답니다." (203쪽)

또한 조안은 "작년만 해도 제인 모리슨이 결혼식 전날에 납치당하는 일이 있지 않았"냐고 물으며, 장미전쟁 시기 여성들이 경험했던 구체적 폭력을 생생하게 전한다. 그러나 이 작품에는 분명히 17세기의 요소들이 섞여 있다. 가장 결정적 단서는 제1부에서 마틴 씨가 조상 윌러비 마틴에 대해 설명하는 장면이다.

"이 사람 이름은 윌러비 마틴이에요. 1625년에 태어나 1685년에 죽었죠. 노퍽 부대 대위로 마스턴 무어 전투에 참전했고요. 우리 집안은 언제나 왕당파였거든요. 호국경 시대에는 망명길에 올라 암스테르담으로 갔는데 (…)." (192쪽)

마스턴 무어 전투(1644년)와 호국경 시대Cromwell's Protectorate는 명

백히 17세기 청교도 혁명의 사건들이다. 또한 조안의 일기에서 사용되는 '내전'이라는 표현과 '왕당파적 기질'에 대한 묘사 역시 17세기 내전의 분위기를 강하게 풍긴다. 조안 자신도 가을의 일기에서 '내전이 한창인 지금의 노퍽'이라고 쓰고 있다. 시간의 혼돈은 서사적 요소뿐 아니라 물리적 배경에서도 발견된다. 로자먼드가 처음 발견한 마틴 저택은 '알파벳 E자 모양에서 가운데 획만 쏙 빠진 형태'로 묘사된다. 그런데 E자 형태의 건축은 엘리자베스 1세에 대한 경의를 표하려고 16세기 후반에 유행했던 양식으로 조안이 살던 1480년에는 아직 등장하지 않았을 건축 형태이다.

이러한 시간적 혼돈은 애초에 울프가 조안이 살았던 시대를 어디에 위치시킬지 결정하지 못한 결과일 수 있다. 그러나 다른 해석도 가능하다. 울프가 특정 시대를 정확히 재현하는 데 목적을 두지 않았을 가능성이다. 조안의 일기에는 구체적 연호나 왕의 이름이 명시되지 않는다. 그 대신 그녀의 기록은 일상의 경험—장원 관리, 계절의 변화, 외부 세력의 위협, 가족 내의 관계—을 중심으로 전개된다. 여러 시대의 요소를 의도적으로 중첩함으로써 '공식 역사'의 열외에 놓인 여성들의 경험이 특정 시대에 국한되지 않는 보편적이고 반복적인 성격을 지닌다는 점을 보여 주려 한 것일 수 있다. 전쟁이 바뀌고 군주가 바뀌어도 여성들의 일상은 변하지 않았다는 것이다. 조안 자신의 목소리가 이를 증명한다.

"하지만 제가 보기엔 지금이 예전보다 특별히 더 나빠진 것 같지는 않아요. 오늘날 노퍽에 사는 우리나 헬레네가 살았던 시대의 사람들이나 (그녀가 어디에 살았든 간에) 별반 다를 게 없을 테니까요.”(207쪽)

미완성이라는 형식 자체 역시 이 작품의 의미를 풍부하게 한다. 조안의 일기가 끝나지 않은 채 남겨진 것처럼, 여성들의 역사 역시 완결되지 못한 채 단편적으로만 전해져 왔다.

로자먼드 메리듀의 시선: 여성 역사가의 새로운 접근법

작품의 전반부를 이끄는 화자 로자먼드 메리듀^{Rosamund Merridew}는 단순한 액자 장치가 아니라 울프의 역사관을 대변하는 핵심 인물이다. 그녀는 작품 초반에서 자신의 정체성과 역사관을 가감 없이 밝힌다. 그녀는 “남편과 가정, 편안하게 늘어갈 집 대신 몇 점의 누런 양피지 조각을 선택한” 여성이다.

“저는 남편과 가정 그리고 편안하게 늙어갈 집 대신 누런 양피지 조각 몇 개를 선택했어요. 그 양피지는 읽을 수 있는 사람도 몇 안 되지만, 읽을 줄 안다 해도 굳이 읽고 싶어 하는 사람은 더 적은 그런 물건들이죠.”(181~182쪽)

로자먼드가 전통적 역사 서술에 대해 품고 있는 불만은 ‘스타킹’이라는 사소한 유물에서 가장 선명하게 드러난다. 울프는 로자먼드의 목소리를 빌려 미시사^{microhistory}적 상상력의 방법론을 선구적으로 보여 준다. “엘리자베스 파트리지 부인의 다리 위로 갑자기 떨어진 한 줄기 빛이 잉글랜드 전체를 지나 왕좌에 앉은 왕에게까지 가 닿는답니다. 그녀는 스타킹을 원했어요!” 스타킹의 부재가 중세인의 다리가 겪었던 현실을 드러낸다는 로자먼드의 논리는 일상의 사소한 유물에서 거대한 역사적 진실을 발견해 가는 미시사적 방법론의 원형이라 할 수 있다.

로자먼드가 조안의 일기 뭉치에 관심을 두는 이유는 그것이 공식 역사 기록이 포착하지 못하는 삶의 결을 담고 있기 때문이다. 마틴 씨가 소장한 수많은 문서, 즉 영지 장부, 종마 사육부, 가계도 중에서 로자먼드가 가장 먼저 선택한 것이 조안의 일기라는 점은 의미심장하다. 마틴 씨 자신은 재스퍼의 가계부나 윌러비의 종마 사육부를 더 흥미로워하며 그쪽을 권하지만, 로자먼드는 단호하게 말한다.

““글쎄요, 전 조안 할머니 것부터 시작하고 싶네요. 원래 시작은 처음부터 하는 걸 좋아해서요.”
“오, 그러시군요.” 그가 미소를 지었죠. “하지만 그 할머니한테서 뭐 특별한 걸 찾으시긴 힘들 거예요. 제가 보기엔 우리랑 다를 바 없는 그냥 평범한 분이셨거든요.”” (201쪽)

“우리랑 다를 바 없는 평범한 분”이라는 마틴 씨의 말은 역설적으로 로자먼드가 조안에게 끌리는 이유를 정확히 보여 준다. 로자먼드가 찾는 것은 위대한 인물이 아니라 바로 그 ‘평범한’ 삶의 기록이기 때문이다. 공식 역사가 왕과 장군의 전쟁만을 기록할 때, 일반 사람들이 실제로 어떻게 살았는지는 이런 사적 기록에서만 발견할 수 있다는 것이다.

　　로자먼드의 역사관은 단순히 '여성의 이야기도 담자'는 포함의 논리에 머물지 않는다. 그녀는 역사 서술의 방법론 자체를 문제 삼는다. 공적 영역의 문서만을 '진짜 역사'로 인정하고 사적 기록을 무가치한 것으로 취급해 온 관행 자체가 여성의 삶을 역사에서 지우는 구조적 메커니즘이었다는 것이다. 그녀는 자신을 공격하는 비평가들에게 당당하게 맞선다.

"사실 제가 선택한 이 시기가 그 어느 때보다 사적인 기록이 빈약한 시기라는 건 잘 알려진 사실이거든요. 『패스턴가의 편지』에서 모든 영감을 빌려올 게 아니라면, 여느 소설가들처럼 그저 상상력에 기댈 수밖에 없죠." (185쪽)

　　로자먼드는 '무엇을 기록할 것인가'뿐 아니라 '어떻게 기록할 것인가'라는 질문으로 역사학 자체의 인식론적 전환을 요구한다. 20세기 초반이라는 시점을 고려하면, 미시사나 '아래로부터의 역사history from below' 같은 방법론보다 수십 년 앞선 선구적 문제의식이다.

울프의 지적 여정: '이름 없는 삶'을 향한 이정표

　　이 작품은 울프가 평생 매달렸던 '여성과 픽션', '역사적 복원'이라는 화두가 어떻게 형성되었는지를 보여 주는 생생한 지형도이자 젊은 시절 그녀의 지적 여정을 드러내는 중요한 이정표이다. 울프는 역사가 '위대한 남성'들의 전유물로 여겨지던 방식에 저항하며, 역사에서 누락된 '이름 없는 사람들의 삶the Lives of the Obscure'에 주목했다. 조안이 기록하는 것은 왕의 재위나 전투의 승패가 아니라 어머니의 엄격한 가정 경영, 결혼 협상의 긴장, 순례길의 영적 경험 그리고 가난한 소작농의 비참한 삶이다. 특히 조안이 가난한 빈민의 오두막을 방문하는 장면은 공식 역사의 텍스트에서는 절대 발견할 수 없는 삶의 질감을 전달한다.

"지붕은 그저 덤불과 지푸라기를 얹어 놓은 수준이었고, 바닥은 풀 한 포기 없이 맨땅이 그대로 드러나 있었죠. (…) 썩은 통나무 위에는 한 여자가 앉아 아기에게 젖을 물리고 있었어요. 그녀는 우리를 쳐다보았는데, 두려워하기보다는 불신과 혐오가 가득한 눈빛으로 (…)." (220쪽)

조안 마틴과 주디스 셰익스피어: 여성 천재의 원형

조안 마틴은 훗날 『자기만의 방』에 등장하는 셰익스피어의 가상 누이 주디스 셰익스피어의 모태 격인 인물이다. 두 인물 모두 문학적 천재성을 타고났으나 가부장적 환경과 사회적 제약으로 그 재능을 꽃피우지 못하고 역사 속으로 사라져간 여성들의 원형을 제시한다. 조안의 일기에는 이 '묻혀버린 천재성'이 군데군데 풍겨 나온다. 조안은 글을 읽고 쓸 줄 아는 거의 유일한 여성으로, 음유시인 리처드의 노래에서 깊은 영감을 받고, 월싱엄 순례길에서 사색적이고 철학적인 명상을 이어간다. 그러나 그녀의 애틋한 마지막 고백은 이 천재성이 결국 현실 안에서 펼쳐지지 못할 것임을 암시한다.

"겨울 아침의 매서운 공기를 가르며 걸어가다 문득 이런 생각이 들었
어요. 만약 제가 다시 글을 쓴다면, 그때는 더 이상 노퍽이나 저 자신에
대한 이야기가 아닐 거라고요. 그 대신 기사와 숙녀들 그리고 낯선 땅
에서 펼쳐지는 모험에 대해 쓰고 싶어요."(241쪽)

조안은 "노퍽에서 저만큼 글을 쓸 줄 아는 여자가 드물다는
작은 자부심" 덕분에 글을 계속 썼지만, 결국 자신의 일상이
"기록할 만한 특별한 사건이 그리 많지 않다"라고 고백한다. 이
고백은 조안의 삶이 주디스 셰익스피어의 비극과 이어지는 지
점이다.

20세기에 부활한 조안과 주디스

모호한 시간 속에서 이름 없이 스러져간 이들은 20세기가 되
어 다시 태어난다. 새로 태어난 조안과 주디스는 곧 그들을 호
명해 낸 버지니아 울프 자신이며, 동시에 딱딱한 공식 기록 대
신 사적인 기록을 찾아 헤매는 화자 로자먼드 메리듀이기도 하
다. 이 작품의 가장 감동적 순간은 마지막 페이지에서 찾아온
다. 조안의 아버지 자일스는 자신이 글을 쓸 줄만 안다면 한 줄
이라도 남기고 싶다고 말한다.

"내가 글을 쓸 줄 안다면 나도 한 줄 남기고 싶구나. '나는 자일스 마틴
이다. 중간 체격에 피부가 가무잡잡하고 갈색 눈에 콧수염을 기른 남자
지. 읽고 쓸 줄은 알지만 그리 능숙하진 못하다."(239~240쪽)

그리고 아버지는 딸에게 일기를 보관해 두겠다며 "우리 후손들도 조상 중에 적어도 한 명쯤은 존경할 구실이 있어야 하지 않겠니?"라고 말한다. 이 대목은 작품의 주제를 응축한다. '기록'이라는 행위의 의미 그리고 기록되지 못한 삶이 역사에서 사라진다는 경고. 조안의 일기의 마지막 문장은 이 작품의 가장 아름다운 순간이자 로자먼드가 "죽은 문서에 생명력을 불어넣는" 행위와 수미상관을 이룬다.

"이제는 그들이 무섭기보다 가엾게 느껴져요. 그들에게 기쁨을 줄 아주 작은 행동이라도 해주고 싶어질 만큼요. 아주 비밀스럽고 아무도 생각지 못한 그런 일 말이에요. 살아 있는 사람에게 하듯이 입맞춤하거나 따뜻하게 한번 쓰다듬어 주는 것 같은 그런 일 말이죠." (243쪽)

조안이 조상의 석상에 입맞춤을 하고 싶다고 말하는 순간 그리고 500년 후 로자먼드가 조안의 일기를 손에 쥐고 읽는 순간, 이 두 여성의 만남은 시간을 넘어 완성된다. 비록 역사는 그들을 잊었지만, 후대의 여성이 선대의 여성을 읽어냄으로써 그들은 다시 생명을 얻게 된다. 「조안 마틴 양의 일기」는 울프 문학 세계의 씨앗이자 여성 문학의 전통을 세우려는 그녀의 필생의 기획이 시작된 바로 그 지점이었던 것이다.

옮긴이의 글

손현주

몇 년 전, 어느 대학의 인문학 특강 프로그램에 초청받아 버지니아 울프의 『자기만의 방』을 주제로 4주간 강의를 한 적이 있다. 코로나19 팬데믹으로 강의가 온라인으로 진행되었음에도 많은 분이 끝까지 자리를 지키는 것을 보며 이 텍스트의 여전한 힘을 실감했다. 흥미로운 점은 수강생들이 수업에 참여한 동기였는데, "너무 유명한 책이라 꼭 읽고 싶었지만 혼자 읽기에는 어려워 도중에 포기했다"라는 고백이 대부분이었다. 페미니즘을 공부하려고 찾아온 2030 세대부터 울프의 오랜 팬들까지 모두 각자의 이유로 소설도 논설도 아닌 묘한 울림을 지닌 울프의 에세이 『자기만의 방』에 관심을 보였다.

버지니아 울프의 『자기만의 방』은 이제 단순한 고전을 넘어 우리 시대의 독보적인 문화적 아이콘으로 자리 잡았다. 1970년대 이후 여성 문학 비평이 이 작품을 구심점으로 삼아 발전하면서 이 책은 페미니스트 문학과 페미니스트 운동의 바이블이 되었고, 책 제목은 수많은 변주를 낳으며 우리의 일상 언어에 깊숙이 스며들었다. '자기만의 삶', '자기만의 책' 등 '자기만의 OO'라는 제목의 소설이나 비평 제목이 유행했고 나아가서는 '그들만의 세상', '그들만의 삶' 등의 변형으로도 이어졌다. 심지어 "클로이는 옥타비아를 좋아했다"라는 작중 구절은 록 밴드의 음반 제목으로 쓰일 만큼 이 텍스트는 하나의 문화적 컬트로까지 발전했다. 오늘날 '자기만의 방'이라는 용어의 위상은 학문적 영역에만 머물지 않는다. 온라인 검색을 해보니 "자기만의 방"이라는 제목은 여성들에게 성지식 콘텐츠와 월경 주기 다이어리 등을 제공하는 펨테크 서비스 및 모바일 앱의 명칭으로 사용되면서 여성들의 건강과 삶의 질을 고민하는 친숙한 일상 공간의 이름이 되어 있기도 했다. 이는 울프가 '자기만의 방'이라는 상징적 이미지로 추구했던 여성의 독립과 자율성이라는 가치가 현대 여성들의 가장 구체적이고 실질적인 삶의 영역과 맞닿아 있음을 보여 주는 징표이기도 하다.

출판사로부터 『자기만의 방』 번역 제안을 받았을 때 가장 먼저 든 생각은 지금 이 책을 다시 번역하는 것이 필요한 일인가 하는 의문이었다. 이미 훌륭한 선행 번역본들이 나와 있는 상황에서 또 하나의 번역을 내놓는 것이 과연 어떤 의미가 있을지 스스로에게 묻지 않을 수 없었다. 그럼에도 이 작업에 동의하게 된 데에는 두 가지 이유가 있다. 우선 번역이라는 가장 세밀한 읽기 방식으로 울프의 문장을 한 자 한 자 다시금 깊게 들여다보고 싶다는 연구자로서 사심이 컸다. 그리고 울프의 텍스트가 지닌 '문턱'을 낮추어 더 많은 독자가 이 책을 조금 더 편하게 읽을 수 있으면 좋겠다는 작은 바람이 있었다.

울프의 글은 당대 사회문화적 배경에 대한 깊이 있는 이해 없이는 그 행간을 온전히 읽어내기 어렵다. 한국 버지니아 울프 학회에서는 거의 20년에 걸쳐 꾸준히 울프의 텍스트를 함께 읽는 독회를 진행하고 있다. 울프를 연구 주제로 해서 박사학위를 받고, 강단에서 가르치고, 수십년간 연구해 온 회원들과 함께하는 독회에서도 정확한 의미를 이해하기 쉽지 않거나 한국어로 번역하기 어려운 문장을 심심치 않게 마주하는 것이 현실이다. 게다가 울프 특유의 의식 흐름을 반영한 긴 문장들—때로는 한 문장이 반 페이지에 달하기도 하는—은 영어 원문 구조에만 충실할 경우 한국어로는 도저히 매끄럽게 읽히지 않는 딱딱하고 어색한 번역이 되기 일쑤이다.

번역자는 매 순간 선택의 기로에 선다. 원문의 형태를 지키려고 문장의 어색함을 감수할 것인가, 아니면 호흡을 가다듬고 문장 순서를 조정하여 원문의 취지를 우리말답게 구현해낼 것인가. 전자의 방식이 학술적 정교함에는 유리할 수 있지만 일반 독자에게는 가독성의 장벽이 되기도 한다. 이번 번역에서는 명백히 후자의 길을 택했다. '만일 울프의 모국어가 한국어였다면 어떤 표현을 선택했을까'라는 질문을 길잡이 삼아 원문이 지닌 생동감이 우리말의 결을 타고 독자에게 자연스럽게 닿도록 세심하게 다듬었다. 아울러 당대의 맥락을 파악해야만 포착할 수 있는 미묘한 의미들을 이해하기 쉽도록 각주와 해설에도 정성을 다했다. 전공자가 아니더라도 울프가 안내하는 지적 산책로에서 길을 잃거나 비틀거리지 않고 편하게 따라갈 수 있는, 이른바 '문턱 없는 고전 읽기'가 되기를 진심으로 바란다. 학문적 엄밀함과 대중적 가독성 사이에서 균형을 잡으려 노력한 이 판본이 오늘날의 독자들에게 울프의 목소리를 한층 더 가깝게 전달하는 통로가 되기를 소망한다.

이번 번역본의 가장 큰 특징은 울프가 이십 대 초반에 집필

한 초기 미완성 단편 「조안 마틴 양의 일기」The Journal of Mistress Joan Martyn」(1906)를 함께 수록했다는 점이다. 많은 이가 『자기만의 방』의 비극적 상징인 '주디스 셰익스피어'를 기억한다. 엘리자베스 시대에 왜 셰익스피어와 같이 천재적 작품을 쓴 여성이 없었는가? 하는 질문에 대한 울프의 대답이었다. 제아무리 천재적 재능을 타고났더라도 시대와 환경이 받쳐주지 않으면 그 재능은 꽃필 수 없다는 것을 사실보다 더 진실한 허구의 이야기로 보여 준 강렬한 예시이다. 가부장제라는 장벽에 부딪혀 끝내 꽃피우지 못한 채 사라진 주디스가 여성문학사의 '비극적인 부재와 침묵'을 대변한다면, 15세기 중세 여성을 주인공으로 내세운 조안 마틴의 기록은 울프가 글쓰기를 시도했던 이름 없는 여성들의 전통을 발굴해 내려는 여성 역사가와 시대를 넘어와 그에 화답하는 문학의 어머니들의 희미한 메아리이다.

중세를 지나 근대로 넘어가는 길목 어딘가에 존재했을 조안 마틴은 전쟁으로 영지를 비운 아버지를 대신하는 유능한 어머니에게서 영지 관리를 배우고, 가문의 기록을 보존하고, 실질적인 삶의 질서를 구축해 나가는 지적인 여성이었다. 동시에 조안은 글을 읽고 쓰는 행위에 눈을 뜨고 환상적인 이야기를 만들어내는 작가가 되기를 꿈꾸었으나 그 꿈을 사회적으로 실현하는 것이 원천적으로 불가능했던 시대를 살아간 수많은 '문학적 어머니'의 원형이기도 하다. 스물네 살의 젊은 작가 울프는 이 단편에서 왕과 전쟁의 역사라는 거대 담론에서 배제되었던 여성들의 일상 기록인 가계부, 일기, 편지야말로 진정한 역사의 골조가 되어야 함을 역설한다.

이 초기작을 『자기만의 방』과 나란히 배치한 이유는 잊힌 여성들을 역사의 무대로 복원하고자 했던 울프의 열망이 결코 우연이나 일시적 관심이 아니었음을 보여 주고 싶어서다. 1906년의 조안 마틴에서 선보인 이 해묵은 고민은 20여 년의 세월을 지나 1929년 『자기만의 방』에서 구체화된 논의로 완성되었다. 이 두 텍스트를 함께 읽는 것은 울프가 여성의 글쓰기라는 주제에 대해 얼마나 치열하게 사유해 왔는지를 입체적으로 확인할 수 있는 특별한 경험이 될 것이다.

박희진 선생님께 드리는 헌사

제가 버지니아 울프를 처음 만난 것은 대학교 3학년 '영소설' 수업에서였습니다. 이제는 은퇴하셨지만 버지니아 울프 연구의 대가이자 한국 버지니아 울프 학회를 창립하신 박희진 선생님께서 울프의 『등대로』를 강의하셨습니다. 지금도 그 여름날의 강의실과 선생님의 열정적인 모습이 생생하게 눈앞에 떠오릅니다. 그 강렬했던 만남은 이후 영국 유학으로 이어졌고, 울프의 자서전 문학을 주제로 박사학위를 받기까지 제 학문적 여정의 이정표가 되었습니다. 저를 문학의 길로 인도해 주시고 버지니아 울프를 소개해 주신 은사님께 이 작은 번역의 결실을 감사와 존경의 마음을 담아 드립니다.

1878년 문학 비평가 레슬리 스티븐과 줄리아 프린셉 덕워스가 결혼했다. 두 사람은 각기 사별한 배우자에게서 레슬리 는 딸 로라를, 줄리아는 조지·스텔라·제럴드 덕워스 세 아이를 두고 있었다.

1879년 바네사 스티븐이 태어났다.

1880년 토비 스티븐이 태어났다.

1882년 1월 25일 애들린 버지니아 스티븐이 태어났다.

1883년 막내 에이드리언 레슬리 스티븐이 태어났다.

1891년 아버지 레슬리 스티븐이 『영국인명사전』 편집자직을 사 임했고 로라 스티븐이 정신병원에 입원했다.

1895년 어머니 줄리아 스티븐이 갑작스럽게 사망했다. 버지니아 는 생애 첫 심각한 신경 쇠약을 겪었다.

1897년 버지니아가 킹스칼리지에서 그리스어와 역사 수업을 청 강하기 시작했다. 이복 언니 스텔라가 사망했으며 버지 니아는 다시 신경 쇠약 증세를 보였다. 이 무렵부터 규칙 적으로 일기를 쓰기 시작했다.

1902년 재닛 케이스에게서 그리스어를 배웠다.

1904년 아버지 레슬리 스티븐이 세상을 떠났다. 버지니아가 처 음으로 자살을 기도했으며, 가족과 함께 런던 블룸즈버 리 지역으로 이주했다.

1905년 블룸즈버리 지역에서 젊은 예술가와 지식인들이 모여 토 론하는 자리가 열리자 이 모임의 중심인물로 활동하며 문학과 예술, 사회 문제에 대해 활발히 의견을 나누었다.

이 모임은 훗날 '블룸즈버리 그룹(Bloomsbury Group)'으로 불리게 된다.

1906년 오빠 토비 스티븐이 사망했다.

1907년 피츠로이 스퀘어로 이사했다.

1908년 이탈리아를 여행했다. 〈타임스〉 문예란과 〈콘힐(The Cornhill Magazine)〉에 서평을 기고했다.

1909년 캐럴라인 에밀리아 고모의 유산 2,500파운드를 받았다.

1910년 여성 참정권 운동에 참여했으며 요양원에서 두 달 동안 요양했다.

1912년 레너드 울프와 결혼한 뒤 런던의 클리퍼드 인으로 이사했다.

1913년 『출항(The Voyage Out)』 원고를 완성하여 출판사에 보냈으며 병세가 나빠지면서 자살을 기도했다.

1915년 첫 장편소설 『출항』이 출간되었으며, 런던 남부 리치먼드의 호가스 하우스로 이사했다.

1917년 남편과 함께 호가스 출판사(Hogarth Press)를 설립했다. 「벽 위의 자국(The Mark on the Wall)」을 출간했다.

1918년 서평들을 기고하고 『밤과 낮(Night and Day)』을 집필했다.

1919년 두 번째 장편 『밤과 낮』을 출간했으며 멍크스 하우스를 구입했다.

1920년 『출항』과 『밤과 낮』이 미국에서 출간되었다.

1921년 단편집 『월요일이나 화요일(Monday or Tuesday)』을 호가스 출판사에서 출간했다. 이후 울프의 모든 책은 호가스 출판사에서 출간된다.

1922년 『제이콥의 방(Jacob's Room)』을 출간했으며 영국의 시인, 소설가이자 정원 디자이너인 비타 색빌웨스트와 처음 만났다. 심각한 발작을 일으켜 리치먼드로 이사했다.

1923년 스페인을 여행한 뒤 파리에 들렀다가 돌아왔다. 호가스 출판사에서 T. S. 엘리엇의 『황무지(The Waste Land)』를 출간했다.

1925년 소설 『댈러웨이 부인(Mrs Dalloway)』과 평론집 『보통 독자(The Common Reader)』를 출간했다.

1926년 헤이스 코트 스쿨에서 '책을 어떻게 읽을 것인가?(How Should One Read a Book?)'라는 제목으로 강의했다.

1927년 소설 『등대로(To the Lighthouse)』를 출간했으며 『올랜도(Orlando)』를 집필하기 시작했다.

1928년 소설 『올랜도』를 출간했다. 케임브리지에서 강연한 내용을 토대로 『자기만의 방(A Room of One's Own)』을 집필하기 시작했다. 『등대로』로 페미나 문학상을 받았다.

1929년 에세이 『자기만의 방』을 출간했으며 『포럼』에 「여성과 픽션(Women and Fiction)」을 기고했다.

1931년 자동차로 프랑스를 여행했으며 장편소설 『파도(The Waves)』를 출간했다.

1932년 『보통 독자』 2권을 출간했으며 케임브리지 대학교에서 클라크 강연의 연사로 초빙되었으나 거절했다.

1933년 프랑스와 이탈리아를 자동차로 여행했으며 영국 시인 엘리자베스 배럿 브라우닝의 전기 『플러시: 어떤 전기(Flush: A Biography)』를 출간했다.

1934년 『세월(The Years)』을 집필하기 시작했다.

1935년 『세월』을 다시 집필하기 시작했으며 네덜란드, 프랑스, 이탈리아를 자동차로 여행했다.

1937년 소설 『세월』을 간행했으며 마지막 장편 『막간』을 집필하기 시작했다.

1938년 에세이 『3기니(Three Guineas)』를 출간했으며 『로저 프라

이: 전기(Roger Fry: A Biography)』를 집필하기 시작했다.

1940년 『로저 프라이: 전기』를 출간했다.

1941년 3월 28일, 재발한 우울증과 환청, 전쟁에 대한 불안 속에서 잉글랜드 서식스주의 우즈강에 걸어 들어가 생을 마감했다. 『막간(Between the Acts)』이 사후에 출간되었다.

자기만의 방

초판 1쇄 발행 2026년 04월 28일

지은이 버지니아 울프
옮긴이 손현주
펴낸이 최훈일

펴낸곳 시간과공간사
출판등록 제2015000085호
주소 (10594) 경기도 고양시 덕양구 통일로 140 삼송테크노밸리 A동 351호
전화 (02) 325-8144(代)
팩스 (02) 325-8143
이메일 pyongdan@daum.net

ISBN 979-11-90818-46-9 (04080)